PARLER
pour que les enfants écoutent

ÉCOUTER
pour que les enfants parlent

Adele Faber &
Elaine Mazlish

Des mêmes auteures

Livres

How to Talk so Kids will Listen and Listen so Kids will Talk

Siblings Without Rivalry. *How to Help your Children Live Together so you can Live too*

Liberated Parents, Liberated Children. *Your Guide to a Happier Family*

How to Talk so Kids can Learn at Home and in School

How to Talk so Teens will Listen and Listen so Teens will Talk

Versions françaises

Parler pour que les enfants écoutent, écouter pour que les enfants parlent
(Aux Éditions du Phare)

Frères et sœurs sans rivalité. *Aider vos enfants à vivre ensemble pour que vous puissiez vous aussi avoir une vie*
(Bientôt Aux Éditions du Phare)

Parents épanouis, enfants épanouis. *Cultivez le bonheur dans votre famille*
(Relations plus)

Parler pour que les enfants apprennent à la maison et à l'école
(Relations plus)

Parler aux ados pour qu'ils écoutent, les écouter pour qu'ils parlent
(Relations plus)

Matériel d'ateliers

How to Talk so Kids will Listen

Siblings Without Rivalry

Parler pour que les enfants écoutent
(Aux Éditions du Phare)

Frères et sœurs sans rivalité
(Aux Éditions du Phare)

Livres pour enfants

Bobby and the Brockles

Bobby and the Brockles Go to School

(Bientôt Aux Éditions du Phare)

(Bientôt Aux Éditions du Phare)

Renseignements supplémentaires :

www.fabermazlish.com

www.auxeditionsduphare.com

PARLER
pour que les enfants écoutent

ÉCOUTER
pour que les enfants parlent

Adele Faber et Elaine Mazlish
Illustrations de Kimberly Ann Coe

Traduit en français par Roseline Roy

Aux Éditions du Phare

Titre original :	HOW TO TALK SO KIDS WILL LISTEN AND LISTEN SO KIDS WILL TALK
	© Adele Faber et Elaine Mazlish (1980)
	Illustrations : Kimberly Ann Coe
	Édition originale : Rawson Wade Publishers Inc. (1980)
	How to talk so kids will listen and listen so kids will talk. No part of this book may be transmitted or reproduced in any form by any means, electronic or mechanical, including photocopying, recording or by any information retrieval system without the written permission to the Authors or their duly authorized representative.
Titre français :	PARLER POUR QUE LES ENFANTS ÉCOUTENT
	ÉCOUTER POUR QUE LES ENFANTS PARLENT
	© Aux Éditions du Phare (2011)
	Traduction : Roseline Roy

Mise en page, graphisme et couverture : Noémie Roy Lavoie

Imprimé par : Transcontinental Gagné, Louiseville (Qc)

ISBN 978-2-9811610-0-0

Tous droits réservés. Reproduction interdite sans l'autorisation écrite de l'éditeur. Toute représentation ou reproduction intégrale ou partielle, faite sans le consentement de l'éditeur, est illicite. Cette représentation ou reproduction illicite, par quelque procédé que ce soit, constituerait une contrefaçon sanctionnée par la Loi sur les droits d'auteur.

Cet ouvrage est publié en vertu d'un accord conclu entre
Aux Éditions du Phare et Adele Faber et Elaine Mazlish

Distribution :	**Aux Éditions du Phare**
	1234, allée des Hirondelles
	Cap-Pelé (Nouveau-Brunswick)
	E4N 1R7 Canada
	www.auxeditionsduphare.com
	Tél. : (506) 577-6160
	Fax : (506) 577-6727

Table des matières

Remerciements	6
Lettre aux lectrices et aux lecteurs	7
Comment lire et utiliser ce livre	10

1. Aider les enfants aux prises avec leurs sentiments — 13
2. Susciter la coopération — 67
3. Remplacer la punition — 116
4. Encourager l'autonomie — 173
5. Utiliser les compliments — 217
6. Aider les enfants à se dégager des rôles qui les empêchent de s'épanouir — 251
7. Tout mettre ensemble — 281
   De quoi s'agit-il au juste ? — 289

Épilogue : Vingt ans plus tard — 290
1. Le courrier — 296
2. Oui, mais… Et si… À propos de… — 315
3. Leur langue maternelle — 331

Quelques livres susceptibles de vous intéresser — 339
Comment poursuivre la démarche — 341

Index — 342

Remerciements

À Leslie Faber et Robert Mazlish, nos *consultants en résidence*, toujours disposés à nous fournir une phrase plus juste, une pensée nouvelle, une parole d'encouragement.

À Carl, Joanna et Abram Faber; à Kathy, Liz et John Mazlish, qui nous ont encouragées en étant tout simplement ce qu'ils sont.

À Kathy Menninger, qui a supervisé l'écriture de notre manuscrit en se souciant de chaque détail.

À Kimberly Coe: à partir de nos esquisses en bâtons d'allumettes et de nos gribouillis d'instructions, elle nous a dessiné des parents et des enfants envers qui nous avons immédiatement ressenti de l'affection.

À Robert Markel, pour son appui et ses conseils lors d'une période critique.

À Gerard Nierenberg, notre ami et conseiller, qui nous a si généreusement fait profiter de son expérience et de ses connaissances.

Aux parents qui ont participé à nos ateliers et qui ont contribué au présent ouvrage en mettant par écrit leurs réactions et en formulant les critiques les plus sévères que nous ayons reçues.

À Ann Marie Geiger et Patricia King, qui se sont montrées disponibles sans réserve quand nous avions besoin d'elles.

À Jim Wade, notre éditeur, dont la bonne humeur constante et le souci de la qualité ont fait de cet ouvrage une expérience remplie de joie véritable.

Au docteur Haim Ginott, qui nous a initiées à de nouvelles façons de communiquer avec les enfants. Quand il est décédé, les enfants du monde ont perdu un grand champion, un ardent défenseur de leur cause. Il tenait tellement à ce qu'on cesse « *d'égratigner leur âme* ».

Lettre aux lectrices et aux lecteurs

Chère lectrice, cher lecteur,

Jamais il ne nous était venu à l'esprit d'écrire un manuel qui enseignerait aux parents comment communiquer avec leurs enfants. La relation entre un père ou une mère et son fils ou sa fille est un sujet très personnel et très intime. Il ne nous semblait donc pas approprié de donner des instructions à qui que ce soit sur la façon de communiquer dans le contexte d'une relation aussi intime.

Dans notre premier livre, *Liberated Parents / Liberated Children*,[1] nous avions essayé d'éviter d'enseigner ou de prêcher. Nous avions simplement une histoire à raconter. Nos années passées à suivre les ateliers donnés par le regretté docteur Haim Ginott, psychologue pour enfants, avaient profondément influencé nos vies. Nous y racontions comment nos nouvelles habiletés[2] avaient changé notre façon de traiter nos enfants et de nous traiter nous-mêmes. Nous étions certaines que nos lectrices et nos lecteurs saisiraient le principe sur lequel reposent ces habiletés et qu'ils s'en inspireraient pour improviser à leur tour.

C'est ce qui s'est produit, jusqu'à un certain point. De nombreux parents nous ont écrit par la suite pour nous confier avec fierté ce qu'ils avaient réussi à accomplir, simplement à partir du récit de nos expériences. Mais nous avons aussi reçu d'autres lettres porteuses d'une demande répétée. On nous réclamait un second livre, un ouvrage présentant *des leçons, des exercices pratiques, des trucs, des aide-mémoire détachables*, le genre de matériel qui les aiderait à apprendre ces habiletés *étape par étape*.

---

[1] Traduit en français par Roseline Roy sous le titre : *Parents épanouis, enfants épanouis*, publié aux éditions Relations plus.

[2] Le mot *habileté* est utilisé dans ce livre pour traduire le terme anglais *skill*, signifiant savoir-faire, adresse, dextérité, compétence concrète.

Pendant un certain temps, nous avons sérieusement considéré une telle possibilité. Mais c'est notre résistance qui a pris le dessus et nous l'avons repoussée bien loin dans notre esprit. En outre, nos énergies étaient surtout consacrées à nos tournées de conférences et à la préparation de nos ateliers.

En effet, pendant les quelques années qui ont suivi, nous avons sillonné les États-Unis. Nous avons donné des ateliers à l'intention des parents, des adolescents, des enseignants, des directeurs et directrices d'école, du personnel hospitalier et des personnes œuvrant au sein d'organismes de soins et de protection de l'enfance. Partout où nous sommes allées, les gens nous ont raconté les expériences qu'ils avaient vécues en appliquant ces nouvelles méthodes de communication. Ils nous ont fait part de leurs doutes, de leurs frustrations et de leur enthousiasme. Nous leur étions reconnaissantes de leur ouverture et nous avons appris de chacune de ces personnes. Nos dossiers regorgeaient de matériel neuf et stimulant.

Pendant ce temps, le courrier continuait d'affluer, pas seulement des États-Unis, mais aussi de France, du Canada, d'Israël, de Nouvelle-Zélande, des Philippines et de l'Inde. De New Delhi, Mme Anagha Ganpule nous a écrit :

« Il y a tellement de problèmes à propos desquels j'aimerais avoir votre avis. Veuillez me dire comment je pourrais m'y prendre pour étudier le sujet en profondeur. Je suis dans une impasse. Les méthodes traditionnelles ne font pas mon affaire, et je n'ai pas encore acquis de nouvelles habiletés. Je vous en prie, aidez-moi à surmonter ce handicap. »

C'est cette lettre qui a tout déclenché.

Nous avons recommencé à envisager la possibilité d'écrire un livre démontrant des façons de faire. Plus nous en discutions entre nous, plus l'idée nous paraissait acceptable. Pourquoi pas un manuel qui exposerait notre méthode, incluant des exercices permettant aux parents d'apprendre, par eux-mêmes, les habiletés qu'ils veulent acquérir ?

Pourquoi pas un livre qui offrirait aux parents la chance de mettre en pratique ce qu'ils auraient appris, entre eux ou avec des amis, à leur propre rythme ?

Pourquoi pas un livre bourré de dialogues, d'exemples utiles, afin de permettre aux parents d'adapter ce nouveau langage à leur propre vocabulaire personnel ?

Ce manuel pourrait aussi inclure des bandes dessinées démontrant la mise en application des nouvelles habiletés. De cette façon, des parents excédés pourraient jeter un simple coup d'oeil rapide sur un dessin et s'offrir ainsi du recyclage instantané.

Nous nous disions que nous pourrions personnaliser le livre et parler de nos propres expériences ; répondre aux questions les plus fréquentes ; inclure les histoires et les prises de conscience dont nous avaient fait part les parents de nos groupes, au cours des six dernières années. Mais par-dessus tout, nous ne voulions pas perdre de vue notre objectif primordial : la recherche constante de méthodes qui affirment la dignité et la profonde humanité des personnes, celles des parents autant que celles des enfants.

Du coup s'est dissipé notre malaise initial à l'idée de rédiger un *manuel d'instruction*. Tout domaine artistique ou scientifique possède son manuel. Pourquoi pas un ouvrage destiné aux parents désireux d'apprendre comment parler pour que leurs enfants écoutent et écouter pour que leurs enfants parlent ?

Aussitôt la décision prise, nous nous sommes rapidement mises à la rédaction de cet ouvrage. Nous comptons en offrir gracieusement un exemplaire à Mme Ganpule de New Delhi avant que ses propres enfants soient grands.

Adele Faber
Elaine Mazlish

Comment lire et utiliser ce livre

Il nous semble présomptueux de dire à qui que ce soit comment lire un livre. D'autant plus que nous avons l'une et l'autre la réputation de commencer la lecture d'un livre au milieu ou même par la fin. Mais puisqu'il s'agit de notre propre livre, nous aimerions vous donner notre opinion sur la façon de l'aborder. Après en avoir dégagé une impression générale en le feuilletant et en jetant un coup d'oeil aux bandes dessinées, commencez par le premier chapitre. Nous vous recommandons fortement de faire les exercices à mesure que vous avancez. Résistez à la tentation de les sauter pour vous rendre aux *bonnes sections*. L'idéal est de trouver une personne avec qui vous vous entendez bien et de les faire ensemble. Nous espérons que vos réponses feront l'objet d'échanges et de discussions en profondeur.

Nous espérons aussi que vous écrirez vos réponses afin que ce livre devienne pour vous un registre personnel. Écrivez proprement ou de façon illisible ; changez d'idée ; rayez ; effacez, mais écrivez.

Lisez le livre lentement. Il nous a fallu plus de dix ans pour apprendre les principes qu'il contient. Nous ne vous suggérons toutefois pas de mettre aussi longtemps à le lire ! Si les méthodes suggérées vous paraissent avoir du sens, vous aurez peut-être le goût d'effectuer des changements dans votre façon d'agir. Or, sachez qu'il est plus facile de changer un petit peu à la fois que tout d'un coup. Après avoir lu un chapitre, laissez le livre de côté et donnez-vous une semaine pour faire le devoir suggéré avant de continuer. (Vous pensez peut-être : «Avec tout ce que j'ai à accomplir, la dernière chose dont j'aie envie, c'est d'un devoir !» Néanmoins, on sait par expérience que le fait de s'obliger à mettre en pratique des habiletés et de noter les résultats contribue à fixer en permanence ces habiletés là où elles devraient être : au plus profond de nous-mêmes.)

Finalement, un commentaire sur les pronoms utilisés dans le livre. Pour éviter les tournures plutôt gauches *(il ou elle, lui-même ou elle-même, mère ou père)*, nous avons employé en alternance, mais sans trop de rigueur, le masculin et le féminin. Nous espérons n'avoir favorisé aucun des deux genres.

Vous allez peut-être vous demander pourquoi certaines parties de ce livre, écrit par deux personnes, sont racontées à partir du point de vue d'une seule. Voilà notre façon de résoudre l'ennuyeux problème d'avoir constamment à distinguer qui au juste parle de quelle expérience. Il nous semble que le *je* est plus accessible pour nos lectrices et nos lecteurs que la continuelle répétition de *moi, Adele Faber...* ou *moi, Elaine Mazlish...* C'est à l'unisson que nous exprimons notre conviction quant à la valeur des idées présentées dans ce livre. Nous avons toutes les deux vu ces méthodes de communication à l'œuvre, dans nos propres familles ainsi que dans des milliers d'autres. C'est avec grand plaisir que nous vous les présentons.

*« La seule chose qui nous soit donnée,
c'est la possibilité de choisir
ce que nous voulons devenir. »*

JOSE ORTOGA Y GASSET

1 | Aider les enfants aux prises avec leurs sentiments

PREMIÈRE PARTIE

J'ÉTAIS UNE MÈRE MERVEILLEUSE AVANT D'AVOIR DES ENFANTS. J'étais experte à trouver la cause des problèmes que tous les parents pouvaient avoir avec leurs rejetons. Puis j'en ai eu trois, bien à moi.

Le fait de vivre avec de vrais enfants a de quoi vous rendre modeste. Chaque matin, je me disais : aujourd'hui, ça va changer. Mais chaque matin apportait une variante du matin précédent.

- Tu lui en as donné plus qu'à moi !
- C'est un verre rose ; je veux un verre bleu.
- Ce gruau est dégueulasse !
- Il m'a frappé.
- Je ne l'ai jamais touché !
- Je n'irai pas dans ma chambre.
- Tu n'es pas mon patron !

Au bout du compte, ils m'ont épuisée. Et même si c'était la dernière chose dont je rêvais, je me suis inscrite à un atelier destiné aux parents. Animée par un jeune psychologue, le docteur Haim Ginott, la rencontre avait lieu dans un centre local de ressources familiales.

J'étais intriguée. Le thème était : *les sentiments des enfants*. Les deux heures ont filé à toute allure. Je suis rentrée étourdie par la quantité d'idées nouvelles à peine assimilées dont j'avais rempli mon cahier de notes :

Lien direct entre les sentiments des enfants et leurs comportements.
- Quand les enfants se sentent bien, ils se comportent bien.
- Comment les aider à mieux se sentir ?
- En accueillant leurs sentiments !

Problème : les parents n'ont pas l'habitude d'accueillir les sentiments de leurs enfants. Par exemple :
- Tu ne te sens pas réellement comme ça.
- Tu dis ça seulement parce que tu es fatigué.
- Il n'y a aucune raison d'être si bouleversé.

En plus de les mettre en colère, la négation continuelle de leurs sentiments peut entraîner de la confusion chez les enfants. Cela leur enseigne qu'ils ne sont pas en mesure de reconnaître leurs propres sentiments, qu'ils ne doivent pas faire confiance à ce qu'ils ressentent.

Après la rencontre, je me souviens avoir pensé : les autres parents font peut-être cela. Pas moi. Puis, je me suis mise à m'écouter moi-même. Voici quelques échantillons de conversations que j'ai par la suite observées chez moi, au cours d'une même journée.

ENFANT : Maman, je suis fatigué.
MOI : Impossible que tu sois fatigué. Tu viens de faire un somme.
ENFANT : *(plus fort)* Mais je suis fatigué.
MOI : Tu n'es pas fatigué. Tu es juste un peu endormi. Habille-toi.
ENFANT : *(gémissant)* Non, je suis fatigué !

ENFANT : Maman, il fait chaud ici.
MOI : Il fait froid. Garde ton chandail.
ENFANT : Non, j'ai chaud.
MOI : J'ai dit : « Garde ton chandail. »
ENFANT : Non, j'ai chaud.

ENFANT : Cette émission de télé était ennuyeuse.
MOI : Non, ce n'est pas vrai. C'était très intéressant.
ENFANT : C'était idiot.
MOI : C'était éducatif.
ENFANT : C'était dégoûtant !
MOI : Ne parle pas comme ça !

Voyez-vous ce qui se passait ? Non seulement nos conversations tournaient toutes à la dispute, mais en plus, je répétais sans cesse à mes enfants d'éviter de faire confiance à leurs propres perceptions, de se fier plutôt aux miennes.

Après m'être rendu compte de ce que je faisais, j'ai pris la décision de changer. Mais j'étais incertaine quant aux moyens à prendre. Le plus utile pour moi, ce fut d'essayer de me mettre à la place de mes enfants. Je me suis demandé : supposons que je sois un enfant fatigué, qui a chaud ou qui s'ennuie ; supposons que j'aimerais voir cet adulte, si important dans ma vie, comprendre comment je me sens…

Au cours des semaines suivantes, j'ai essayé de me mettre au diapason de ce que mes enfants pouvaient être en train de vivre. Quand je le faisais, mes mots semblaient suivre naturellement. Je ne me contentais pas d'utiliser une technique. J'étais sincère quand je disais, par exemple :

- Ainsi tu es encore fatigué, même si tu viens de faire un somme.
- J'ai froid. Mais pour toi, il fait chaud ici.
- Je vois que cette émission ne t'a pas vraiment intéressée.

Après tout, nous étions deux personnes distinctes, capables d'éprouver deux types d'émotions différentes. Aucun de nous n'avait tort ou raison. Chacun de nous ressentait ce qu'il ressentait.

Pour un certain temps, ma nouvelle habileté m'a été d'un grand secours. J'ai constaté une réduction notable du nombre de disputes entre les enfants et moi. Puis un jour, ma fille a déclaré : « Je déteste grand-maman » et c'était de *ma mère* qu'elle parlait. Je n'ai pas hésité une seconde : « C'est affreux, ce que tu viens de dire, ai-je répliqué. Tu sais que tu ne le penses pas vraiment. Je ne veux plus jamais t'entendre dire ça. »

Ce court échange m'a enseigné autre chose à mon propre sujet. Je pouvais montrer que j'accueillais la plupart de leurs sentiments, mais aussitôt que l'un d'eux s'avisait de me dire une chose qui me mettait en colère ou me rendait anxieuse, je revenais instantanément à mes anciennes habitudes.

Depuis, j'ai appris que ma réaction n'est pas tellement inusitée. Dans les lignes qui suivent, vous trouverez d'autres phrases d'enfants qui entraînent souvent une négation automatique de la part de leurs parents. Veuillez lire chacune des phrases et écrire ce que, d'après vous, les parents pourraient répondre pour nier le sentiment de leur enfant.

1. ENFANT : Je n'aime pas le bébé.
   MÈRE : *(niant le sentiment)* _____
   _____
   _____

2. ENFANT : Ma fête d'anniversaire était moche (alors que vous y aviez mis le paquet pour en faire une journée mémorable).
   PÈRE : *(niant le sentiment)* _____
   _____
   _____

3. ENFANT : Mon appareil dentaire me fait mal. Je ne le porte plus. Je me fous de ce que dira l'orthodontiste !
   PÈRE : *(niant le sentiment)* _____
   _____
   _____

4. ENFANT : Je suis furieux ! L'enseignant m'a renvoyé de l'équipe juste parce que je suis arrivé deux minutes en retard au gymnase.
   MÈRE : (*niant le sentiment*) _____
   _____
   _____

Rien de surprenant si vous avez écrit des choses comme :

- Ce n'est pas vrai. Je sais que dans ton cœur, tu aimes réellement le bébé.
- Voyons donc ! Tu as eu une fête super : crème glacée, gâteau, ballons. Eh bien, c'est la dernière fois qu'on célèbre ton anniversaire !
- Impossible que ton appareil dentaire te fasse aussi mal que tu le dis. Après tout l'argent que nous avons investi dans ta dentition, tu porteras ce truc, que tu l'aimes ou pas !
- Tu n'as pas le droit d'être fâché contre l'enseignant. C'est ta faute. Il fallait arriver à temps.

Pour diverses raisons, on utilise spontanément ce genre de langage. Mais que peuvent bien ressentir les enfants quand ils l'entendent ? Essayez le prochain exercice afin de faire l'expérience de ce qu'une personne ressent quand on ne tient pas compte de ses sentiments.

Imaginez que vous êtes au travail. Votre employeur vous donne une tâche supplémentaire. Il veut qu'elle soit terminée avant la fin de la journée. Vous avez l'intention de l'accomplir immédiatement, mais à cause d'une série d'urgences vous l'oubliez complètement. La journée est si mouvementée que vous avez à peine le temps de prendre votre repas du midi.

Au moment où vous vous préparez à rentrer, votre patron vous aborde en présence de quelques collègues et vous demande de lui remettre ce travail. Vous tentez de lui expliquer rapidement que vous avez été particulièrement débordée aujourd'hui.

Il vous interrompt. D'une voix forte et autoritaire, il s'écrie : « Je ne suis pas intéressé à entendre tes excuses ! Pourquoi diable crois-tu que je te paie ? Pour rester assise sur ton derrière toute la journée ? » Comme vous ouvrez la bouche pour parler, il ajoute : « Ne perds pas ta salive ! » Puis, il se dirige vers l'ascenseur.

Vos collègues font semblant de n'avoir rien entendu. Vous finissez de rassembler vos effets et vous quittez le bureau. En rentrant, vous rencontrez un ami (ou une amie). Vous êtes encore si bouleversée que vous vous mettez à lui raconter ce qui vient d'arriver.

Votre ami tente de vous *aider* de huit façons différentes. En lisant chacune de ses réponses, soyez attentive à la réaction qui monte spontanément en vous et mettez-la par écrit. (Aucune réaction n'est bonne ou mauvaise. Peu importe ce que vous ressentez, votre réaction est celle qui vous convient.)

1. Négation des sentiments

– Il n'y a aucune raison de se sentir aussi bouleversée. C'est idiot de se sentir comme ça. Tu es probablement fatiguée et tu grossis toute l'affaire hors de proportion. Ça ne doit pas être aussi terrible que tu le présentes. Voyons, souris… Le sourire te va si bien.

Votre réaction : _____
_____
_____
_____

2. Réponse philosophique

– Écoute, la vie c'est la vie. Les choses ne se passent pas toujours comme on le voudrait. Tu dois apprendre à accepter les choses comme elles sont. Rien n'est parfait en ce bas monde.

Votre réaction : _____
_____
_____
_____

3. Conseil
- Tu sais ce que tu devrais faire ? Demain matin, rends-toi directement au bureau du patron et dis-lui : "Écoutez, j'ai eu tort." Puis, mets-toi aussitôt au boulot et termine ce travail le jour même. Ne te laisse plus prendre par les petites urgences qui peuvent survenir. Et si tu es futée et que tu veux garder ton emploi, arrange-toi pour qu'une chose pareille ne se reproduise plus.

Votre réaction : _____
_____
_____
_____
_____

4. Questions
- Quelles sont au juste ces urgences qui t'ont fait oublier une demande spéciale de ton patron ?
- Tu ne t'étais pas rendu compte que ça le fâcherait si tu ne te mettais pas à la tâche immédiatement ?
- Des incidents du genre sont-ils déjà survenus dans le passé ?
- Quand il a quitté la pièce, pourquoi ne pas l'avoir suivi pour tenter de lui expliquer de nouveau toute l'affaire ?

Votre réaction : _____
_____
_____
_____

5. Défense de l'autre personne
- Je comprends la réaction de ton patron. Il subit probablement beaucoup de pression. Tu as de la chance qu'il ne perde pas patience plus souvent.

Votre réaction : _____
_____
_____
_____
_____

6. Pitié
- Ah ! pauvre toi ! C'est terrible ! Je me sens si triste pour toi que ça me donne envie de pleurer.

Votre réaction : _____
_____
_____
_____
_____

7. Psychanalyse d'amateur
- Se peut-il que la véritable raison pour laquelle tu es aussi bouleversée, c'est que ton employeur représente pour toi une figure paternelle ? Enfant, tu avais probablement peur de déplaire à ton père. Les réprimandes du patron t'ont rappelé ton ancienne peur du rejet. Pas vrai ?

Votre réaction : _____
_____
_____
_____
_____

8. Réponse empathique *(une tentative de se mettre au diapason des sentiments de l'autre)* :
— Eh bien, j'ai l'impression que c'était une expérience pénible. Se faire apostropher de cette manière en présence d'autres personnes, surtout après avoir subi autant de pression, ç'a dû être pas mal difficile à avaler !

Votre réaction : _____
_____
_____
_____
_____

Vous venez d'explorer vos propres réactions à des façons fort typiques de se parler. Maintenant, j'aimerais vous faire part de quelques-unes de mes réactions personnelles. Quand je suis bouleversée ou blessée, la dernière chose que je suis disposée à entendre, c'est un conseil, de la philosophie, de la psychologie ou le point de vue d'une autre personne. Le seul effet que déclenche en moi un tel langage, c'est de me faire sentir encore plus mal qu'avant. La pitié me fait sentir pitoyable ; les questions me mettent sur la défensive ; et ce qui me rend encore plus furieuse, c'est d'entendre que je n'ai aucune raison de me sentir comme je me sens. Ma réaction la plus typique à la plupart de ces réponses, c'est : «Ah ! laisse tomber ! Pourquoi continuer d'en parler ?»

Mais si quelqu'un m'écoute réellement ; s'il reconnaît ma souffrance intérieure ; s'il me donne la chance de parler davantage de ce qui me contrarie, alors je commence à me sentir moins bouleversée, moins confuse, beaucoup plus en mesure de faire face à mes sentiments et à mon problème.

Je pourrais même en arriver à me dire : «D'habitude, mon patron est juste. Je suppose que j'aurais dû m'occuper de ce rapport immédiatement. Mais impossible d'oublier ce qu'il a fait. Eh bien, en rentrant demain matin, je vais rédiger ce rapport avant d'entreprendre toute autre chose. Mais quand je le lui remettrai, dans son bureau, je lui dirai comment sa façon de me traiter m'a affectée. Et je lui dirai aussi que dorénavant, s'il a des critiques à m'adresser, je souhaiterais qu'il me les fasse en privé. »

Le processus n'est pas différent dans le cas de nos enfants. Ils peuvent eux aussi trouver leurs propres solutions si nous leur offrons une oreille attentive et une réaction empathique. Mais le langage de l'empathie ne nous vient pas naturellement. Il ne fait pas partie de notre *langue maternelle*. La plupart d'entre nous avons grandi dans un entourage où on niait trop souvent nos sentiments. Pour parler couramment ce nouveau langage d'accueil, nous devons en apprendre les particularités et l'utiliser régulièrement. Voici quelques façons de rendre service aux enfants quand ils doivent faire face à leurs propres sentiments.

Pour aider les enfants aux prises avec leurs sentiments

1. Écoutez avec toute votre attention.
2. Accueillez les sentiments à l'aide d'un mot : « Oh ! Hum ! Je vois. »
3. Nommez les sentiments.
4. Utilisez l'imaginaire pour leur offrir ce qu'ils désirent.

Dans les quelques pages qui suivent, vous verrez le contraste entre ces façons de réagir et les réponses habituelles que donnent les gens lorsqu'un enfant est en détresse.

Au lieu d'écouter à moitié…

Il peut être décevant d'essayer de capter l'attention de quelqu'un qui écoute d'une oreille distraite.

1. Écoutez attentivement

C'est beaucoup plus facile de dire ses problèmes à quelqu'un qui est réellement à l'écoute. Pas besoin de répondre. Souvent, tout ce dont l'enfant a besoin, c'est d'un silence sympathique.

Au lieu de questions ou de conseils…

C'est difficile pour un enfant de penser clairement
ou de façon constructive quand on le questionne, le blâme
ou lui donne des conseils.

2. Accueillez à l'aide d'un mot :
« Oh !... Hum !... Je vois »

De simples « Oh !... Hum !... Je vois » peuvent être très utiles à l'enfant. Énoncé avec une attitude bienveillante, un mot de ce genre l'invite à explorer ses propres pensées et ses sentiments, et peut-être à trouver ses propres solutions.

Au lieu de nier le sentiment...

C'est étrange. Quand on incite un enfant à mettre de côté un sentiment pénible, même avec douceur, il semble devenir encore plus bouleversé.

3. Nommez son sentiment

D'habitude, les parents ne donnent pas ce genre de réponse, parce qu'ils craignent d'aggraver le sentiment s'ils lui donnent un nom. C'est exactement le contraire qui se produit. En entendant les mots qui précisent ce qu'il vit, l'enfant se sent profondément réconforté. Quelqu'un a reconnu son expérience intérieure.

Au lieu d'utiliser la logique et les explications...

Quand les enfants désirent quelque chose qu'ils ne peuvent avoir, les adultes répondent d'habitude en leur expliquant logiquement pourquoi ils ne peuvent l'obtenir. Souvent, plus on explique, plus ils protestent.

4. Utilisez l'imaginaire
pour offrir à l'enfant ce qu'il souhaite

Le seul fait que quelqu'un comprenne combien on désire quelque chose rend parfois la réalité plus facile à supporter.

Voilà donc quatre façons possibles de prodiguer les premiers soins à un enfant en détresse :

- l'écouter très attentivement ;
- accueillir ses sentiments à l'aide d'un mot ;
- nommer ses sentiments ;
- utiliser l'imaginaire pour répondre à ses désirs.

Mais bien au-delà du vocabulaire, ce qui compte le plus, c'est l'attitude. Si notre attitude ne repose pas sur la compassion, tout ce que nous disons sera perçu par l'enfant comme mensonger ou manipulateur. C'est lorsque nos paroles sont imbibées d'un véritable sentiment d'empathie qu'elles parlent directement au coeur d'un enfant.

Parmi les quatre habiletés que vous venez de voir dans les bandes dessinées, la plus difficile à maîtriser est sans contredit celle qui consiste à écouter l'épanchement émotionnel d'un enfant, puis à *nommer* ce sentiment. Il en faut, de l'exercice et de la concentration, pour en arriver à regarder par en dedans, au-delà des paroles de l'enfant, en vue de nommer ce qu'il est en train de ressentir. Cependant, il est important de fournir à nos enfants un vocabulaire leur permettant de donner un nom à leur réalité intérieure. Une fois qu'ils possèdent les mots pour désigner ce qu'ils vivent, ils peuvent se mettre à s'aider eux-mêmes.

Le prochain exercice comprend une liste de six phrases dites par un enfant qui s'adresse à l'un de ses parents. Veuillez lire chacune des phrases en essayant :

1. de trouver un mot ou deux pour décrire ce que l'enfant pourrait bien ressentir ;
2. d'écrire une phrase que vous pourriez dire à l'enfant pour lui montrer que vous comprenez ce qu'il ressent.

Reconnaître les sentiments

L'enfant dit :	Un mot qui décrit ce qu'il pourrait ressentir	Placez le mot dans une phrase qui démontre que vous comprenez le sentiment (sans question ni conseil)
Exemple Le chauffeur d'autobus a crié après moi et tout le monde a ri.	Gêné	Ça devait être gênant Tu devais te sentir gêné Ça peut être gênant
1. J'aurais envie de casser la figure de ce Michel !	_____	_____
2. Juste quelques gouttes de pluie et l'enseignante a dit qu'on ne ferait pas d'excursion. C'est débile.	_____	_____
3. Marie m'a invitée à sa fête, mais je ne sais pas…	_____	_____
4. Je ne comprends pas pourquoi les enseignants nous imposent autant de devoirs pendant le congé !	_____	_____
5. Au basket-ball aujourd'hui, je n'ai pas réussi à faire un seul panier.	_____	_____
6. Joanne déménage. C'est ma meilleure amie.	_____	_____

Avez-vous remarqué combien il faut réfléchir et faire un effort pour indiquer à un enfant qu'on a une petite idée de ce qu'il pourrait bien ressentir ? Pour la plupart d'entre nous, cela ne nous vient pas naturellement à l'esprit de dire des choses telles que :

- Eh ! tu me parais fâché !
- Tu dois être déçu.
- Hum ! tu ne sembles pas certaine de vouloir aller à cette fête.
- J'ai l'impression que tu es réellement contrarié d'avoir autant de devoirs.
- Oh ! tu dois être tellement frustré !
- Ça peut être très bouleversant de voir partir une amie qui nous est chère.

Et pourtant, c'est ce genre de phrase qui réconforte les enfants et qui les rend libres de se mettre à faire face à leurs problèmes. (En passant, ne craignez pas d'utiliser des mots trop compliqués. La façon la plus facile d'apprendre un nouveau mot est de l'entendre dans un contexte approprié.)

Vous vous dites peut-être : « Dans cet exercice, j'ai été capable de donner une première réponse qui montrait que je comprends, enfin plus ou moins. Mais à partir de là, quel tour prendra la conversation ? Comment poursuivre ? Est-il convenable de donner des conseils par la suite ? »

Abstenez-vous de donner des conseils. Résistez à la tentation d'essayer de résoudre le problème d'un enfant par une solution immédiate :

- Maman, je suis fatiguée.
- Alors couche-toi et repose-toi.

- J'ai faim.
- Alors mange quelque chose.

- J'ai pas faim.
- Alors ne mange pas.

Résistez à la tentation *de réparer les choses* de façon instantanée. Au lieu de donner des conseils, continuez à accueillir et à refléter les sentiments de l'enfant.

Voici un exemple de ce que je veux dire. Dans notre groupe, un père a raconté que son jeune fils était rentré en trombe en faisant précisément la première déclaration que vous avez lue dans l'exercice précédent : « J'aurais envie de casser la figure de ce Michel ! » Le père nous a confié : « Normalement, la conversation se serait déroulée comme suit.

FILS :	J'aurais envie de casser la figure de ce Michel !
PÈRE :	Pourquoi ? Que se passe-t-il ?
FILS :	Il a lancé mon cahier dans la boue !
PÈRE :	Eh bien, tu lui avais fait quelque chose ?
FILS :	Non !
PÈRE :	Es-tu certain ?
FILS :	Je le jure, je ne l'ai jamais touché !
PÈRE :	Eh bien, Michel est ton ami. Si tu veux mon conseil, oublie tout ça. Tu sais que tu n'es pas si parfait. Parfois, c'est toi qui commences et ensuite tu blâmes quelqu'un d'autre, comme tu le fais avec ton frère.
FILS :	Non, c'est pas vrai ! C'est lui qui commence. Oh ! impossible de te parler !

Mais le père venait tout juste de participer à un atelier portant sur la façon d'aider un enfant à transiger avec ses sentiments. Voici comment cela s'est réellement passé :

FILS :	J'aurais envie de casser la figure de ce Michel !
PÈRE :	Eh bien, tu es fâché !

FILS : Je voudrais lui enfoncer son gros nez dans le visage !

PÈRE : Tu es fâché contre lui *à ce point là* !

FILS : Tu sais ce qu'il a fait, ce sauvage ? Il m'a arraché mon cahier à l'arrêt d'autobus et il l'a lancé dans la boue. Et sans raison !

PÈRE : Hum !

FILS : Je suppose qu'il a cru que c'était moi qui avais cassé son ridicule oiseau en argile pendant la classe d'art.

PÈRE : Tu crois ?

FILS : Ouais ! Il pleurait sans cesser de me regarder.

PÈRE : Oh !

FILS : Mais je ne l'ai pas cassé ! C'est vrai !

PÈRE : Tu *sais* que tu ne l'as pas fait.

FILS : Eh bien, je ne l'ai pas fait exprès ! C'est pas ma faute si cette idiote de Sylvie m'a poussé contre la table.

PÈRE : Alors, Sylvie t'a poussé.

FILS : Ouais ! Un tas d'objets sont tombés, mais la seule chose qui s'est cassée, c'est l'oiseau. Je ne voulais pas le casser. Il était beau son oiseau.

PÈRE : Tu ne voulais pas vraiment le casser.

FILS : Non, mais il ne voudrait pas me croire.

PÈRE : Tu penses qu'il ne te croirait pas si tu lui disais la vérité.

FILS : Je ne sais pas… Je vais lui dire de toute façon, qu'il me croie ou pas. Et je pense qu'il devrait me dire qu'il est désolé d'avoir lancé mon cahier dans la boue ! »

Le père était étonné. Il n'avait posé aucune question et pourtant l'enfant lui avait raconté toute l'histoire. Il n'avait pas donné le moindre conseil et pourtant son fils avait trouvé sa propre solution. Il a été très étonné de voir qu'en se contentant d'écouter et d'accueillir les sentiments de son fils, il lui avait réellement rendu service.

C'est une chose de faire un exercice écrit et de lire un modèle de dialogue. C'en est une autre de mettre en application des habiletés d'écoute dans une situation réelle, avec ses propres enfants. Les parents dans nos groupes nous disent qu'il leur est utile de faire des jeux de rôle entre eux et de s'exercer avant de faire face à des situations réelles dans leur propre foyer.

Voici un exercice de jeu de rôle que vous pouvez essayer avec un ami ou votre conjoint. Décidez lequel d'entre vous jouera le rôle de l'enfant, puis celui de l'un des parents. Ensuite, lisez seulement les directives concernant le rôle que vous avez choisi.

Situation de l'enfant
(jeu de rôle)

1. Le médecin a découvert que tu as une allergie et qu'il te faut des piqûres chaque semaine pour diminuer tes éternuements. Parfois, les piqûres sont douloureuses; d'autres fois, tu les sens à peine. La piqûre d'aujourd'hui faisait partie de celles qui font vraiment mal. En quittant le bureau du médecin, tu veux que ton père ou ta mère sache ce que tu as ressenti.

On va te répondre de deux façons différentes. La première fois, on niera tes sentiments; mais tu continueras quand même d'essayer de faire comprendre à ton père ou à ta mère comment tu te sens. Quand la conversation aura pris fin naturellement, demande-toi quels étaient tes sentiments pendant le jeu de rôle, et fais-en part à ton père (ou à ta mère). Commence la scène en te frottant le bras et en disant :

– « Le médecin a manqué me tuer avec sa piqûre ! »

---

2. La situation est la même. Mais cette fois, ta mère (ou ton père) va réagir différemment. Quand la conversation arrivera naturellement à son terme, demande-toi quels étaient tes sentiments cette fois-ci, et fais-en part à ta mère (ou à ton père). Commence la scène de la même manière, en disant :

— « Le médecin a manqué me tuer avec sa piqûre ! »

Après avoir joué la scène deux fois, vous voudrez peut-être inverser les rôles pour faire l'expérience du point de vue des parents.

Situation d'un des parents
(jeu de rôle)

1. Chaque semaine, vous devez emmener votre enfant chez le médecin afin qu'il reçoive des piqûres contre ses allergies. Même si vous savez que l'enfant déteste y aller, vous savez aussi que, la plupart du temps, la douleur de la piqûre ne dure que quelques secondes. Aujourd'hui, en quittant le bureau du médecin, l'enfant se plaint horriblement.
Vous jouerez la scène deux fois. La première fois, essayez de faire cesser les plaintes de l'enfant en niant ses sentiments. Servez-vous des phrases suivantes (si vous le préférez, vous pouvez en inventer d'autres) :

— Voyons, ça ne peut pas faire aussi mal.
— Tu fais une montagne avec des riens.
— Ton frère ne se plaint jamais quand il reçoit une piqûre.
— Tu agis comme un bébé.
— Eh bien, tu ferais mieux de t'habituer à ces piqûres. Après tout, il va falloir que tu les reçoives chaque semaine.

Quand la conversation aura atteint sa conclusion naturelle, demandez-vous ce que vous avez ressenti pendant ce scénario et dites-le à votre enfant. C'est l'enfant qui va commencer la scène.

2. Même scène, mais cette fois, vous allez écouter réellement.
Vos réponses vont démontrer que vous pouvez à la fois entendre et accueillir n'importe quel sentiment que l'enfant pourrait exprimer. Par exemple :

- Ça fait vraiment mal !
- Tu as dû avoir mal.
- Hum ! Si mal que ça !
- Ça ressemble au genre de douleur que tu souhaiterais à ton pire ennemi.
- Ce n'est pas facile de recevoir ces piqûres semaine après semaine. Je parie que tu seras bien content quand ce sera terminé.

Quand la conversation en arrive à sa conclusion naturelle, nommez les sentiments que vous avez ressentis cette fois-ci, et faites part de votre réponse à l'enfant. L'enfant va recommencer la scène.

Après avoir joué la scène une deuxième fois, vous voudrez peut-être inverser les rôles pour faire l'expérience du point de vue de l'enfant.

Quand vous avez joué le rôle de l'enfant dont on nie les sentiments, avez-vous senti monter la colère en vous ? Sentiez-vous qu'au début vous étiez irrité à cause des piqûres, pour devenir ensuite fâché contre votre père ou votre mère ?

Quand vous avez joué au père ou à la mère qui essaie de mettre fin aux plaintes, vous êtes-vous senti devenir de plus en plus irrité à l'endroit d'un enfant *si peu raisonnable* ?

C'est habituellement ce qui se passe quand on nie des sentiments. Parents et enfants deviennent de plus en plus hostiles les uns envers les autres.

Vous, le père ou la mère, quand vous faisiez l'accueil des sentiments de l'enfant, avez-vous senti qu'il n'y avait plus trace de dispute dans votre échange ? Vous êtes-vous senti capable de l'aider de façon authentique ?

Vous l'enfant, quand on accueillait vos sentiments, vous êtes-vous senti davantage respecté ? Plus proche de votre père ou de votre mère ? La douleur était-elle plus facile à supporter quand quelqu'un savait jusqu'à quel point ça pouvait faire mal ? Pourriez-vous y faire face de nouveau la semaine suivante ?

Quand on accueille les sentiments d'un enfant, on lui rend un grand service. On le met en contact avec sa réalité intérieure. Et une fois qu'il voit clairement cette réalité, il rassemble les forces nécessaires pour commencer à se prendre en main.

DEVOIR

1. Au moins une fois pendant la semaine, ayez une conversation au cours de laquelle vous accueillez les sentiments d'un de vos enfants. Dans l'espace prévu plus bas, écrivez ce qui s'est dit pendant que c'est encore frais dans votre esprit.

ENFANT : _____
VOUS _____
ENFANT : _____
VOUS : _____
ENFANT : _____
VOUS : _____
ENFANT : _____

2. Faites la lecture de la seconde partie de ce chapitre. Vous y trouverez des commentaires additionnels à propos des habiletés, les questions les plus fréquentes, ainsi que des témoignages personnels d'autres parents portant sur la façon dont ils utilisent leurs nouvelles habiletés.

Un bref rappel…

Aider les enfants aux prises avec leurs sentiments

*Les enfants ont besoin qu'on accueille
et qu'on respecte leurs sentiments.*

1. VOUS POUVEZ ECOUTER EN SILENCE ET AVEC ATTENTION

2. VOUS POUVEZ ACCUEILLIR LEURS SENTIMENTS À L'AIDE D'UN MOT
— Oh ! Hum ! Je vois.

3. VOUS POUVEZ NOMMER LE SENTIMENT
— Ç'a l'air frustrant.

4. VOUS POUVEZ UTILISER L'IMAGINAIRE POUR LEUR OFFRIR CE QU'ILS SOUHAITENT
— J'aimerais pouvoir faire mûrir la banane pour toi tout de suite.

* * *

ON PEUT ACCUEILLIR TOUS LES SENTIMENTS.
ON DOIT LIMITER CERTAINES ACTIONS.

— Je vois combien tu es fâché contre ton frère. Dis-le lui avec des mots, pas avec tes poings.

Note : Vous trouverez peut-être utile de faire une copie de cet aide-mémoire ainsi que des autres aide-mémoire, puis de les afficher à des endroits stratégiques dans la maison.

DEUXIÈME PARTIE

COMMENTAIRES, QUESTIONS ET TÉMOIGNAGES DE PARENTS

Questions posées par les parents

1 Est-il important de toujours être empathique avec mon enfant ?

Non. Plusieurs de nos conversations avec nos enfants se résument à des échanges ordinaires. Si un enfant vous dit : « Maman, j'ai décidé d'aller chez mon ami David après l'école aujourd'hui », il n'est pas nécessaire de lui répondre : « Ainsi, tu as pris la décision de rendre visite à un ami cet après-midi. » Un simple « Merci de me prévenir » suffit à montrer qu'elle a entendu. Il convient d'être empathique quand un enfant veut faire savoir comment il se sent.

Reconnaître ses sentiments positifs ne présente aucune difficulté. Il est facile de réagir à l'exubérance d'une jeune personne qui proclame : « J'ai obtenu 97 % en maths aujourd'hui ! » avec un tout aussi enthousiaste « 97 % ! Ça doit te faire drôlement plaisir ! »

Ce sont les émotions *négatives* qui requièrent nos habiletés. C'est précisément dans ces cas-là qu'il faut résister à la tentation typique d'éviter d'en tenir compte, de les nier, de moraliser, etc.

Un père nous a raconté ce qui lui a permis de devenir plus sensible aux besoins émotionnels de son fils : il s'est mis à voir les sentiments pénibles ou douloureux de l'enfant comme autant de meurtrissures physiques. D'une certaine façon, l'image mentale d'une coupure ou d'une lacération l'aidait à réaliser qu'on a besoin d'une attention aussi sérieuse et rapide pour soigner un sentiment négatif que pour soigner un genou écorché.

2 **Quel mal y a-t-il à poser une question directe à l'enfant : « Pourquoi te sens-tu comme ça ? »**

Certains enfants peuvent dire pourquoi ils sont effrayés, fâchés ou tristes. Toutefois, pour un grand nombre d'entre eux, la question *Pourquoi ?* ne fait qu'ajouter à leur problème. En plus de leur détresse initiale, ils doivent maintenant en analyser la cause et fournir une explication raisonnable. Très souvent, les enfants ne savent pas pourquoi ils se sentent de telle ou telle façon. À d'autres moments, ils sont réticents à en parler parce qu'ils craignent que leur raison ne soit pas assez bonne aux yeux de l'adulte : « Tu pleures pour *ça* ? »

En entendant : « Je vois que quelque chose t'attriste », un enfant malheureux reçoit beaucoup plus de soutien que s'il entend : « Que s'est-il passé ? » ou encore « Pourquoi te sens-tu comme ça ? » Il est plus facile de parler à un adulte qui accueille ce que nous ressentons qu'à celui qui nous presse de fournir des explications.

3 **Voulez-vous dire qu'on devrait essayer de faire comprendre aux enfants qu'on est d'accord avec leurs sentiments ?**

Les enfants n'ont pas besoin qu'on soit d'accord avec leurs sentiments ; ils ont besoin de les savoir reconnus. La phrase : « Tu as tout à fait raison » peut satisfaire sur le moment, mais elle peut aussi empêcher l'enfant de pousser sa réflexion jusqu'au bout. Exemple :

ENFANT : L'enseignante a dit qu'elle annulait notre pièce de théâtre. Elle est méchante !

MÈRE : Après toutes ces répétitions ? Je suis d'accord avec toi. Il faut qu'elle soit méchante pour faire une chose pareille !

Fin de la discussion. Remarquez comme il est beaucoup plus facile pour un enfant de penser de façon constructive quand on accueille ses sentiments :

ENFANT :   L'enseignante a dit qu'elle annulait notre pièce de théâtre. Elle est méchante !
MÈRE :   Ce doit être une grosse déception pour toi. Tu avais hâte de jouer.
ENFANT :   Ouais ! Juste parce que quelques enfants perdent leur temps aux répétitions. C'est *leur* faute.
MÈRE :   (écoute en silence).
ENFANT :   Elle est aussi fâchée parce que personne ne connaît son rôle par cœur.
MÈRE :   Je vois.
ENFANT :   Elle a dit que, si nous *faisions des progrès*, elle pourrait nous donner une chance de plus. Je ferais mieux de revoir mes répliques encore une fois. Pourrais-tu m'aider ce soir ?

Conclusion : Quand une personne, quel que soit son âge, connaît un moment de détresse, elle n'a pas besoin d'un accord ou d'un désaccord : elle a besoin que quelqu'un reconnaisse ce qu'elle est en train de vivre.

4 **S'il est tellement important de montrer à mon enfant que je le comprends, pourquoi pas dire simplement : « Je comprends comment tu te sens » ?**
Quand nous disons : « Je comprends comment tu te sens », certains enfants ne nous croient tout simplement pas. Ils vont répondre : « Non, tu ne comprends pas. » Mais si nous prenons la peine de préciser : « Le premier jour de classe peut être vraiment effrayant : il faut s'habituer à tant de nouvelles choses », l'enfant sait alors que nous le comprenons réellement.

5 Qu'arrive-t-il si je me trompe en essayant de nommer un sentiment ?

Aucun problème. L'enfant va rapidement vous remettre sur la piste. Voici un exemple.

ENFANT : Papa, notre examen a été reporté à la semaine prochaine.
PÈRE : Tu dois être soulagé.
ENFANT : Non je suis fâché ! Maintenant il va encore falloir que j'étudie la même matière la semaine prochaine.
PÈRE : Je vois. Tu espérais en avoir fini avec ça.
ENFANT : Ouais !

Il est présomptueux de présumer qu'on peut toujours savoir ce que ressent une autre personne. La seule chose que nous pouvons faire, c'est tenter de comprendre les sentiments des enfants. Nous ne réussissons pas toujours, mais nos enfants sont sensibles à nos efforts.

6 Je sais qu'on devrait accueillir les sentiments, mais je ne sais pas comment réagir quand j'entends dans la bouche de mon propre enfant : « Tu es méchante » ou encore « Je te déteste ».

Si *Je te déteste* vous contrarie, vous pouvez le faire savoir à l'enfant : « Je n'aime pas ce que je viens juste d'entendre. Si une chose te fâche, dis-le-moi d'une autre façon. Alors, je pourrai peut-être t'aider. »

7 Pour fournir de l'aide à un enfant en colère, peut-on faire autre chose que d'accueillir ses sentiments ? Mon fils tolère très mal la frustration. À l'occasion, il me semble que ça lui rend service quand j'accueille ses sentiments en disant quelque chose comme : « Ça doit être tellement frustrant ! » Mais la plupart du temps, quand il est dans cet état émotionnel, il ne m'entend même pas.

Dans nos groupes, certains parents ont mentionné qu'une activité physique peut contribuer à soulager leurs enfants quand ils sont extrêmement fâchés. Ils nous ont raconté de nombreuses anecdotes à propos d'enfants fâchés qui se sont sentis plus calmes après avoir frappé dans des coussins, martelé de vieilles boîtes d'épicerie en carton, battu et pétri de la pâte à modeler, rugi comme un lion ou lancé des fléchettes. Mais l'activité qui semble procurer la plus grande satisfaction aux enfants sans mettre les parents mal à l'aise est celle qui consiste à dessiner ses sentiments. Les deux exemples qui suivent nous sont parvenus à une semaine d'intervalle.

>Je revenais tout juste d'une rencontre de groupe quand j'ai trouvé mon fils (3 ans) étendu sur le sol, en train de piquer une crise de colère. Mon mari se contentait de le regarder d'un air dégoûté. « D'accord, a-t-il dit, voyons si toi, la spécialiste des enfants, tu peux régler celle-là. » J'ai senti que je devais me montrer à la hauteur de la situation. J'ai regardé Jonathan, toujours en train de crier et de donner des coups de pieds, puis j'ai attrapé un crayon et un bloc de papier près du téléphone. Je me suis ensuite agenouillée et je lui ai tendu le crayon et le bloc-notes en disant : « Tiens, montre-moi combien tu es fâché. Dessine-moi comment tu te sens. »

>Jonathan s'est immédiatement précipité sur le papier et il s'est mis furieusement à dessiner des cercles. Puis il me les a montrés en disant : « C'est comme *ça* que je suis fâché ! »

>J'ai dit : « Tu es *vraiment* fâché ! » et j'ai pris une autre feuille en disant : « Montre-moi encore. »

>Il a barbouillé furieusement sur la feuille et j'ai continué : « Hé ! Fâché autant que *ça* ! » Puis nous avons répété l'affaire une fois de plus. Quand je lui ai tendu une quatrième feuille, il était visiblement plus calme. Il l'a

longuement regardée. Puis il a dit: «Maintenant je vais montrer mes sentiments contents» et il a dessiné un cercle avec deux yeux et une bouche souriante. C'était incroyable. En deux minutes, il était passé de l'hystérie au sourire, juste parce que je lui avais permis de me montrer comment il se sentait. Par la suite, mon mari m'a demandé: «Continue de participer à ce groupe.»

À la rencontre suivante, une autre mère nous a raconté sa propre expérience avec l'utilisation de la même habileté.

Quand j'ai entendu parler de Jonathan, la semaine dernière, j'ai tout de suite pensé: comme je souhaiterais pouvoir me servir de cette approche avec Marc! Il a 3 ans lui aussi, mais il souffre de paralysie cérébrale. Tout ce qui vient naturellement aux autres enfants devient pour lui une tâche monumentale: se tenir debout sans tomber, garder la tête droite. Il a fait des progrès remarquables, mais il est encore prompt à se montrer frustré. Chaque fois qu'il ne parvient pas à exécuter une chose qu'il aimerait faire, il hurle sans arrêt pendant des heures et il n'y a plus moyen de l'atteindre. Le plus pénible, c'est qu'il me donne des coups de pieds tout en essayant de me mordre. Je suppose que, d'une manière ou d'une autre, il croit que c'est ma faute s'il a tous ces problèmes et que je devrais être capable de faire quelque chose. Il est fâché contre moi la plupart du temps.

En revenant de notre rencontre, la semaine dernière, je me demandais ce qui se passerait si je pouvais attraper Marc *avant* qu'il n'entre en pleine crise? Cet après-midi-là, il était en train de jouer avec un nouveau casse-tête plutôt facile, fait de grosses pièces. Malgré cela, il ne pouvait parvenir à placer la dernière pièce, et après quelques tentatives il commençait à avoir *son expression* sur le visage. J'ai pensé: Oh! non! Voilà que ça recommence! Je suis accourue en criant: «Attends! Retiens tout! Ne bouge pas! Il faut que j'aille chercher quelque chose ! » Il avait l'air surpris. J'ai cherché frénétiquement sur ses étagères et j'ai trouvé un gros crayon violet et une feuille de papier à dessin. Je me suis assise sur le sol avec lui et j'ai demandé : « Marc, te sens-tu aussi fâché que *ça* ? » en dessinant de violents zigzags de haut en bas et de bas en haut de la feuille.

« Ouais ! » a-t-il répondu en m'arrachant le crayon des mains ; et il s'est mis à tracer furieusement des lignes en tous sens. Il a transpercé le papier tellement souvent que c'était plein de trous. En regardant la feuille à contre-jour, j'ai constaté : « Tu es vraiment fâché... Tu es absolument furieux ! » Il m'a arraché le papier des mains et, toujours en pleurant, il a continué à le déchirer jusqu'à ce qu'il soit tout déchiqueté. À la fin, il m'a regardée en ajoutant : « Je t'aime maman. » C'était la toute première fois qu'il me disait cela.

Depuis, j'ai essayé de nouveau ; ça ne marche pas à tous coups. Je suppose qu'il me faudra trouver d'autres exutoires physiques pour lui, comme un sac de sable ou autre chose. Mais qu'il frappe, qu'il martèle ou qu'il dessine, je commence à me rendre compte que le plus important, c'est que je sois près de lui, à le regarder. Il sait alors que même ses sentiments les plus chargés de colère sont compris et accueillis.

8 **Si j'accueille tous les sentiments de mon enfant, n'aura-t-il pas l'impression que tout ce qu'il fait est bien ? Je ne veux pas devenir un père permissif.**
L'idée d'être permissives nous inquiétait, nous aussi. Mais nous avons graduellement commencé à nous rendre compte que cette approche est permissive seulement au sens que tous les sentiments sont permis. Du genre : « Je vois que tu as du plaisir à tracer des formes dans le beurre avec ta fourchette. »

Mais cela ne veut pas dire qu'il faut permettre à un enfant de se comporter d'une façon que vous trouvez inacceptable. En retirant le beurre, vous pouvez aussi faire savoir au jeune *artiste* que : « Le beurre, ce n'est pas un jouet. Si tu veux montrer ta créativité, tu peux utiliser ta pâte à modeler. »

Nous avons découvert que, lorsqu'on accueille les sentiments des enfants, ils sont plus en mesure d'accepter les limites qu'on leur fixe.

9 Pourquoi s'abstenir de donner des conseils aux enfants quand ils ont un problème ?

En donnant des conseils ou des solutions instantanées, on prive les enfants de l'apprentissage résultant des efforts qu'il leur faut fournir pour régler leurs propres problèmes.

Toutefois, les conseils peuvent-ils parfois être utiles ? Oui, bien sûr. Vous trouverez à la deuxième partie du chapitre 4 une discussion plus détaillée sur le moment propice et sur la façon de donner des conseils.

10 Que peut-on faire si on réalise après coup qu'on a donné une réponse qui ne rend pas service à l'enfant ? Hier, ma fille est revenue de l'école très bouleversée. Elle voulait me dire que des enfants l'avaient taquinée au terrain de jeu. J'étais fatiguée et préoccupée ; je l'ai donc écartée d'un geste en lui disant de cesser de pleurer, que ce n'était pas la fin du monde. L'air très malheureux, elle s'est retirée dans sa chambre. Je savais que j'avais raté une occasion. Mais que puis-je faire maintenant ?

Chaque fois qu'un des parents se dit : « J'ai certainement raté mon coup cette fois-ci. Pourquoi n'ai-je pas songé à dire… », il obtient automatiquement une autre chance. La vie avec les enfants ne comporte aucune limite de temps. Il se présente toujours une autre occasion, plus tard, dans la même heure, la même journée, la même semaine, pour dire : « J'étais en train de réfléchir à ce que tu m'as dit plus tôt, à propos de ces enfants qui te taquinent au terrain de jeu. Et je me rends compte maintenant que tu as dû te sentir pas mal blessée. » Qu'on la reçoive sur le coup ou plus tard, on est toujours touché par la compassion.

Mises en garde

1 D'habitude, les enfants protestent quand on reprend textuellement ce qu'ils ont dit. Exemple :

ENFANT :   Je n'aime plus David.
PÈRE :   Tu n'aimes plus David.
ENFANT :   *(avec agacement)* C'est ce que je viens de dire.

Cet enfant aurait sûrement préféré une réponse ressemblant moins à celle d'un perroquet. Par exemple : « Il y a une chose qui te contrarie à propos de David » ou encore « J'ai l'impression que tu es vraiment fâché contre lui. »

2 Certains enfants préfèrent qu'on évite de leur parler quand une chose les contrarie. La simple présence d'un des parents leur procure assez de réconfort.
Une mère nous a raconté qu'en entrant dans le salon, elle avait vu sa fille de 10 ans effondrée sur le canapé, les yeux remplis de larmes. La mère s'est assise à ses côtés, l'a entourée de ses bras et lui a murmuré : « Il s'est passé quelque chose. » Elle est demeurée près d'elle en silence pendant cinq minutes. Finalement, sa fille a soupiré, puis elle a ajouté : « Merci, maman. Je me sens mieux maintenant. » La mère n'a jamais su ce qui s'était passé. Tout ce qu'elle a su, c'est que sa présence réconfortante avait dû servir à quelque chose, puisqu'une heure plus tard, elle a entendu sa fille fredonner dans sa chambre.

3 Certains enfants deviennent irrités quand ils expriment une émotion intense et que la réponse des parents est *correcte,* mais dénuée d'émotion.
Dans un de nos ateliers, une adolescente nous a raconté être rentrée un jour avec la rage au cœur parce que sa meilleure amie l'avait trahie en dévoilant un secret très personnel. Elle a confié à sa mère ce qui s'était passé, et sur un ton très neutre celle-ci a

commenté : « Tu es fâchée. » Elle n'a pu s'empêcher de rétorquer brusquement, sur un ton sarcastique : « Sans blague ! »
Nous lui avons demandé ce qu'elle aurait aimé entendre de la bouche de sa mère. Après avoir réfléchi un instant, elle a répondu : « C'est moins les paroles que la façon de les dire. Comme si elle parlait des sentiments d'une personne qui ne l'intéresse pas du tout. J'aurais sans doute préféré sentir qu'elle était entièrement présente à moi. Si elle avait seulement dit une chose telle que : « Hé ! Carole, tu dois être *furieuse* contre elle ! » alors là, je me serais sentie comprise ! »

4 **Il n'est guère utile de répondre avec une intensité plus élevée que celle ressentie par l'enfant. Exemple :**

ADO : *(se plaignant)* Stéphane m'a laissé poireauter au coin de la rue pendant une demi-heure. Puis il a inventé une histoire et je sais qu'elle est fausse.

MÈRE : C'est inexcusable ! Comment a-t-il pu te faire ça à toi ? Il n'a aucune considération et il est irresponsable. Tu dois avoir le goût de ne plus jamais le revoir.

Il n'est probablement jamais venu à l'idée de cet adolescent de réagir aussi violemment envers son ami, ni de considérer une vengeance aussi draconienne. Il n'avait probablement pas besoin de grand chose de la part de sa mère : un simple indice verbal de compréhension ; un hochement de tête exprimant de la sympathie pour l'irritation ressentie devant le comportement de son ami. Il n'avait pas besoin du poids additionnel des émotions fortes de sa mère.

5 **Les enfants n'aiment pas que les parents répètent les mots péjoratifs dont ils se qualifient eux-mêmes.**
Quand un enfant vous répète qu'il est *bête*, *laid* ou *gros*, cela ne lui rend pas service de vous entendre répliquer : « Oh ! comme

ça, tu crois que tu es bête » ou bien « Tu sens vraiment que tu es laid. » Il ne faut pas abonder dans le même sens quand il se dénigre. Nous pouvons accueillir sa douleur sans répéter les mots qui le déprécient. Exemples :

ENFANT :   L'enseignante a dit qu'on devait consacrer au maximum quinze minutes chaque soir au devoir de maths. Il m'a fallu une heure pour le terminer. Je dois être bête.

PÈRE :   Ça peut être décourageant quand le travail prend plus de temps qu'on l'imaginait.

ENFANT :   J'ai l'air terrible quand je souris. Tout ce qu'on voit, ce sont mes appareils dentaires. Je suis laid.

MÈRE :   Tu n'aimes vraiment pas ton apparence avec ces machins-là. Et ça n'arrange probablement rien de savoir que moi, je te trouve agréable à regarder, avec ou sans tes appareils dentaires.

* * *

Espérons que nos *mises en garde* ne vous ont pas trop effrayés. Une conclusion a dû devenir évidente pour vous : la capacité de tenir compte des sentiments est un art plutôt qu'une science exacte. Pourtant, après des années d'observation, nous avons foi en la capacité des parents de maîtriser cet art, moyennant quelques essais et erreurs. En persistant dans vos efforts, vous pourrez bientôt sentir ce qui rend service à votre propre enfant et ce qui ne lui est d'aucun secours. À force d'essayer, vous allez découvrir ce qui l'irrite et ce qui le réconforte ; ce qui l'éloigne de vous et ce qui l'invite à l'intimité ; ce qui le blesse et ce qui le guérit. Rien ne peut remplacer votre propre sensibilité.

Histoires de parents

Nous enseignons les mêmes principes de base dans chacun de nos groupes. Pourtant, nous sommes constamment surprises par l'originalité des parents qui les utilisent ou par la variété des situations où ces principes sont appliqués. Toutes les histoires qui suivent ont été écrites par des parents. Nous les avons à peine retouchées. Dans la plupart des cas, le nom des enfants a été modifié. Vous constaterez que les remarques des parents ne constituent pas toutes des réponses *modèles*. Mais ce qui compte au fond, c'est leur disposition à écouter et leur attitude d'accueil.

Les parents qui ont raconté les deux premières histoires au groupe ont trouvé difficile de croire que, en évitant de donner des conseils, l'enfant commencerait réellement à rechercher ses propres solutions. La mère dont il est question a commencé son récit en disant : « Vous allez remarquer que je parle bien peu ! »

Nicolas (8 ans) revient de l'école en disant : « J'aurais le goût de casser la figure de Greg. »

MOI : Tu es vraiment en colère contre Greg !
NICOLAS : Ouais ! Chaque fois qu'on joue au football et que j'ai le ballon, il crie : « Passe-le-moi, Nick ! Je suis meilleur que toi. » De quoi faire rager n'importe qui, pas vrai ?
MOI : Oui.
NICOLAS : Mais Greg n'est pas vraiment comme ça. L'an dernier, il était toujours gentil. Je crois que c'est quand Christian est arrivé cette année que Greg a attrapé l'habitude de se vanter.
MOI : Je vois.
NICOLAS : J'appelle Greg pour l'inviter à jouer au parc.

Mon fils a 6 ans; il n'est pas agressif et ne se mêle pas aux bagarres. J'ai plutôt tendance à être surprotectrice avec lui parce qu'il semble si vulnérable. Lundi, il est revenu de l'école en disant qu'un élève plus âgé et beaucoup plus grand que lui avait envoyé un émissaire lui annoncer qu'il allait être *massacré* le lendemain. J'ai aussitôt recherché un moyen de le protéger: appeler l'enseignante, lui enseigner en une soirée des techniques d'autodéfense, n'importe quoi pour lui épargner peur et douleur.

Au lieu de lui montrer mon désarroi, j'ai décidé d'écouter attentivement. J'ai seulement répondu: «Hum!» Denis s'est alors lancé dans un long monologue, sans aucune pause. «Oui, alors j'ai imaginé trois stratégies de défense. D'abord, je vais essayer de le convaincre d'éviter de se battre. Je lui expliquerai qu'il ne faut pas se battre parce que ce n'est pas civilisé. Puis, si ça ne marche pas, je mettrai mes lunettes. (Ici, il a fait une pause et s'est mis à réfléchir.) Mais si c'est un dur à cuire, ça ne l'arrêtera pas... Ça doit être un dur parce que même si je ne lui ai jamais parlé, il veut déjà me battre. Alors, si rien ne va plus, je vais demander à Kevin de l'attaquer. Kevin est tellement fort que le dur à cuire va prendre peur juste à le regarder.»

J'étais estomaquée. J'ai seulement dit: «Oh!» et il a répliqué: «D'accord, ça ira. J'ai des plans que je peux utiliser» et il est sorti de la pièce, tout détendu.

J'étais aux anges! Le lendemain, j'ai dû me retenir de lui demander ce qui s'était passé. Mais au cours du repas, il m'a confié: «Maman, tu sais quoi? Le dur à cuire n'est même pas venu au gymnase aujourd'hui.»

J'étais surprise. Je n'avais jamais cru que mon fils pouvait résoudre ses problèmes avec autant de courage et de créativité. Il avait pris son problème en main, il se sentait fier de lui-même. Je peux maintenant lui laisser la liberté de grandir. Je crois maintenant que ça ne vaut pas la peine de m'ingérer pour le mettre à l'abri d'un coup ou deux. Je peux maintenant lui permettre de décider par lui-même. Il va survivre!

Certains parents nous ont confié leur étonnement à propos de l'effet calmant que peuvent entraîner des phrases *accueillantes*. Les expressions habituelles : «Calme-toi !» ou «Vas-tu cesser ?» semblent avoir pour seul effet de rendre les enfants encore plus agités. Alors que, très souvent, il suffirait de nommer les sentiments pour adoucir les réactions les plus féroces et pour changer l'humeur du tout au tout. Le prochain exemple nous vient d'un père.

Ma fille, Esther, entre dans la cuisine.

- «Mme G. m'a engueulée au gym aujourd'hui.
- Oh !
- Elle a poussé un cri.
- Elle était vraiment fâchée.
- Elle a hurlé : «Au volley-ball, on ne frappe pas le ballon de cette façon-*là*. On le fait comme *ceci* !» Comment j'aurais pu le savoir ? Elle ne nous avait jamais montré comment le frapper.
- Tu étais fâchée contre elle parce qu'elle avait hurlé.
- Elle m'a rendue si furieuse !
- Ça peut être vraiment frustrant de se faire crier après sans bonne raison !
- Elle n'avait pas le droit !
- Tu sens qu'elle n'aurait pas dû crier après toi.
- Non. Je suis tellement fâchée contre elle que je pourrais la piétiner... J'aimerais planter des aiguilles dans une poupée qui lui ressemble et la faire souffrir.
- La pendre par les pouces.
- La faire bouillir dans l'huile.
- La faire tourner à la broche.»

Rendue à ce point, Esther a souri. J'ai souri. Elle s'est mise à rire et moi aussi. Elle a ensuite fait remarquer que c'était vraiment insensé de la part de Mme G. d'avoir hurlé ainsi. Puis elle a ajouté : « *Maintenant* je sais comment frapper le ballon pour la satisfaire. »

D'ordinaire, j'aurais pu dire : « Si elle a hurlé, c'est sûrement que tu avais fait une erreur. La prochaine fois, écoute l'enseignante quand elle te corrige et tu sauras ensuite comment faire. » Elle aurait probablement claqué la porte et piqué une crise dans sa chambre parce que son père était un idiot insensible et son enseignante une imbécile.

Lieu : ma cuisine. Je viens tout juste de coucher le bébé pour sa sieste. Éloi revient de la maternelle, tout excité parce qu'il s'en va jouer chez Charles.

ÉLOI :	Bonjour, maman. Allons tout de suite chez Charles !
MAMAN :	Nina *(le bébé)* dort maintenant ; nous irons plus tard.
ÉLOI :	*(contrarié)* Je veux y aller maintenant. Tu avais promis qu'on irait.
MAMAN :	Que dirais-tu d'y aller à vélo, pendant que je t'accompagne à pied ?
ÉLOI :	Non ! Je veux que tu restes avec moi. *(Il se met à pleurer de façon hystérique.)* Je veux y aller maintenant ! *(Il déchire les dessins qu'il vient juste de rapporter de la maternelle et fourre le tout dans la poubelle.)*
MAMAN :	*(j'allume)* Eh ! comme tu es furieux ! Si fâché que tu as jeté tes dessins. Tu dois être vraiment contrarié. Tu voulais tellement jouer avec Charles ; quant à Nina, elle dort. C'est vraiment décevant.
ÉLOI :	Ouais ! Je veux vraiment aller chez Charles. *(Il cesse de pleurer.)* Je peux regarder la télé, maman ?
MAMAN :	Certainement.

Situation : le père s'en va à la pêche et la petite Danielle (4 ans) veut l'accompagner.

PAPA : D'accord, ma chérie, tu peux venir. Mais rappelle-toi : nous allons être debout, à l'extérieur, pour un long, un très long moment, et il fait froid ce matin.

DANIELLE : *(La confusion se lit sur son visage et elle répond avec beaucoup d'hésitation.)* J'ai changé d'idée. Je veux rester à la maison. *(Deux minutes après le départ du père, les pleurs commencent.)*

DANIELLE : Papa m'a laissée ici et il savait que je voulais y aller !

MAMAN : *(pas du tout d'humeur à s'occuper de cela)* Danielle, nous savons toutes deux que c'est *toi* qui as décidé de rester à la maison. Tes pleurs m'empêchent de me concentrer et je ne veux pas t'écouter ; alors si tu veux pleurer, va dans ta chambre. *(Elle court à sa chambre en hurlant. Quelques minutes plus tard, maman décide d'essayer l'autre méthode.)*

MAMAN : *(entre dans la chambre de Danielle et s'assied sur le lit.)* Tu voulais vraiment aller avec ton papa, n'est-ce pas ? *(Danielle cesse de pleurer, acquiesce de la tête.)*

MAMAN : Tu t'es sentie confuse quand papa a mentionné qu'il ferait froid. Tu n'arrivais pas à te décider. *(Le soulagement se voit dans ses yeux. Elle fait encore signe que* oui *et essuie ses larmes.)*

MAMAN : Tu as senti que tu n'avais pas eu assez de temps pour te décider.

DANIELLE : C'est ça, je n'ai pas eu le temps. *(Alors, je l'embrasse. D'un bond, elle saute de son lit et s'en va jouer.)*

Le fait de savoir qu'ils peuvent éprouver en même temps deux sentiments très différents semble également rendre service aux enfants.

Après la naissance du bébé, j'avais toujours répété à Paul qu'il aimait son petit frère. Il secouait la tête : « Nonnnnn ! Nonnnnn ! »
Au cours du dernier mois, je lui ai plutôt dit : « Paul, j'ai l'impression que tu éprouves deux sentiments envers le bébé. Parfois tu es content d'avoir un frère. C'est amusant de le regarder et de jouer avec lui. Et d'autres fois, tu n'aimes pas du tout qu'il soit là. Tu souhaiterais juste qu'il s'en aille. »
Ma nouvelle façon de réagir plaît à Paul. Dernièrement, il me demande au moins une fois par semaine : « Maman, parle-moi de mes deux sentiments. »

Certains parents apprécient particulièrement les habiletés leur permettant de venir en aide à un enfant dont l'humeur est au découragement ou au désespoir. Ils sont contents de savoir qu'ils n'ont pas besoin de se charger du malheur de l'enfant.

Une mère raconte : « Je viens tout juste de commencer à me rendre compte de la pression inutile que je me plaçais sur les épaules en m'assurant que mes enfants sont constamment heureux. J'ai commencé à prendre conscience du point où j'en étais rendue quand je me suis vue en train d'essayer de recoller un bretzel au moyen d'un ruban gommé pour faire cesser les pleurs de ma fille de 4 ans. J'ai aussi commencé à m'apercevoir du fardeau que j'avais fait porter à mes enfants. Pensez donc ! Non seulement sont-ils bouleversés par leur problème initial, mais ils le deviennent encore plus quand ils me voient souffrir de leur souffrance. Ma mère me faisait la même chose et je me souviens de m'être sentie très coupable ; je me croyais anormale de ne pas me sentir constamment heureuse. Je veux que mes enfants sachent qu'ils ont le droit de se sentir malheureux sans que leur mère s'effondre. »

Mon fils Rémi rentre, le pantalon tout taché de boue et l'air abattu.

PÈRE :	Je vois beaucoup de boue sur ton pantalon.
RÉMI :	Ouais ! Je me suis planté au rugby.
PÈRE :	Le match a été rude.
RÉMI :	Ouais ! Je suis nul. Je suis trop faible. Même Jacques m'a plaqué.
PÈRE :	C'est tellement frustrant de se faire plaquer.
RÉMI :	Oui, j'aimerais être plus fort.
PÈRE :	Tu aimerais être fort comme un champion.
RÉMI :	Ouais ! Comme ça, c'est moi qui pourrais les plaquer.
PÈRE :	Tu pourrais même dépasser ces plaqueurs.
RÉMI :	Je pourrais trouver plein d'endroits pour courir.
PÈRE :	Tu pourrais courir vite.
RÉMI :	Je peux faire des passes aussi. Je suis bon dans les passes courtes, mais je suis incapable de lancer de longues passes.
PÈRE :	Tu peux courir et faire des passes.
RÉMI :	Ouais ! Je peux jouer mieux.
PÈRE :	Tu sens que tu pourrais jouer mieux.
RÉMI :	La prochaine fois, je vais jouer mieux.
PÈRE :	Tu sais que tu vas mieux jouer.

D'habitude, j'aurais reçu Rémi avec une remarque du genre : « Tu es un bon joueur. Tu as simplement eu un mauvais match. Ne t'en fais pas, tu feras mieux la prochaine fois. » Il aurait probablement boudé et filé dans sa chambre.

J'ai fait une énorme découverte dans ce groupe. Plus on essaie de mettre en veilleuse les sentiments malheureux d'un enfant, plus il reste aux prises avec ces mêmes sentiments. Plus on les accueille facilement, plus il est facile pour lui de les laisser s'évaporer. On pourrait même dire que si on veut une famille heureuse, on a intérêt à permettre l'expression de beaucoup de malheurs.

André traverse une période pénible. L'un de ses enseignants est très dur avec lui et André ne l'aime pas. Quand il est très mécontent de lui-même et qu'il a le cafard (surtout quand il ramène à la maison les pressions de l'école), il se traite de débile ; il sent que personne ne l'aime parce qu'il est nul ; il ajoute qu'il est *l'idiot* de la classe et ainsi de suite.

Un de ces soirs, mon mari s'est assis à côté de lui, déterminé à lui manifester beaucoup d'attention.

FRANCIS : *(doucement)* André, tu n'es pas idiot.
ANDRÉ : Je suis complètement débile. Je suis un *idiot idiot*.
FRANCIS : Mais, André, tu n'es pas idiot. Pourquoi dis-tu cela ? Tu es l'un des garçons de 8 ans les plus intelligents que je connaisse.
ANDRÉ : C'est pas vrai. Je suis idiot.
FRANCIS : *(encore doucement)* Tu n'es pas idiot.
ANDRÉ : Je suis trop idiot.

Cela a duré une éternité. Je ne voulais pas intervenir, mais comme j'étais incapable d'en entendre davantage, j'ai quitté la pièce. Francis a eu le mérite de ne jamais perdre patience, mais André est allé au lit en répétant qu'il était idiot, toujours aux prises avec son cafard.

Je me suis approchée. J'avais passé une journée affreuse avec lui. Il avait consacré la plus grande partie de l'après-midi et de la soirée à m'exaspérer. Je me sentais incapable d'en prendre davantage. Mais voilà, il était là, étendu sur son lit, à répéter misérablement qu'il était débile, que tout le monde le détestait.

Alors je suis entrée. Je ne savais même pas si j'arriverais à parler. Je me suis seulement assise au bord du lit, vidée. Puis il m'est venu une phrase que nous utilisons lors de nos rencontres et je l'ai reprise presque mécaniquement : « Ce sont des sentiments très pénibles à vivre. »
André a cessé de dire qu'il était idiot et il est demeuré silencieux l'espace d'un instant. Puis il a ajouté : « Ouais ! » J'ignore pourquoi, mais ça m'a donné la force de continuer. Je me suis simplement mise à parler, un peu au hasard, de choses gentilles et utiles qu'il avait faites au cours des années. Il a écouté l'espace d'un instant, puis il s'est mis à participer en ajoutant quelques-uns de ses propres souvenirs : « Rappelle-toi la fois où tu ne trouvais pas tes clés d'auto et que tu regardais partout dans la maison. Je t'ai dit de regarder dans l'auto et elles étaient là. » Au bout de dix minutes, j'ai pu embrasser un garçon qui avait repris confiance en lui-même.

Certains parents ont adopté avec enthousiasme l'idée d'utiliser l'imagination pour accorder à leurs enfants ce qu'ils ne peuvent leur donner dans la réalité. C'était tellement plus facile pour eux de dire : « Tu aimerais avoir… » que de se lancer dans une dispute pour déterminer qui avait raison et pourquoi.

DAVID : *(10 ans)* J'ai besoin d'un nouveau télescope.
PÈRE : Un nouveau télescope ? Pourquoi ? Celui-ci fait parfaitement l'affaire.
DAVID : *(proteste avec passion)* Mais, c'est un télescope d'enfant !
PÈRE : Il est parfaitement adéquat pour un garçon de ton âge.
DAVID : Non il ne l'est pas. J'ai besoin d'un télescope d'une force de 200.
PÈRE : *(Je vois que nous nous dirigeons vers une grosse chicane. Je décide d'essayer de changer de cap.)*

DAVID :	Ainsi, tu aimerais vraiment avoir un télescope d'une force de 200.
DAVID :	Ouais ! Pour voir dans les cratères.
PÈRE :	Tu veux les voir de beaucoup plus près.
DAVID :	C'est ça !
PÈRE :	Tu sais ce que je souhaiterais ? Je souhaiterais avoir assez d'argent pour t'acheter ce télescope. D'ailleurs, étant donné ton intérêt pour l'astronomie, je souhaiterais avoir assez d'argent pour t'en acheter un d'une force de 400.
DAVID :	D'une force de 600.
PÈRE :	Une force de 800.
DAVID :	*(plein d'enthousiasme)* Un télescope avec une force de 1 000 !
PÈRE :	Un… Un…
DAVID :	*(tout excité)* Je sais… Je sais… Si tu le pouvais, tu m'achèterais celui du mont Palomar !

Et pendant que nous étions tous les deux pris de fou rire, j'ai saisi pourquoi le ton avait changé. L'un des secrets de la réussite quand on utilise l'imaginaire, c'est de se laisser vraiment aller, de verser complètement dans le fantastique. Même si David savait que ça n'arriverait jamais, il semblait sensible au fait que j'accordais de l'importance à ses désirs.

Mon mari et moi, nous avons emmené Jason et sa sœur aînée Lisa au musée d'histoire naturelle. Nous avons eu du plaisir et les enfants se sont bien comportés. Mais en sortant, nous devions passer devant une boutique de souvenirs. Notre fils Jason (4 ans) est devenu surexcité en voyant les objets en vente. La plupart des articles étaient à des prix exorbitants, mais nous lui avons finalement acheté une petite collection de cailloux. Puis il s'est mis à pleurnicher pour avoir un modèle réduit de dinosaure. J'ai essayé de lui expliquer que nous avions déjà dépensé plus que nous aurions dû, mais il n'en démordait pas. Son père a ajouté qu'il devrait être content de ce que nous lui avions acheté. Jason s'est mis à pleurer. Mon mari lui a ordonné de cesser tout de suite, en ajoutant qu'il se comportait comme un bébé. Jason s'est jeté par terre en pleurant encore plus fort. Tout le monde nous regardait. J'avais tellement honte que j'aurais voulu disparaître. Puis, je ne sais pas comment l'idée m'est venue, mais j'ai sorti un crayon et un bout de papier de mon sac à main et je me suis mise à écrire. Jason m'a demandé ce que je faisais. J'ai répondu : « J'écris que Jason souhaiterait avoir un dinosaure. » En me fixant des yeux, il a ajouté : « Un prisme aussi. » J'ai écrit : « Un prisme aussi. »

Puis, il a fait une chose qui m'a renversée. Il a couru vers sa sœur qui regardait toute la scène : « Lisa, dis à maman ce que tu veux. Elle va l'écrire pour toi aussi. » Et le croiriez-vous, tout s'est terminé là. Il est rentré très paisiblement.

Depuis, j'ai utilisé cette idée à plusieurs reprises. Chaque fois que je suis dans un magasin de jouets avec Jason et qu'il court partout en montrant du doigt ce qu'il désire, je prends un crayon et un bout de papier et je l'inscris sur sa *liste de souhaits*. Cela semble le satisfaire. Ça ne veut pas dire que je doive lui acheter quoi que ce soit, sauf s'il s'agit d'une occasion spéciale. Ce qu'il aime à propos de sa liste de souhaits (du moins, je le suppose), c'est qu'elle démontre non seulement que je suis au courant de ses désirs, mais que je m'en soucie suffisamment pour les noter.

La dernière histoire parle d'elle-même.

Je viens tout juste de vivre une des expériences les plus déchirantes de ma vie. Ma fille de 6 ans, Suzanne, avait déjà souffert du croup auparavant, mais jamais une attaque comme celle-ci. J'étais terrifiée. Elle ne pouvait plus respirer et son visage commençait à devenir bleu. Impossible d'obtenir une ambulance. J'ai donc dû l'emmener à la salle d'urgence de l'hôpital en compagnie de mon fils Benoît et de ma mère, qui était en visite pour la journée.

Ma mère était complètement affolée. Elle ne cessait de dire : « Oh ! Mon Dieu ! Elle ne peut plus respirer. On n'arrivera jamais à temps ! Qu'as-tu fait à cette enfant ? »

D'une voix plus forte que celle de ma mère, j'ai dit : « Suzanne, je sais que tu éprouves de la difficulté à respirer. Je sais que ça fait peur. Nous sommes maintenant en route pour trouver de l'aide. Ça va bien se passer. Si tu veux, tu peux t'agripper à ma jambe pendant que je conduis. » Elle s'est collée à ma jambe.

À l'hôpital, deux médecins et quelques infirmières nous ont entourés. Ma mère continuait à s'énerver et à dire des sottises. Benoît m'a demandé si Suzanne allait vraiment mourir comme grand-maman ne cessait de le dire. Je n'avais pas le temps de répondre parce que les médecins essayaient de me garder hors de la chambre, mais je savais que Suzanne avait besoin de ma présence. Ses yeux me disaient qu'elle était terrifiée.

Ils lui ont donné une piqûre d'adrénaline. J'ai dit : « Ça fait mal, pas vrai ? » Elle a hoché la tête. Ils lui ont ensuite placé un tube dans la gorge. J'ai continué : « Je sais que le tube doit faire mal, mais il va t'aider. » Elle ne respirait toujours pas normalement et ils l'ont placée sous une tente à oxygène. J'ai ajouté : « Ça doit sembler bizarre tout ce plastique autour de toi. Mais ça va aussi t'aider à respirer et à te sentir mieux. » Puis j'ai glissé ma main dans l'ouverture de la tente et j'ai pris la sienne en disant : « Je ne te quitterai pas. Je vais rester ici avec toi, même si tu dors. Je serai là aussi longtemps que tu auras besoin de moi. »

Sa respiration est devenue un peu plus facile, mais son état était encore critique et je suis demeurée près d'elle pendant 72 heures, pratiquement sans dormir. Dieu merci, elle s'en est sortie.

Je sais que sans ces ateliers, les choses se seraient passées autrement. J'aurais été complètement paniquée. En lui parlant de cette façon, en lui montrant que je savais ce qu'elle traversait, je l'ai aidée à se détendre et à cesser de résister aux traitements qu'elle recevait.

Je sens vraiment que j'ai contribué à sauver la vie de Suzanne.

2 | Susciter la coopération

Première partie

À CE STADE-CI, VOS ENFANTS VOUS ONT PROBABLEMENT fourni de nombreuses occasions de vous servir de vos habiletés d'écoute. D'habitude, quand une chose importe les enfants, ils nous le font savoir très clairement. Dans mon propre foyer, une journée passée avec les enfants ressemblait à une soirée au théâtre. Qu'il s'agisse d'un jouet perdu, d'une coupe de cheveux trop rase, d'un devoir à remettre, de nouveaux jeans mal ajustés, d'une dispute entre frère et sœur, il y avait dans chaque crise autant de larmes et de passion que dans un drame en trois actes. Nous ne manquions jamais de matière.

Mais au théâtre, le rideau finit par tomber et les spectateurs peuvent rentrer chez eux. Les parents n'ont pas cette chance. D'une manière ou d'une autre, nous devons faire face aux blessures, à la colère, à la frustration, tout en conservant notre équilibre mental.

Nous savons désormais que les méthodes traditionnelles ne sont guère efficaces. En plus de nous épuiser, nos explications et nos paroles *rassurantes* ne soulagent en rien nos enfants. Pourtant, les méthodes nouvelles peuvent, elles aussi, poser des problèmes. Même si la réponse empathique apporte beaucoup de réconfort, ce n'est pas toujours facile de la fournir. Pour plusieurs d'entre nous, ce langage est nouveau et insolite. Des parents m'ont confié :

– « Au début, je me sentais maladroite. Je manquais de naturel, comme si je faisais du théâtre.

- Je me sentais hypocrite. Mais il faut croire que ce n'était pas si mal puisque mon fils, qui ne dit jamais rien de plus que : « Ouais ! Non ! Je suis obligé ? » s'est soudain mis à me parler.
- Je me sentais à l'aise, mais les enfants avaient l'air méfiant.
- J'ai découvert que je n'avais jamais écouté mes enfants auparavant. J'avais hâte qu'ils aient fini de parler pour pouvoir enfin exprimer ce que j'avais à dire. Écouter réellement est un travail ardu. Il faut se concentrer si on ne veut pas se contenter d'une réponse toute faite. »

Un père a déclaré : « J'ai essayé, mais j'ai raté mon coup. Ma fille est rentrée de l'école la mine défaite. Au lieu de lui dire comme d'habitude : « Pourquoi cet air grincheux ? » j'ai dit : « Amélie, quelque chose semble te tracasser. » Elle a éclaté en sanglots et s'est précipitée dans sa chambre en claquant la porte. »

J'ai expliqué à ce père que, même quand on *rate* son coup, on obtient de même des retombées productives. Ce jour-là, Amélie avait entendu une note différente, une sonorité lui démontrant que quelqu'un se préoccupe de ses sentiments. Je l'ai incité à ne pas laisser tomber. En temps voulu, si Amélie sait qu'elle peut compter sur une réponse accueillante de la part de son père, elle sentira qu'il n'est pas dangereux de parler de ce qui la bouleverse.

La réaction la plus remarquable que j'aie entendue est venue d'un adolescent qui savait que sa mère participait à mes ateliers. Au retour de l'école, il bouillait de colère.

- « Ils n'avaient pas le droit de me sortir de l'équipe aujourd'hui, juste parce que je n'avais pas mon short de gymnase. J'ai dû passer tout le match sur le banc. C'est trop injuste !
- Tu devais être dans tous tes états, lui a-t-elle répondu avec sollicitude.
- Ah ! toi ! a-t-il répliqué brusquement. Tu prends toujours la part des autres ! Sa mère l'a saisi par l'épaule.

– Jacques, je crois que tu ne m'as pas bien entendue. J'ai dit que tu devais être dans tous tes états. »

Il a cligné des yeux, l'a regardée fixement, puis il a ajouté : « Papa devrait suivre ce cours, *lui aussi* ! »

Jusqu'à présent nous avons surtout examiné la façon dont les parents peuvent rendre service aux enfants qui éprouvent des sentiments négatifs. Jetons un coup d'œil sur ce qui serait utile aux parents quand ce sont eux qui éprouvent des sentiments négatifs.

L'une des frustrations inhérentes à la fonction de parents, c'est la lutte quotidienne qu'il faut mener en vue d'amener nos enfants à se comporter de manière convenable tant à nos yeux qu'à ceux de la société. Il s'agit d'un travail ardu et exaspérant. Une partie du problème réside dans la divergence entre les besoins. L'adulte a besoin d'un certain degré de propreté, d'ordre, de courtoisie, de routine. Mais c'est là le dernier des soucis des enfants. Combien d'enfants, de leur propre gré, prendraient un bain, diraient « s'il vous plaît » ou « merci » ou même changeraient de sous-vêtements ? On peut même se demander combien d'entre eux porteraient des sous-vêtements… Les parents essaient passionnément d'amener leurs enfants à s'ajuster aux normes sociales. On ne sait trop pourquoi, mais il semble que plus les parents font preuve d'intensité, plus les enfants répondent par la résistance.

Par moments, mes propres enfants me voyaient comme *l'ennemie*, celle qui les force toujours à faire ce qu'ils ne veulent pas faire.

– Lave-toi les mains.
– Sers-toi de ta serviette de table.
– Parlez moins fort.
– Accrochez vos manteaux.

- As-tu fait tes devoirs ?
- Es-tu certaine de t'être brossé les dents ?
- Reviens et tire la chasse d'eau.
- Va mettre ton pyjama.
- Va te coucher.
- C'est le moment de dormir.

C'était encore moi qui les empêchais de faire ce qu'ils veulent faire.

- Ne mange pas avec tes doigts.
- Ne frappe pas la table avec ton pied.
- N'éclabousse pas.
- Ne saute pas sur le canapé.
- Ne tire pas la queue du chat.
- Ne te mets pas des petits pois dans le nez !

L'attitude des enfants : « Je vais faire ce que je veux. » Mon attitude à moi : « Vous allez faire ce que je dis. » Et la dispute commençait. C'en était venu au point où je bouillais à l'intérieur chaque fois que je devais adresser la plus simple demande à un enfant.

Prenez maintenant quelques minutes pour réfléchir aux choses que vous tenez à voir vos enfants faire (ou ne pas faire) au cours d'une journée typique. Puis, dans les espaces qui suivent, dressez la liste des choses quotidiennes à faire et à ne pas faire, d'après vous.

DANS UNE MÊME JOURNÉE, JE VOIS À CE QUE MON OU MES
ENFANTS FASSENT LES CHOSES SUIVANTES :

LE MATIN	L'APRÈS-MIDI	LE SOIR

JE M'ASSURE AUSSI QUE MON OU MES ENFANTS
NE FASSENT PAS LES CHOSES SUIVANTES :

LE MATIN	L'APRÈS-MIDI	LE SOIR

Que votre liste soit longue ou brève, que vos attentes soient réalistes ou non, chacun des éléments de cette liste représente votre temps, votre énergie. Chacun contient tous les ingrédients nécessaires pour provoquer une confrontation.

Existe-t-il des solutions ?

Jetons d'abord un coup d'œil sur quelques-unes des méthodes que les adultes utilisent couramment pour amener les enfants à coopérer. Tout en lisant chacun des exemples qui illustrent ces méthodes, faites un retour dans le passé, *comme si vous étiez vous-même l'enfant* à qui s'adresse l'un de vos parents. Laissez les mots s'imprégner en vous. Donnez un nom au sentiment qu'ils font monter en vous. Quand vous l'aurez trouvé, écrivez-le. (Une autre façon de faire cet exercice est de demander à quelqu'un de lire à haute voix chacun des exemples pendant que vous écoutez, les yeux fermés pour mieux cerner ce que vous ressentez.)

1. Blâmer et accuser

– Tu as encore laissé tes traces de doigts sur la porte ! Pourquoi fais-tu toujours ça ? Qu'est-ce qui te prend ? Pourrais-tu faire les choses correctement pour une fois ? Combien de fois faudra-t-il te dire de te servir de la poignée de la porte ? Ce qui ne va pas chez toi, c'est que tu n'écoutes jamais.

Si j'étais l'enfant, je me sentirais _____

_____
_____
_____

2. Lancer des injures

– Il fait un froid de canard aujourd'hui et tu portes un manteau léger ! Comme tu peux être bête ! C'est vraiment débile.
– Tiens, laisse-moi réparer le vélo à ta place. Tu es nul en mécanique.

- Regarde ta façon de manger ! Tu es dégoûtant.
- Il faut être vraiment malpropre pour garder une chambre aussi crasseuse. Tu vis comme un animal.

Si j'étais l'enfant, je me sentirais _____

_____

_____

3. Menacer

- Touche cette lampe encore une fois et tu vas recevoir une tape !
- Si tu ne recraches pas cette gomme à mâcher tout de suite, je vais t'ouvrir la bouche et la retirer moi-même !
- Si tu n'as pas fini de t'habiller avant que j'aie fini de compter jusqu'à trois, je pars sans toi !

Si j'étais l'enfant, je me sentirais _____

_____

_____

4. Donner des ordres

- J'exige que tu nettoies ta chambre immédiatement !
- Aide-moi à entrer les paquets. Dépêche-toi !
- Tu n'as pas encore sorti les ordures ? Fais-le tout de suite ! Qu'attends-tu ? Allez, grouille-toi !

Si j'étais l'enfant, je me sentirais _____

_____

_____

5. Sermonner, faire la morale

- Penses-tu que c'était gentil de m'arracher ce livre des mains ? Tu ne te rends pas compte de l'importance des bonnes manières. Essaie de comprendre : si nous voulons que les gens soient polis envers nous, alors il faut être polis envers eux. Tu n'aimerais pas que quelqu'un t'arrache les choses des mains, n'est-ce pas ? Alors il ne faut pas arracher les choses aux autres. Il faut faire aux autres ce que nous voudrions qu'ils nous fassent.

Si j'étais l'enfant, je me sentirais _____
_____
_____
_____

6. Donner des avertissements

- Fais attention ! Tu vas te brûler.
- Sois prudent ! Tu te feras renverser par une auto !
- Ne monte pas là ! Tu tiens à tomber ?
- Mets ton chandail, sinon tu vas attraper un mauvais rhume.

Si j'étais l'enfant, je me sentirais _____
_____
_____
_____

7. Jouer les martyrs

- Allez-vous cesser de crier, vous deux ? Qu'essayez-vous de me faire ? Me rendre malade ? Me donner une crise cardiaque ?

- Attendez d'avoir des enfants vous aussi. Vous verrez alors ce que c'est, l'exaspération.
- Tu vois ces cheveux gris ? C'est à cause de toi. Tu vas me conduire à ma tombe.

Si j'étais l'enfant, je me sentirais _____
_____
_____
_____

8. Faire des comparaisons

- Pourquoi tu ne fais pas comme ton frère ? Son devoir est toujours terminé à l'avance.
- Lisa a de si bonnes manières à table. Tu ne la verras jamais manger avec ses doigts.
- Pourquoi tu ne t'habilles pas comme Gabriel ? Il a toujours l'air si propre : cheveux courts, chemise dans le pantalon. C'est vraiment plaisant de le regarder.

Si j'étais l'enfant, je me sentirais _____
_____
_____
_____

9. Faire des remarques sarcastiques

- Tu savais que tu as un examen demain et tu as oublié ton livre à l'école ? Très intelligent ! C'est vraiment brillant, ce que tu as fait là.

- C'est *ça* que tu vas porter ? Des carreaux avec des pois ? Eh bien, tu devrais recevoir beaucoup de compliments aujourd'hui.
- C'est *ça*, le devoir que tu vas ramener à l'école ? Eh bien, si ton enseignante peut lire le chinois, moi j'en suis incapable.

Si j'étais l'enfant, je me sentirais _____
_____
_____
_____
_____

10. Faire des prédictions

- Tu m'as menti à propos de ton bulletin, n'est-ce pas ? Tu sais ce que tu vas devenir quand tu seras grand ? Quelqu'un en qui personne ne peut avoir confiance.
- Continue à être égoïste. Tu verras, personne ne voudra plus jamais jouer avec toi. Tu n'auras pas d'amis.
- Tu n'arrêtes pas de te plaindre. Tu n'as pas essayé une seule fois de t'aider toi-même. Je peux t'imaginer dans dix ans, aux prises avec les mêmes problèmes et encore en train de te plaindre.

Si j'étais l'enfant, je me sentirais _____
_____
_____
_____
_____

Vous savez maintenant comment *l'enfant* en vous réagirait à ces approches. Peut-être trouverez-vous intéressant de connaître les réactions d'autres personnes qui ont essayé cet exercice. Il est évident que différents enfants vont réagir différemment aux mêmes mots, tout comme d'autres parents l'ont fait en essayant cet exercice.

Les blâmes et les accusations :

- La porte est plus importante que moi.
- Je vais lui mentir et lui dire que ce n'était pas moi.
- Je suis dégoûtant.
- Je voudrais disparaître.
- J'ai le goût de la traiter de tous les noms.
- Tu dis que je n'écoute jamais. Très bien. Je n'écoute plus.

Les injures :

- Elle a raison. Je suis débile et nul en mécanique.
- À quoi bon essayer ? Je vais lui faire voir. La prochaine fois, je ne porterai même aucun manteau.
- Je la déteste.
- Tiens, la voilà qui recommence !

Les menaces :

- Je vais toucher à la lampe quand elle ne regardera pas.
- J'ai envie de pleurer.
- J'ai peur.
- Fiche-moi la paix !

Les ordres :

- Essaie seulement de me forcer à le faire !
- J'ai peur.
- Je ne veux plus bouger.
- Je ne peux plus le sentir.
- Quoi que je fasse, j'aurai des ennuis.
- Comment faire pour sortir de ce trou ?

Les sermons, la morale :

- Bla-bla-bla. Qui veut entendre ça ?
- Je suis débile.
- Je suis un cas désespéré.
- Je veux m'en aller loin d'ici.
- Que c'est assommant !

Les avertissements :

- L'univers est effrayant, dangereux.
- Comment me tirer d'affaire tout seul ?
- Peu importe ce que je fais, je m'attire des problèmes.

Les scénarios de martyre :

- Je me sens coupable.
- J'ai peur. C'est ma faute si elle est malade.
- On s'en fout !

Les comparaisons :

- Elle aime tous les autres plus que moi.
- Je déteste Lisa.
- Je suis une cause perdue.
- Je déteste Gabriel aussi.

Les sarcasmes :

- Je n'aime pas qu'on se moque de moi.
- Elle est méchante.
- Je suis humilié, confus.
- À quoi bon essayer ? Je lui rendrai ça.
- Peu importe ce que je fais, impossible de gagner.
- Je lui en veux.

Les prédictions :

- Elle a raison. Je n'arriverai jamais à rien.
- On peut me faire confiance à moi aussi.
- Je vais lui prouver le contraire.
- Inutile d'essayer.
- J'abandonne.
- Je suis fichu.

Si nous, qui sommes des adultes, nous éprouvons ces sentiments à la simple lecture de mots imprimés sur une page, que peuvent bien ressentir des enfants réels ?

Peut-on faire autrement ? Existe-t-il des façons d'amener nos enfants à coopérer sans faire violence à leur estime de soi, sans semer chez eux de si mauvais sentiments ? Peut-on trouver des méthodes plus faciles et moins taxantes pour les parents ?

Nous aimerions vous faire part de cinq habiletés qui nous ont été utiles et qui ont aussi rendu service aux parents dans nos ateliers. Elles ne donnent pas toutes les mêmes résultats avec tous les enfants. Elles ne conviennent pas toutes à votre personnalité. Et aucune d'entre elles n'est efficace en tout temps. Cependant, ces cinq habiletés créent un climat de respect dans lequel l'esprit de coopération peut se mettre à grandir.

Pour susciter la coopération

1. Décrivez ce que vous voyez ou décrivez le problème.
2. Donnez des renseignements.
3. Dites-le en un mot.
4. Parlez de vos sentiments.
5. Écrivez une note.

1. Décrivez

Décrivez ce que vous voyez ou décrivez le problème.

Au lieu de ... *Faites une description*

C'est difficile de faire ce que nous devons faire quand on nous dit en quoi nous sommes fautifs.

Nous pouvons plus facilement nous concentrer sur le problème quand on nous le décrit, tout simplement.

Décrivez (suite)

Au lieu de… *Faites une description*

Combien de fois va-t-il falloir te répéter d'éteindre la lumière quand tu quittes la salle de bain ?

La lumière est restée allumée dans la salle de bain.

Raccroche tout de suite !

Marie, j'ai un appel à faire maintenant.

J'achève.

En décrivant le problème, on donne aux enfants la chance de se dire à eux-mêmes ce qu'il faut faire.

2. Donnez des renseignements

Au lieu de …

Donnez des renseignements

Il est beaucoup plus facile de recevoir un renseignement qu'une accusation.

Donnez des renseignements (suite)

Donnez des renseignements

Au lieu de …

« Si je t'attrape encore une fois à écrire sur les murs, tu auras la fessée. »

« Les murs ne sont pas faits pour qu'on écrive dessus. On écrit sur du papier. »

« Ça ne te viendrait jamais à l'idée de m'aider dans les tâches ménagères, n'est-ce pas ? »

« Ça rendrait vraiment service si la table était mise. »

Quand les enfants reçoivent des renseignements, ils peuvent habituellement découvrir par eux-mêmes ce qui doit être fait.

3. Dites-le en un mot

Remarquez la différence entre l'effet d'un long paragraphe et celui s'un simple mot.

Dans ce cas-ci, *moins* signifie *plus*.

Dites-le en un mot (suite)

> Avant d'avoir un chien, tu avais promis de le nourrir chaque jour. C'est la troisième fois cette semaine que je dois te le rappeler. Je commence à en avoir assez. Ta mère et moi l'avons fait à ta place à tour de rôle. Ce n'est pas juste que la tâche nous revienne tout le temps !

> Robert, le CHIEN.

Les enfants détestent les discours, les sermons et les longues explications. Pour eux, plus le rappel est court, mieux c'est.

4. Parlez de vos sentiments

Ne faites aucun commentaire sur le caractère ou la personalité de l'enfant.

Au lieu de ...

Les enfants ont le droit de connaître les sentiments honnêtes de leurs parents. En décrivant nos vraies réactions, nous pouvons être sincères dans être blessants.

Parlez de vos sentiments (suite)

Observez comment on peut parler de ses propres sentiments en utilisant le *Je* ou l'expression *Je me sens*...

Au lieu de ...

Tu es impoli. Tu m'interromps tout le temps.

Au lieu de ...

Je me sens tellement frustré quand je commence à dire quelque chose et que je ne peux même pas le terminer.

Qu'est-ce que tu veux dire : « Je dois te reconduire ? » Tu parles comme un enfant gâté !

Je n'ai pas envie de me faire dire ce que je dois faire. Ce que j'aimerais entendre c'est : « Papa je suis prête à partir. Peux-tu me reconduire maintenant ? »

On peut coopérer avec quelqu'un qui exprime de l'irritation ou de la colère, pourvu qu'on ne se sente pas attaqué.

5. Écrivez une note

Parfois, rien n'est plus efficace qu'un message écrit. Cette note avait été écrite par un père fatigué de retirer les longs cheveux de sa fille du tuyau du lavabo.

Celle-ci a été écrite par une mère qui travaille à l'extérieur de la maison ; elle l'a collée sur le téléviseur familial.

Écrivez une note (suite)

Cette note a été suspendue à la porte de la chambre à coucher. Écrite des deux côtés, la pancarte permet aux parents fatigués de s'offrir une heure de sommeil supplémentaire le dimanche matin. Quand ils sont prêts à laisser entrer les enfants, ils la retournent.

Écrivez une note (suite)

Fatigué de crier, un père a finalement décidé de laisser une note parler en son nom.

> Cher Sam,
> Je sais que le sport et les études te gardent occupé, mais les journaux ont besoin du bon vieux copain qui les ficelle. ↓
> Merci,
> Papa

Une mère a lancé à son fils et à son ami un message sous la forme d'un avion en papier. Or, aucun des deux ne savait lire. Ils sont accourus pour savoir ce que les mots voulaient dire. Quand ils l.ont su, ils sont revenus ranger leur jouets.

> Ranger les jouets après le jeu.
> Tendresse,

Voilà donc cinq habiletés qui encouragent la coopération sans laisser aucun résidu de sentiments pénibles.

Si vos enfants sont partis à l'école, s'ils sont au lit ou si par miracle ils sont en train de jouer tranquillement, voici votre chance d'insérer quelques minutes d'exercice dans votre emploi du temps. Vous pouvez parfaire vos habiletés avec des enfants hypothétiques avant que les vôtres ne surgissent.

Exercice I

En pénétrant dans votre chambre, vous vous rendez compte que votre enfant, tout frais sorti de la baignoire, vient de lancer sa serviette mouillée sur votre lit.

A. *Écrivez une phrase typique, maladroite, qu'on pourrait dire à l'enfant.*

———————————————————————
———————————————————————
———————————————————————

B. *Dans la même situation, montrez comment vous pourriez utiliser chacune des habiletés suivantes pour inviter votre enfant à collaborer.*

1. Décrivez ce que vous voyez ou décrivez le problème :
———————————————————————
———————————————————————
———————————————————————

2. Donnez des renseignements : ————————————
———————————————————————
———————————————————————

3. Dites-le en un mot : ————————————————
———————————————————————

4. Parlez de vos sentiments : _____
_____
_____

5. Écrivez une note : _____
_____
_____

Vous venez d'appliquer cinq habiletés différentes à une même situation. Dans les situations qui suivent, choisissez l'habileté qui, d'après vous, serait la plus efficace avec votre propre enfant.

Exercice II

Situation A
Vous êtes sur le point d'envelopper un colis et vous ne retrouvez pas vos ciseaux. Votre enfant possède une paire de ciseaux, mais il emprunte constamment les vôtres sans vous les retourner.

Phrase maladroite : _____
_____
_____

Réponse adroite : _____
_____
_____

Habileté utilisée : _____

Situation B
Votre enfant laisse toujours traîner ses chaussures dans l'entrée de la cuisine.

Phrase maladroite : _____
_____

Réponse adroite : _____
_____
_____

Habileté utilisée : _____

Situation C
Votre enfant vient de suspendre son imper tout mouillé dans le placard.

Phrase maladroite : _____
_____
_____

Réponse adroite : _____
_____
_____

Habileté utilisée : _____

Situation D
Dernièrement, vous vous rendez compte que votre enfant ne se brosse pas les dents.

Phrase maladroite : _____
_____
_____
_____

Réponse adroite : _____
_____
_____

Habileté utilisée : _____

Je me souviens de ce que j'ai vécu quand j'ai commencé à faire l'expérience de ces habiletés. Dans mon désir d'instaurer cette nouvelle approche dans ma famille, j'étais tellement enthousiaste qu'en revenant d'une rencontre, j'ai trébuché sur les patins de ma fille dans le hall d'entrée et j'ai dit gentiment : « Les patins vont dans l'armoire. » Je me suis trouvée merveilleuse. Quand elle a levé vers moi des yeux vides d'expression, puis qu'elle a repris sa lecture, je l'ai giflée.

Depuis ce temps, j'ai appris deux choses :

1. C'EST IMPORTANT D'ÊTRE AUTHENTIQUE.
Si j'essaie d'avoir l'air patiente, alors que je me sens pleine de colère, cela joue contre moi. Non seulement je rate l'occasion de communiquer honnêtement, mais parce que j'ai été *trop gentille*, je finis par m'en prendre à mon enfant par la suite. Il aurait été plus adroit que je *beugle* : « Les patins vont dans l'armoire ! » Alors, ma fille se serait peut-être remuée.

2. MÊME SI JE NE SUIS PAS « PARVENUE À MES FINS » LA PREMIÈRE FOIS, CELA NE VEUT PAS DIRE QUE JE DEVRAIS REVENIR À MES ANCIENNES HABITUDES.
Je dispose de plusieurs habiletés. Je peux les utiliser en les combinant et, si nécessaire, en augmentant leur intensité. Par exemple, dans le cas de la serviette humide, je peux commencer par signaler calmement à ma fille : « La serviette est en train de mouiller ma couverture. » Je peux combiner cela avec : « On met les serviettes mouillées dans la salle de bain. » Si elle est dans la lune, et que je veux réellement l'en sortir, je peux hausser le ton : « Julie, la serviette ! » Si elle ne bouge toujours pas et que la moutarde commence à me monter au nez, je peux parler encore plus fort : « JULIE, JE NE TIENS PAS À PASSER LA NUIT DANS UN LIT FROID ET HUMIDE ! »
Si je préfère épargner ma voix, il est tout à fait convenable de laisser tomber une note sur son livre de chevet : « Les serviettes

humides sur mon lit me font voir rouge!» Je peux même m'imaginer en train de devenir assez fâchée pour lui dire: «Je déteste qu'on ne tienne pas compte de moi. J'enlève ta serviette humide, et maintenant tu as une mère qui t'en veut!» C'est donc de multiples façons qu'on peut assortir le message à l'état émotionnel.

Vous avez sans doute le goût d'appliquer ces d'habiletés aux réalités de votre foyer. Dans ce cas, jetez un nouveau coup d'œil sur votre liste quotidienne de choses *à faire et à ne pas faire* du début de ce chapitre. Certains des éléments de la liste intitulée «doit être fait» seraient-ils plus faciles à accomplir, pour vous et pour votre enfant, si vous utilisiez les habiletés qui faisaient l'objet de l'exercice précédent? Il se peut également que les habiletés du premier chapitre, portant sur la façon d'accueillir les sentiments négatifs, contribuent elles aussi à rendre la situation plus tolérable.

Réfléchissez et notez plus bas les habiletés que vous croyez pouvoir mettre à l'essai cette semaine.

LE PROBLÈME	LES HABILETÉS DISPONIBLES

Certains d'entre vous pensent peut-être: «Mais supposons que mon enfant ne réagit toujours pas. Que faire alors?» Dans le prochain chapitre, nous allons explorer quelques habiletés plus approfondies pour susciter la coopération des enfants. Nous parlerons de résolution de problème et de diverses solutions de rechange pour remplacer la punition. Entre-temps, au cours de la semaine qui vient, votre devoir vous permettra de consolider le travail accompli jusqu'ici. Nous espérons que les idées présentées dans ce deuxième chapitre vous rendront les prochains jours un peu plus faciles.

DEVOIR

1. Une chose maladroite que je me suis *retenu(e)* de dire cette semaine (ce qu'on évite de dire peut parfois être aussi adroit qu'une parole dite) :

Situation : _____
_____
_____
_____
_____
_____

Je n'ai pas dit : _____
_____
_____

2. Deux nouvelles habiletés que j'ai mises en pratique cette semaine :

Situation 1

Habileté utilisée : _____
Réaction de l'enfant : _____
_____
_____
_____
_____

Ma réaction : _____

Situation 2

Habileté utilisée : _____
Réaction de l'enfant : _____

Ma réaction : _____

3. Une note que j'ai écrite : _____

4. Lisez la deuxième partie de ce chapitre portant sur l'art de susciter la coopération.

Un bref rappel...

Pour susciter la coopération d'un enfant

A) DÉCRIVEZ CE QUE VOUS VOYEZ OU DÉCRIVEZ LE PROBLÈME
— Il y a une serviette humide sur le lit.

B) DONNEZ DES RENSEIGNEMENTS
— La serviette mouille ma couverture.

C) DITES-LE EN UN MOT
— La serviette !

D) DÉCRIVEZ CE QUE VOUS RESSENTEZ
— Je n'aime pas dormir dans un lit humide !

E) ÉCRIVEZ UNE NOTE *(au-dessus du porte-serviettes)*

S'il te plaît, replace-moi ici
pour que je puisse sécher.
Merci !
Ta serviette

DEUXIÈME PARTIE

QUESTIONS, COMMENTAIRES ET HISTOIRES DE PARENTS

Questions

1 **La *manière* de dire quelque chose à un enfant est-elle tout aussi importante que le *contenu* du message ?**
Certainement ! L'attitude derrière vos mots est aussi importante que les mots eux-mêmes. L'attitude qui permet aux enfants de bien se développer est celle qui transmet le message suivant : « Fondamentalement, tu es une personne aimable et capable. Pour le moment, un problème requiert notre attention. Une fois que tu en auras pris conscience, tu vas probablement réagir de façon responsable. »

L'attitude qui cause du tort aux enfants est celle qui transmet ce message : « Fondamentalement, tu es irritant et maladroit. Tu fais toujours les choses de travers, et ce dernier incident est une preuve de plus de ton inaptitude. »

2 **Si l'attitude est si importante, pourquoi alors se préoccuper des mots ?**
Le regard de dégoût de la part d'un des parents ou encore son ton de voix méprisant peut blesser profondément. Mais si, en plus de cela, l'enfant est soumis à des mots tels que *idiot, négligent, irresponsable, tu n'apprendras jamais,* il est doublement blessé. Pour une raison ou pour une autre, les mots ont une façon bien à eux de demeurer longtemps dans la tête, de s'infiltrer comme un poison. Et ce qui est encore pire, c'est que par la suite, les enfants reprennent parfois ces mots et les utilisent comme des armes pour se faire mal à eux-mêmes.

3. Quel mal y a-t-il à dire : « S'il te plaît » à un enfant, quand on veut qu'il fasse quelque chose ?

Pour demander de petites faveurs, par exemple qu'on nous passe le sel ou qu'on nous ouvre la porte, l'expression *s'il te plaît* est une formule commode. Elle atténue ce qui, autrement, deviendrait un ordre un peu brusque, tel que : « Passe-moi le sel » ou « Retiens la porte ».

Nous disons *s'il te plaît* à nos enfants dans le but de leur montrer une façon socialement acceptable de demander un petit service. Mais l'expression convient surtout quand nous sommes détendus. Quand nous sommes réellement contrariés, un *s'il te plaît* gentil peut, au contraire, entraîner des problèmes. Prenons, par exemple, le dialogue suivant :

MÈRE :   *(essayant d'être gentille)* S'il te plaît, ne saute pas sur le canapé.
ENFANT :   *(continue à sauter)*
MÈRE :   *(plus fort)* S'il te plaît, ne fais pas ça.
ENFANT :   *(saute encore)*
MÈRE :   *(donne soudain une gifle à l'enfant)* N'ai-je pas dit : « S'il te plaît ? »

Pourquoi, en quelques secondes, la mère est-elle passée de la politesse à la violence ? En réalité, quand on fait preuve de politesse et que l'enfant n'en tient pas compte, la colère s'ensuit rapidement. On a tendance à penser : « Comment cet enfant ose-t-il me défier alors que je suis si gentille ? Je vais lui montrer ! Paf ! »

Quand vous voulez qu'une chose soit accomplie immédiatement, mieux vaut parler avec force que plaider. Prononcée avec force et fermeté, la phrase : « Les canapés ne sont pas faits pour qu'on saute dessus ! » fera probablement cesser les sauts beaucoup plus vite. (Si l'enfant persiste, on peut même le changer promptement de place en répétant sèchement : « Les canapés ne sont pas faits pour qu'on saute dessus ! »

4. Parfois, mes enfants réagissent quand je leur demande de faire quelque chose et, d'autres fois, je suis incapable de me faire comprendre. Pourquoi ?

Nous avons demandé un jour à un groupe d'écoliers pourquoi il leur arrivait de ne pas écouter leurs parents. Voici ce qu'ils nous ont répondu :

– Quand je reviens de l'école, je suis fatigué. Si ma mère me demande de faire quelque chose, je fais semblant de ne pas l'entendre.
– Des fois, je suis trop occupé à jouer ou à regarder la télé ; je ne l'entends tout simplement pas.
– Parfois, une chose qui s'est passée à l'école m'a rendu furieux et je n'ai pas le goût de faire ce qu'elle me demande.

Au-delà de ces réflexions d'enfants, on pourrait se poser certaines questions si on sent qu'on n'arrive pas à se *faire comprendre*.

Ma demande est-elle réaliste, compte tenu de l'âge et de la capacité de l'enfant ? (Suis-je en train d'exiger d'un enfant de huit ans qu'il se tienne parfaitement à table ?)

Sent-il que ma demande est déraisonnable ? (Pourquoi cette insistance pour que je me lave derrière les oreilles ? C'est un endroit que personne ne voit.)

Au lieu d'insister pour qu'une chose soit faite tout de suite, pourrais-je lui laisser le choix du *moment* ? « Veux-tu prendre ton bain avant ton émission de télé ou seulement après ? »

Ou lui laisser le choix quant à la *manière* dont cela devrait être fait ? « Veux-tu prendre ton bain avec ta poupée ou avec ton bateau ? »

Y a-t-il des changements physiques à introduire dans la maison en vue de susciter la coopération ? (Si on posait des crochets à sa hauteur, il n'aurait peut-être plus à se battre avec les cintres. Des tablettes additionnelles dans sa chambre rendraient peut-être le rangement moins pénible pour lui.)

Finalement, quand je passe du temps avec lui, est-ce que j'ai l'habitude d'en profiter pour lui demander de *faire des choses* ? Ou bien si je prends le temps d'être avec lui juste pour que nous soyons ensemble ?

5 Je dois avouer que, par le passé, j'ai dit à ma fille tout ce que je n'aurais pas dû lui dire. Maintenant, j'essaie de changer et elle me donne du fil à retordre. Que puis-je faire ?

L'enfant qui a reçu de fortes doses de critiques peut être devenu hypersensible. Même une remarque aussi simple que « Ton lunch ! » faite avec douceur peut lui apparaître comme une mise en accusation à propos de sa *nature oublieuse*. Votre fille peut avoir besoin qu'on ferme souvent les yeux et qu'on lui manifeste souvent de l'approbation avant qu'elle puisse tolérer le moindre signe de désapprobation. Vous trouverez, plus loin dans ce livre, des moyens d'aider votre enfant à se percevoir plus positivement. Entre-temps, il se peut qu'elle traverse une période de transition pendant laquelle elle réagira à la nouvelle approche de ses parents par la méfiance et même l'hostilité.

Mais ne vous laissez pas décourager par les attitudes négatives de votre fille. Toutes les habiletés que vous venez de voir sont autant de façons de témoigner du respect à une personne. La plupart des gens finissent par s'y montrer sensibles.

6 Ce qui marche le mieux avec mon fils, c'est l'humour. Il aime que je lui adresse mes demandes d'une manière drôle. C'est une bonne idée ?

Si votre enfant est sensible à votre humour, vous détenez là un pouvoir certain ! Rien de tel qu'un peu d'humour pour galvaniser les enfants, les projeter vers l'action et rafraîchir l'atmosphère d'une maisonnée. L'ennui, pour beaucoup de parents, c'est qu'ils voient leur penchant naturel au plaisir fondre devant les irritations quotidiennes de la vie avec des enfants.

Un père a raconté qu'il réussit à faire accomplir n'importe quelle tâche dans la joie quand il modifie sa voix ou se donne un accent comique. C'est sa voix de robot qui a le plus de succès auprès de ses enfants : « Ici RC3C. La prochaine… personne… qui prend… des glaçons… et qui… oublie… de remettre de l'eau… dans le bac… sera mise… en orbite… dans l'espace… Veuillez prendre… les mesures… nécessaires. »

7 **Je trouve que je répète trop souvent la même chose. Même si j'ai recours aux habiletés, je continue à sentir que je suis toujours sur leur dos. Y a-t-il une façon d'éviter cela ?**
Souvent, on répète parce qu'un enfant se comporte comme s'il n'avait rien entendu. Quand vous êtes tenté de rappeler une chose à l'enfant pour une deuxième ou une troisième fois, arrêtez-vous. Vérifiez plutôt auprès de lui s'il vous a entendu. Par exemple :

MÈRE :	Benoît, on part dans cinq minutes.
BENOÎT :	*(Ne répond pas ; continue à lire ses bandes dessinées.)*
MÈRE :	Veux-tu me répéter ce que je viens de dire ?
BENOÎT :	Tu as dit que nous partions dans cinq minutes.
MÈRE :	Très bien. Maintenant je sais que tu le sais. Je ne le répéterai pas.

8 **Mon problème, c'est que si je lui demande de l'aide, mon fils me répond : « Bien sûr, papa. Plus tard. » Mais il n'y donne jamais suite. Que dois-je faire ?**
Voici un exemple de la façon dont un père a réglé ce problème.

PÈRE :	Stéphane, ça fait deux semaines que la pelouse n'a pas été tondue. J'aimerais que ce soit fait aujourd'hui.
FILS :	D'accord, papa. Plus tard.
PÈRE :	Je me sentirais mieux si je savais quand au juste tu prévois le faire.

FILS :	Dès que cette émission sera terminée.
PÈRE :	C'est-à-dire ?
FILS :	Dans une heure, à peu près.
PÈRE :	Bien. Maintenant, je peux être certain que la pelouse sera tondue dans une heure. Merci Stéphane.

Commentaires, mises en garde et anecdotes à propos de chacune des habiletés

1 Décrire ce que vous voyez ou décrire le problème.

La chose la plus intéressante concernant l'utilisation d'un langage descriptif, c'est que cela nous dispense de rechercher un coupable et de lancer des accusations, tout en permettant à tout le monde de se concentrer sur ce qui doit être fait.

- Du lait renversé. Il nous faut une éponge.
- Le pot est cassé. Il nous faut un balai.
- Ce pyjama est déchiré. Il nous faut une aiguille et du fil.

Essayez de vous adresser à vous-même chacune des phrases précédentes, mais cette fois en commençant chacune des phrases par le mot : *Tu*. Par exemple : « Tu as renversé du lait... Tu as cassé le pot... Tu as déchiré ton pyjama... » Vous remarquez la différence ? Plusieurs personnes déclarent que le *Tu* les fait se sentir coupables, les met sur la défensive. Le fait de décrire l'événement (au lieu de parler de ce que *Tu as fait*) semble inciter l'enfant à écouter et à s'occuper ensuite du problème.

J'étais furieuse quand mes deux jeunes fils se sont présentés à table couverts de taches de peinture à l'eau, mais j'étais déterminée à garder mon calme et à éviter de crier. J'ai jeté un coup d'œil sur ma liste d'habiletés que j'avais collée sur la porte du garde-manger et j'ai utilisé la première que j'ai aperçue : décrivez ce que vous voyez. Voici ce qui s'est passé.

MOI :　　　　Je vois deux garçons qui ont les mains et le visage couverts de peinture verte !

Ils se sont regardés et ont couru se laver à la salle de bain. Quelques instants après, je me suis rendue à la salle de bain. Je me suis de nouveau sentie sur le point de hurler. Le carrelage était couvert de peinture ! Mais je me suis accrochée à mon unique habileté.

MOI :　　　　Je vois de la peinture verte sur les murs de la salle de bain ! *(Mon fils aîné a couru chercher une éponge en disant : « À la rescousse ! » Cinq minutes plus tard, il m'a rappelée pour que je vienne voir.)*

MOI :　　　　*(fidèle à la description)* Je vois que quelqu'un de serviable a nettoyé toute la peinture verte qui était sur les murs de la salle de bain. *(Mon aîné rayonnait. Puis, le cadet a claironné : « Et maintenant, c'est moi qui vais nettoyer le lavabo. »)*

Si je ne l'avais pas vu, je ne l'aurais pas cru.

Mise en garde

Il peut arriver qu'on utilise cette habileté d'une façon irritante. Par exemple, un père nous a dit qu'il se tenait près de la porte par une journée froide et qu'il a dit à son fils qui venait tout juste d'entrer : « La porte est ouverte. » Son fils a riposté : « Alors, pourquoi tu ne la fermes pas ? »

　　　Les membres du groupe ont déclaré que le garçon avait perçu la phrase descriptive de son père comme si elle signifiait : « J'essaie de t'amener à faire la bonne chose, mais sans te le dire directement.» Ils ont aussi conclu que la phrase descriptive a plus de succès si l'enfant sent que sa contribution est réellement nécessaire.

2 Donner des renseignements.

Ce que nous aimons dans le fait de donner des renseignements, c'est que, d'une certaine façon, nous donnons à l'enfant un cadeau qu'il pourra toujours utiliser. C'est pour le reste de sa vie qu'il aura besoin de savoir que le lait surit s'il n'est pas gardé au froid; que la plaie béante doit être gardée propre; que le C.D. égratigné devient inutilisable; que les biscuits perdent leur fraîcheur si on laisse la boîte ouverte; et ainsi de suite. Des parents nous ont confié qu'il n'est pas difficile de donner des renseignements. Ce qui est plus difficile d'après eux, c'est d'éviter d'y ajouter une insulte : « Le linge sale va dans le panier à linge. Tu n'apprendras donc jamais ? »

Nous aimons aussi donner des renseignements parce que l'enfant semble interpréter cela comme un geste de confiance. Il se dit à lui-même : « Les adultes ont confiance que j'agirai de façon responsable si je connais les faits. »

Monique portait son uniforme au retour de sa rencontre de guides. Elle s'est mise à jouer dans le jardin. J'ai dû lui crier trois ou quatre fois de venir mettre un jean. Chaque fois, elle répliquait : « Pourquoi ? »

Et moi : « Tu vas déchirer ton uniforme. »

J'ai finalement dit : « On porte des jeans pour jouer dans la cour; on porte un uniforme aux rencontres de guides. »

À ma grande surprise, elle s'est aussitôt interrompue et est allée se changer.

Un père nous a fait part d'une expérience qu'il avait vécue avec son fils, un petit Coréen de cinq ans qu'il venait d'adopter :

Éric et moi, nous descendions la rue ensemble pour aller rendre son échelle à un voisin. Au moment où nous allions sonner, un groupe d'enfants qui jouaient dans la rue ont montré Éric du doigt en criant : « C'est un chinetoque ! C'est un chinetoque ! » Éric avait l'air confus et bouleversé, même s'il ignorait le sens péjoratif de ce mot.

Il m'est passé toutes sortes d'idées par la tête : « Les petits salauds ! Ils n'ont même pas le bon nom de pays ! J'aurais envie de les engueuler et de téléphoner à leurs parents ! Mais c'est Éric qui va écoper par la suite. Pour le meilleur et pour le pire, c'est son voisinage et il devra trouver une façon d'y vivre. »

Je me suis alors dirigé vers les garçons et leur ai dit très calmement : « Les injures peuvent être vraiment blessantes. »

Ils ont paru déconcenancés par mes paroles. (Ils s'attendaient peut-être à se faire réprimander.) Puis, je suis entré chez mon voisin, mais en laissant la porte entrouverte. Je n'ai pas insisté pour qu'Éric me suive à l'intérieur. Cinq minutes plus tard, j'ai jeté un coup d'oeil par la fenêtre et j'ai vu Éric jouer avec les autres enfants.

En levant les yeux, j'ai vu dans la rue Jessica (3 ans) qui suivait, sur son tricycle, son frère de 8 ans à vélo. Heureusement, il n'y avait pas d'auto en vue. J'ai crié : « Jessica, les deux-roues peuvent rouler dans la rue. Les *trois-roues* restent sur le trottoir. »

Jessica est descendue de son tricycle, a méthodiquement compté les roues, a déplacé son tricycle jusqu'au trottoir, où elle s'est remise en route.

Mise en garde

Ne donnez pas à l'enfant un renseignement qu'il connaît déjà. Par exemple, si vous dites à un enfant de dix ans : « Le lait surit

107

quand il n'est pas réfrigéré », il peut conclure que vous le croyez stupide ou que vous êtes sarcastique.

3 La phrase résumée en un seul mot.

Nombre de parents nous ont confié qu'ils adorent cette habileté. Ils soutiennent que cela leur épargne temps, salive et explications ennuyeuses.

Les adolescents avec qui nous avons travaillé nous ont confirmé qu'ils préfèrent eux aussi un simple mot : « La porte ! Le chien ! La vaisselle ! » Ils trouvent que cela leur épargne le sermon habituel.

À notre avis, la valeur de la phrase réduite à un seul mot réside dans le fait que, au lieu d'écraser l'enfant sous des ordres, on lui donne une occasion d'exercer sa propre initiative et sa propre intelligence. Quand il entend dire : « Le chien », il faut qu'il pense : « Le chien ? Ah ! oui ! Je ne l'ai pas encore promené cet après-midi. Mieux vaut le faire maintenant. »

Mise en garde
N'utilisez pas le prénom de l'enfant pour résumer une phrase. Si votre fille entend un « Suzanne ! » désapprobateur plusieurs fois par jour, elle se mettra à associer son prénom à la désapprobation.

4 Décrire ce que vous ressentez.

La plupart des parents éprouvent un réel soulagement à découvrir qu'il peut être utile de faire part de leurs vrais sentiments à leurs enfants. Il n'est pas nécessaire d'être éternellement patients. Les enfants ne sont pas fragiles. Ils sont parfaitement capables d'encaisser des phrases comme celles-ci :

– Le moment n'est pas bien choisi pour que je regarde ta rédaction. Je suis tendue et distraite. Après le repas, je serai en mesure d'y consacrer l'attention qui convient.
– C'est une bonne idée de te tenir loin de moi en ce moment. Je me sens irritable et tu n'y es pour rien.

Une mère qui élevait seule ses deux jeunes enfants a relaté comment elle se sentait bouleversée parce qu'il lui arrivait souvent de manquer de patience avec eux. Finalement, elle a décidé d'accueillir davantage ses propres sentiments et de les faire connaître à ses enfants, en des termes qu'ils pourraient comprendre.

Elle a commencé à dire des choses du genre : « J'ai de la patience gros comme un melon d'eau en ce moment. » Et un peu plus tard : « Eh bien, ma patience est maintenant de la grosseur d'un pamplemousse. » Et beaucoup plus tard, elle annonçait : « Elle a maintenant la taille d'un petit pois. Je pense qu'il vaut mieux s'arrêter avant qu'elle ratatine. »

Elle savait que les enfants la prenaient au sérieux, parce qu'un soir son fils lui a demandé : « Maman, ta patience est de quelle grosseur en ce moment ? Pourrais-tu nous lire une histoire ce soir ? »

D'autres encore ont exprimé de l'inquiétude à propos de la description de leurs propres sentiments. S'ils font part honnêtement de leurs émotions, ne deviennent-ils pas vulnérables ? Supposons qu'ils disent à l'enfant : « Ça m'ennuie » et que l'enfant réponde : « On s'en fiche ! »

Selon notre expérience, les enfants dont on respecte les sentiments sont enclins à être respectueux des sentiments des adultes. Mais il pourrait y avoir une période de transition au cours de laquelle vous risquez de recevoir un impertinent « Et alors, on s'en fiche ! » Si tel est le cas, vous pouvez alors dire à l'enfant : « Pas moi. Je ne me fiche pas de la façon dont je me sens. Pas plus que je me fiche de la façon dont toi tu te sens. Et je m'attends à ce que, dans cette famille, on ait du respect pour les sentiments des autres ! »

Mise en garde
Certains enfants sont très sensibles à la désapprobation de leurs parents. Ils ne peuvent supporter des phrases chargées d'émotions, telles que : « Je suis en colère » ou « Ça me rend furieux. » Ils vont rétorquer de façon combative : « Eh bien, alors moi aussi je suis en colère contre toi ! » Si vous avez affaire à de tels enfants, il est préférable de vous en tenir à la simple formulation de vos attentes. Par exemple, au lieu de déclarer : « Je suis en colère contre toi parce que tu as tiré la queue du chat », il serait préférable de dire : « Je m'attends à ce que tu sois gentil avec les animaux. »

5 Écrire une note.

La plupart des enfants adorent recevoir des messages écrits, même s'ils ne savent pas lire. Les plus jeunes sont habituellement excités de recevoir une note de leurs parents. Cela les encourage à écrire ou à dessiner en retour des messages à l'intention de leurs parents.

Les enfants plus âgés aiment aussi recevoir des messages écrits. Un groupe d'adolescents avec qui nous avons travaillé nous ont confié qu'une note peut les amener à se sentir bien, comme s'ils recevaient la lettre d'un ami. Ils se disaient touchés du fait que leurs parents se soucient assez d'eux pour prendre la peine de leur écrire. Un jeune garçon a ajouté que ce qu'il apprécie le plus dans les notes, c'est que « le volume de leur voix ne monte pas. »

Les parents aussi déclarent qu'ils aiment se servir des messages écrits. Ils disent que c'est une façon rapide et facile d'établir le contact avec l'enfant, une façon qui laisse habituellement un souvenir agréable.

Une mère nous a confié que ses enfants l'avaient si souvent entendue répéter les mêmes demandes qu'ils avaient appris à se boucher les oreilles. Elle devait donc laisser tomber ses demandes et accomplir elle-même les tâches demandées. Elle a donc décidé de garder à portée de la main un bloc et une bonne douzaine de crayons et de commencer à écrire des notes.

Elle trouve que cela exige moins d'énergie de prendre un crayon que d'ouvrir la bouche.

Voici un échantillon de quelques-unes de ses notes.

Cher Benoît,
Je ne suis pas sorti depuis ce matin. Donne-moi une chance...
Ton chien,
Harold.

Chère Suzanne,
La cuisine a besoin d'être remise en ordre.
S'il te plaît, fais quelque chose à propos :
1. des livres sur la cuisinière ;
2. des bottes dans le hall d'entrée ;
3. du manteau sur le plancher ;
4. des miettes de biscuit sur la table.
Merci à l'avance.
Maman.

AVIS
Heure du conte ce soir à 19 h 30.
Invitation à tous les enfants qui sont en pyjama
et qui se sont brossé les dents.
Tendresse,
Maman et papa

Il n'est pas obligatoire d'ajouter aux messages écrits une touche de légèreté, mais c'est sûrement utile. Par contre, il arrive que la situation ne soit pas drôle et dans ce cas, l'humour ne serait pas approprié. Nous pensons au père qui nous confiait que sa fille avait ruiné le disque compact qu'il venait d'acheter. Elle l'avait laissé traîner sur le sol, où il avait été piétiné. S'il n'avait pas pu ventiler sa colère par écrit, il l'aurait punie. Il a plutôt écrit :

Alice,
***JE SUIS EN TRAIN DE BOUILLIR** ! ! !*
On a pris mon nouveau C.D. sans ma permission.
Il est maintenant plein d'égratignures
et il ne marche plus.
ton papa fâché

Un peu plus tard, le père a reçu en réponse cette note de sa fille :

Cher papa,
*Je suis **vraiment désolée**. Je vais t'en acheter un autre samedi prochain, peu importe le prix.*
Tu peux le déduire de mon argent de poche.
Alice

Nous sommes sans cesse émerveillées de voir comment les enfants qui ne savent pas encore lire s'y prennent pour décoder les notes écrites par leurs parents. Voici le témoignage d'une jeune mère.

Le pire moment pour moi quand je reviens du travail, ce sont les vingt minutes pendant lesquelles j'essaie de préparer le repas alors que les enfants font la navette entre le réfrigérateur et la boîte à pain. Quand le repas est finalement sur la table, leur appétit s'est envolé.

Lundi dernier, j'ai crayonné, puis affiché une note sur la porte :

CUISINE FERMÉE
JUSQU'AU REPAS

Mon fils de quatre ans a tout de suite voulu savoir ce qui était écrit. Je lui ai expliqué chacun des mots. Il s'est montré tellement respectueux de cette note qu'il n'aurait même pas mis le pied à la cuisine. Il s'est tout simplement amusé de l'autre côté de la porte, avec sa sœur de deux ans, jusqu'au moment où j'ai retiré la note en leur disant d'entrer.

Le lendemain soir, j'ai remis la note. Pendant que je préparais le repas, j'ai entendu mon fils enseigner le sens de chacun des mots à sa sœur. Puis j'ai vu cette dernière montrer du doigt chacun des mots et *lire* : «Cuisine... fermée... jusqu'au... repas.»

La note la plus surprenante nous est venue d'une mère qui était aux études à temps partiel. Voici son histoire.

Dans un moment de faiblesse, j'ai offert ma maison comme lieu de rencontre à un groupe de vingt personnes. J'étais tellement nerveuse d'avoir à tout préparer à temps que je suis partie sans attendre la fin de mon cours.

En rentrant, j'ai tout de suite vu dans quel état se trouvait la maison et j'ai failli faire une syncope. C'était le désordre le plus complet : des piles de journaux, de courrier, de livres, de magazines ; la salle de bain crottée, les lits défaits. J'avais à peu près deux heures pour tout remettre en ordre et je me sentais au bord de l'hystérie. Les enfants étaient sur le point de revenir de l'école et je savais que je n'avais pas en moi l'énergie nécessaire pour répondre à leurs demandes ou régler leurs disputes.

Je n'avais aucune envie de parler ou de m'expliquer. J'ai alors décidé d'écrire une note. Mais il n'y avait aucune surface dégagée où j'aurais pu afficher quoi que ce soit. J'ai donc attrapé un morceau de carton, j'y ai fait deux trous, j'y ai passé une corde et j'ai pendu à mon cou la pancarte suivante :

> BOMBE HUMAINE À RETARDEMENT !
> SUR LE POINT D'EXPLOSER
> SI CONTRARIÉE OU AGACÉE !!!
> ON ATTEND DE LA VISITE.
> URGENT BESOIN D'AIDE !

Puis, je me suis mise au travail avec acharnement. Quand les enfants sont rentrés, ils ont lu ma pancarte et se sont portés *volontaires* pour ranger livres et jouets. Puis, sans un mot de ma part, ils ont fait leur lit… *et le mien !* Incroyable !

J'allais attaquer la salle de bain quand j'ai entendu qu'on sonnait à la porte. Sur le coup, j'ai été prise de panique, mais c'était seulement un homme qui livrait des chaises supplémentaires pour la rencontre. Je lui ai fait signe d'entrer et je me suis demandé pourquoi il ne bougeait pas. Il se contentait de fixer ma poitrine.

Baissant les yeux, j'ai vu que la pancarte était toujours là. Comme je commençais à m'expliquer, il a dit : « Ne vous inquiétez pas, Madame. Calmez-vous. Dites-moi seulement où vous voulez les chaises et je les placerai pour vous. »

On nous demande parfois : « Si j'utilise ces habiletés de façon appropriée, mes enfants vont-ils toujours réagir en conséquence ? » Nous espérons que non. Les enfants ne sont pas des robots. De plus, notre but n'est pas de présenter une série de techniques de manipulation du comportement, capables d'entraîner à tout coup une réaction automatique.

Notre but est de nous adresser à ce qu'il y a de meilleur chez nos enfants : leur intelligence, leur initiative, leur sens des responsabilités, leur sens de l'humour, leur capacité d'être sensibles aux besoins des autres.

Nous voulons mettre fin aux discours qui blessent l'âme et nous recherchons le langage qui nourrit l'estime de soi.

Nous voulons créer un climat émotionnel qui encourage les enfants à coopérer, parce qu'ils se soucient d'eux-mêmes et de nous.

Nous voulons donner un exemple du genre de communication respectueuse que nous espérons voir nos enfants utiliser avec nous : maintenant, pendant leurs années d'adolescence et, finalement, quand ils seront nos amis une fois devenus adultes.

3 | Remplacer la punition

PREMIÈRE PARTIE

QUAND VOUS AVEZ COMMENCÉ À UTILISER QUELQUES-UNES des habiletés proposées pour susciter la coopération, avez-vous trouvé qu'il faut réfléchir et vous contrôler pour ne pas dire certaines des choses que vous aviez l'habitude de dire? Pour plusieurs d'entre nous, sarcasmes, sermons, avertissements, étiquettes et menaces ont fait intégralement partie du discours que nous avons continuellement entendu tout au long de notre croissance. Ce n'est pas facile de laisser tomber ce qui nous est familier.

Des parents nous ont souvent dit se sentir bouleversés du fait que, même après avoir participé à un atelier, ils se surprenaient en train de dire à leurs enfants des choses qu'ils n'aimaient pas. Le seul changement, c'était que désormais ils s'entendaient les dire. Le fait de vous entendre parler représente déjà un progrès. C'est le premier pas vers le changement.

Dans mon cas, le changement ne s'est pas fait facilement. J'ai pu m'entendre répéter mes vieilles rengaines, tout à fait maladroites: « Espèces de têtes de linotte! Vous oubliez toujours d'éteindre la lumière de la salle de bain! » Par la suite, j'étais mécontente de moi. J'ai pris la résolution de ne plus jamais parler comme cela. Mais j'ai recommencé! Remords! Impossible d'apprendre ce truc! Comment dire les choses autrement? Je devrais dire: « Les enfants, la lumière est allumée dans la salle de bain. » ou encore mieux « Les enfants, la lumière! » Je savais donc quoi dire, maintenant, mais je me suis mise à m'inquiéter de n'avoir jamais l'occasion de le dire.

Je n'avais pas à m'en faire à ce propos. Ils laissaient toujours la lumière allumée dans la salle de bain. Mais la fois suivante, j'étais prête : « Les enfants, la lumière. » Quelqu'un a couru l'éteindre. Succès !

Puis il y a eu les fois où j'ai dit toutes les *bonnes choses*, mais sans obtenir le moindre résultat. Les enfants ne tenaient aucun compte de mes propos ; pire encore, ils me défiaient. Quand la chose arrivait, je n'avais qu'une idée en tête : LES PUNIR !

Pour comprendre plus en profondeur ce qui se passe quand une personne en punit une autre, lisez les deux prochains scénarios et répondez aux questions.

Premier scénario

MÈRE : Cesse de courir partout dans les allées. Au supermarché, je veux que tu t'agrippes au chariot de maman. Pourquoi tu touches à tout ? J'ai dit : « Tiens le chariot ! » Remets ces bananes à leur place. Non, on ne les achète pas ; il y en a beaucoup à la maison. Cesse de presser les tomates ! Je t'avertis : si tu ne t'agrippes pas à ce chariot, tu vas le regretter. Enlève ta main de là, veux-tu ? *C'est moi* qui choisis la crème glacée. Encore en train de courir. Tu tiens à tomber ? J'en ai assez ! T'es-tu rendu compte que tu as presque fait tomber cette vieille dame ? Tu vas te faire punir. Tu n'auras pas une seule cuillerée de la crème glacée que j'ai achetée pour ce soir. Ça t'apprendra peut-être à ne pas te conduire en enfant mal élevé !

Second scénario

PÈRE : Benoît, t'es-tu servi de ma scie ?
BENOÎT : Non.

PÈRE :	Es-tu certain ?
BENOÎT :	Je te jure, je n'y ai pas touché !
PÈRE :	Alors comment se fait-il que je l'aie trouvée à traîner dehors, toute rouillée, près de la petite voiture que tu es en train de construire avec ton ami ?
BENOÎT :	Ah ! oui. On s'en est servi cette semaine, puis il s'est mis à pleuvoir ; alors on est rentré et je suppose que j'ai oublié.
PÈRE :	Alors, tu m'as menti !
BENOÎT :	Je n'ai pas menti. J'ai simplement oublié.
PÈRE :	Ouais ! Comme tu avais oublié mon marteau la semaine dernière et mon tournevis la semaine précédente !
BENOÎT :	Mais papa, je ne l'ai pas fait exprès ! Des fois, j'oublie, tout simplement.
PÈRE :	Eh bien, voici une chose qui va t'aider à te rappeler. Tu n'auras plus jamais la chance de te servir de mes outils. Et de plus, pour m'avoir menti, tu resteras à la maison demain pendant que nous irons tous au cinéma.

Question 1. Qu'est-ce qui a poussé les parents à punir leur enfant dans chacun des scénarios ?

Premier scénario _____
_____
_____
_____

Second scénario _____
_____
_____
_____

Question 2. D'après vous, quels sentiments ont pu éprouver les enfants qu'on a punis ?

Premier scénario _____

_____

_____

Second scénario _____

_____

_____

PUNIR OU NE PAS PUNIR ?

Chaque fois que cette question est abordée dans un groupe, je demande : « Pourquoi ? Pourquoi punit-on ? » Voici quelques-unes des réponses des parents :

- Si on ne les punit pas, les enfants vont commettre les pires bêtises et essayer de s'en tirer.
- Parfois, je deviens tellement frustrée que je ne sais pas comment faire autrement.
- Si je ne punis pas mon enfant, comment va-t-il apprendre qu'il a mal fait et qu'il ne doit pas recommencer ?
- Je punis mon fils parce que c'est la seule chose qu'il comprend.

Quand j'ai demandé aux parents de se rappeler les sentiments qu'ils ont eux-mêmes éprouvés quand ils ont été punis, j'ai reçu ce genre de réponses :

- Je détestais ma mère. Je me disais qu'elle était méchante, puis je me sentais terriblement coupable !

- Je pensais : mon père a raison. Je suis méchant. Je mérite une punition.
- Je m'imaginais en train de devenir très malade et que ça leur faisait regretter ce qu'ils m'avaient fait.
- Je me disais : ils sont vraiment méchants. Je vais les avoir. Je le ferai encore, mais cette fois ils ne m'attraperont pas.

Plus ces parents parlaient, plus ils se rendaient compte que la punition peut mener à des sentiments de haine, de vengeance, de défi, de culpabilité, de mépris, d'humiliation. Néanmoins, ils continuaient à s'en faire :

- Si je laisse tomber la punition, n'est-ce pas mon enfant qui va me dominer ?
- J'ai peur de perdre mon dernier moyen de contrôle, ce qui me laisserait sans aucun pouvoir.

Je comprenais leurs inquiétudes. Je me souviens avoir demandé au docteur Ginott :

« À quel moment est-il approprié de punir un enfant qui ne tient aucun compte de ce que je lui dis ou qui me défie ? La mauvaise conduite d'un enfant ne devrait-elle pas entraîner des conséquences ? »

Il a répondu qu'un enfant *devrait* en effet faire l'expérience des conséquences de son mauvais comportement, mais pas d'une punition. À son avis, la punition n'a pas sa raison d'être au sein d'une relation bienveillante.

J'ai insisté : « Mais si l'enfant continue à me désobéir, n'est-ce pas approprié de le punir ? »

Le docteur Ginott m'a répondu que la punition ne donne pas de bons résultats, que c'est une simple distraction. Au lieu d'amener l'enfant à regretter ce qu'il a fait et à réfléchir aux façons de s'amender, la punition déclenche des désirs de vengeance. En d'autres mots, en punissant un enfant, on le prive en fait d'un processus intérieur très important, celui de regarder sa mauvaise conduite en face.

En voilà des façons de penser ! La punition ne marche pas parce que c'est une distraction ! C'était tout à fait nouveau pour moi. Mais cela soulevait une autre question : par quoi peut-on remplacer la punition ?

Prenez maintenant le temps de réfléchir à différentes façons de réagir dans les deux situations que vous avez lues précédemment. Voyez quelles sont les idées qui vous viennent à l'esprit.

1. Comment aurait-on pu s'y prendre, sans recourir à la punition, avec l'enfant du supermarché ?

_____
_____
_____
_____

2. Comment aurait-on pu s'y prendre, sans recourir à la punition, avec l'enfant qui a pris les outils de son père sans les remettre à leur place ?

_____
_____
_____
_____

L'ingéniosité des parents me dépasse toujours ! Donnez-leur un peu de calme et le temps de réfléchir et ils trouvent habituellement une variété de façons d'aborder les problèmes, sans recourir à la punition. Par exemple, voici les suggestions proposées par les membres d'un seul de nos groupes.

La mère et l'enfant auraient pu faire une répétition à la maison, en faisant semblant d'être dans un magasin plein d'articles variés. En jouant la scène, la mère peut mettre l'accent sur le comportement qu'il convient d'avoir dans un supermarché.

Ils pourraient écrire ensemble un texte illustré ayant pour titre: *Jean va au supermarché*. Le texte pourrait inclure les responsabilités de Jean comme membre actif de l'équipe d'acheteurs: celui qui aide à pousser le chariot, à le charger, à le décharger, à ranger les achats par catégories, etc.

Avec l'aide de maman, Jean pourrait faire une liste, en mots ou en dessins, des articles qu'il aurait la responsabilité de trouver et de placer dans le chariot.

Le père et le fils pourraient établir un système de cartes de prêt, semblable à celui des bibliothèques, qui permettrait de vérifier chaque emprunt et chaque retour d'outil avant le prochain emprunt.

Le père pourrait offrir à son fils une trousse d'outils pour débutant à son prochain anniversaire. Ou le fils pourrait se mettre à économiser pour se procurer son propre ensemble.

Remarquez que toutes ces suggestions mettent l'accent sur la prévention. Ne serait-ce pas merveilleux si nous pouvions toujours prévenir les problèmes en planifiant à l'avance ? Dans les situations où nous ne disposons ni de prévoyance, ni d'énergie, voici, pour remplacer la punition, quelques moyens qui peuvent être utilisées sur-le-champ.

Pour remplacer la punition

1. Indiquez à l'enfant une façon de se rendre utile.
2. Exprimez-lui fortement votre désaccord (sans attaquer sa personnalité).
3. Formulez vos attentes.
4. Montrez-lui comment redresser la situation.
5. Offrez-lui un choix.
6. Passez à l'action.
7. Laissez-le faire l'expérience des conséquences de son comportement.

Au lieu de punir

Au lieu de …

Indiquez-lui une façon de se rendre utile

Au lieu de …

Exprimez fortement votre désaccord (sans attaquer la personnalité de l'enfant)

Au lieu de…

Si je t'attrape encore à courir, tu vas avoir une tape.

Donnez-lui un choix

Marco, pas de course ! Voici tes choix : tu peux marcher ou t'asseoir dans le chariot. Tu décides.

Au lieu de…

Tu l'auras voulu ! VLAN !

Passez à l'action (déplacez-le ou retenez-le)

Je vois que tu as décidé de t'asseoir dans le chariot !

Supposons qu'il se comporte de façon si exécrable que la mère se voit forcée de quitter le magasin. Que faire alors ? Le lendemain, sans sermonner ni faire la morale, elle peut lui laisser vivre les conséquences de son mauvais comportement.

Laissez-le subir les conséquences

Au lieu de punir

Exprimez vos sentiments avec vigueur

Formulez vos attentes

Montrez à l'enfant comment redresser la situation

Dans bien des cas, l'un ou l'autre de ces moyens suffit pour encourager l'enfant à agir de façon plus responsable.

Au lieu de punir

Et si l'enfant continue à emprunter et à oublier ?

Montrez à l'enfant comment redresser la situation

> Tu peux emprunter mes outils et les retourner. Ou bien tu peux abandonner le privilège de t'en servir. À toi de choisir.

Et s'il persiste à le faire ?

Passez à l'action

> Papa, ta boîte à outils est fermée à clef.

> C'est vrai. Pour le moment, j'ai besoin de savoir que mes outils sont exactement là où je les ai laissés.

Voyons maintenant une autre façon pour les parents d'aborder un problème persistant de discipline. À la fin d'un atelier, une mère nous a décrit les difficultés qu'elle éprouvait à faire en sorte que son fils Robert rentre à l'heure prévue. Elle a mentionné les excuses continuelles de son fils, ses promesses manquées, ses montres cassées. À en juger par les hochements de tête des autres parents présents, elle n'était certainement pas la seule personne aux prises avec ce genre de problème.

Nous avons donc préparé, pour la rencontre suivante, un exercice de groupe. Nous avons formulé à notre manière la situation originale, à partir du point de vue de Robert. Nous avons ensuite mis par écrit trois façons possibles d'aborder ses retards chroniques.

Veuillez maintenant faire vous-mêmes cet exercice. Après avoir lu l'histoire de Robert ainsi que les réactions de chacune des trois mères, écrivez la façon dont Robert pourrait se sentir, selon vous.

L'histoire de Robert

J'aime jouer avec mes amis au terrain de jeu de l'école. Je sais que je suis censé rentrer à 17 h 45, mais parfois j'oublie. Hier et avant-hier, je suis rentré en retard. Ma mère était tellement fâchée qu'aujourd'hui, je me suis assuré de demander l'heure à mon ami. Je ne voulais plus entendre ma mère crier après moi. Mon ami m'a dit qu'il était 18 h 15. J'ai aussitôt cessé de jouer et je suis rentré en courant. J'ai expliqué à ma mère que je m'étais *vraiment* souvenu de demander l'heure, mais que c'était déjà trop tard et que j'étais rentré en courant le plus vite possible.

Réponse de la première mère

«J'en ai assez de tes excuses! Je vois maintenant qu'on ne peut te faire confiance. Eh bien, cette fois, tu vas être puni. Chaque jour de la semaine prochaine, tu rentreras tout de suite après

129

l'école et tu *resteras* à la maison. Et ne crois pas que tu pourras rester assis devant la télé parce que, même si je devais m'absenter, je dirais à la gardienne que tu n'y as pas droit. Maintenant, tu peux aller directement à ta chambre parce que l'heure du repas est passée.»

Robert pourrait se dire à lui-même :

_____

_____

_____

_____

Réponse de la deuxième mère

«Oh là là ! Tu es tout en sueurs d'avoir tant couru. Je vais t'essuyer le visage. Promets-moi de ne plus jamais être en retard.
 «Tu me rends à bout de nerfs. Maintenant, va te laver les mains. Et dépêche-toi, s'il te plaît, car ton repas est en train de refroidir. Tiens, maman va le réchauffer pour toi.»

Robert pourrait se dire à lui-même :

_____

_____

_____

_____

Réponse de la troisième mère

«Tu me dis que tu as fait un effort et je suis contente d'entendre cela. Je suis encore fâchée. Je ne veux plus avoir à me tracasser comme ça. Quand tu me dis que tu rentreras à 17 h 45, je m'attends à pouvoir compter là-dessus.
 «Nous avons déjà mangé. Il ne reste plus de poulet, mais si tu veux, tu peux toi-même te faire un sandwich.»

Robert pourrait se dire à lui-même :

_____

_____

_____

_____

Évidemment, il n'y a pas moyen de savoir ce que le vrai Robert se dirait à lui-même. Mais voici tout de même ce qu'en pensent les parents qui ont fait cet exercice. Ils trouvent la première mère trop punitive. L'enfant se dirait : « Elle est méchante ! Je vais me venger ! » La deuxième est un vrai paillasson. L'enfant se dirait : « Je pourrais faire n'importe quoi et je m'en tirerais toujours avec elle. » Quant à la troisième mère, elle est *juste bien* : affirmative sans être punitive. L'enfant pourrait se dire : « Maman était vraiment fâchée. Je ferais mieux de rentrer à temps à l'avenir. Puisqu'elle me fait confiance, je ne peux pas la laisser tomber. Et puis, c'est moche d'avoir à me préparer un sandwich. »

Avec cet exercice en tête, la vraie mère est rentrée chez elle et a mis cette nouvelle approche à l'essai. Et cela a donné des résultats... pendant trois semaines. Par la suite, Robert est revenu à sa vieille habitude. La mère était à bout de ressources. Pendant qu'elle décrivait sa frustration, plusieurs questions ont fusé dans le groupe : « Comment s'y prendre dans un cas pareil ? Supposons qu'on a vraiment tout essayé, mais que le problème persiste ? Que faire quand il ne semble rester d'autre option que la punition ? »

Quand un problème persiste, on peut habituellement supposer qu'il est plus complexe qu'il n'en avait l'air au départ. Pour résoudre un problème complexe, on a besoin d'une habileté plus complexe. Parents, éducateurs, négociateurs syndicaux et conseillers matrimoniaux ont élaboré, de façon détaillée, d'excellentes méthodes pour résoudre les conflits compliqués. Voici la version que nous avons présentée au groupe.

Pour résoudre un problème
PAR ÉTAPES

1. Parlez des sentiments et des besoins de l'enfant.
2. Parlez de vos propres sentiments et de vos propres besoins.
3. Faites ensemble un remue-méninges pour trouver une solution mutuellement acceptable.
4. Écrivez toutes les idées, sans les évaluer.
5. Choisissez les suggestions que vous aimez, celles que vous n'aimez pas, et celles auxquelles vous prévoyez donner suite.

Résolution de problème

PREMIÈRE ÉTAPE : *Parlez des sentiments et des besoins de l'enfant*

> Je me disais que c'est probablement difficile de quitter tes amis quand vous avez du plaisir.
>
> Ouais !

DEUXIÈME ÉTAPE : *Parlez de vos propres sentiments et besoins*

> Mais je suis inquiète quand tu arrives en retard.

TROISIÈME ÉTAPE : *Faites un remue-méninges en vue d'une solution mutuellement acceptable*

QUATRIÈME ÉTAPE : *Écrivez toutes les idées sans les évaluer*

CINQUIÈME ÉTAPE
Choisissez les suggestions que vous aimez, celles que vous n'aimez pas, et celles auxquelles vous prévoyez donner suite.

Après avoir présenté au groupe les étapes de la résolution de problème, nous avons trouvé utile de proposer une mise en situation sous forme de jeu de rôle. J'ai joué le rôle de la mère. La vraie mère a joué le rôle de son fils, Robert. Voici le dialogue qui s'est déroulé, transposé à partir de la cassette enregistrée ce soir-là. Comme vous pourrez le constater, la mère s'est lancée sans réserve dans le rôle de son fils.

MÈRE :	Robert, j'aimerais te parler. Le moment te convient ?
ROBERT :	*(méfiant)* D'accord. De quoi s'agit-il ?
MÈRE :	De la question de rentrer à temps pour le repas.
ROBERT :	Je te l'ai dit, j'ai essayé ! Mais je suis toujours pris pour partir en plein milieu du match !
MÈRE :	Oh !
ROBERT :	À part moi, personne n'a besoin de partir aussi tôt. Personne !
MÈRE :	Hum !
ROBERT :	Et je passe mon temps à demander l'heure à tout le monde parce que ma montre marche mal ! Ils me disent toujours : « Tais-toi, fatigant ! »
MÈRE :	Oh ! Ça doit être blessant !
ROBERT :	Ouais ! Puis Kevin me traite de *bébé*.
MÈRE :	En plus ! Ce que tu me dis, c'est que les autres garçons font pression pour que tu restes plus longtemps.
ROBERT :	En plein ça !
MÈRE :	Robert, sais-tu comment ça se passe selon *mon* point de vue ?
ROBERT :	Ouais ! Tu veux que je rentre à temps.
MÈRE :	C'est ça en partie. Mais c'est surtout que je m'inquiète quand tu es en retard.
ROBERT :	Alors, cesse de t'inquiéter !
MÈRE :	J'aimerais bien… Si tu veux, réfléchissons ensemble et regardons ce problème avec des yeux

neufs. Voyons si nous pouvons trouver quelques idées qui seraient acceptables pour chacun de nous. *(Prend un crayon.)* Tu commences.

ROBERT : Je rentrerai en retard, mais tu ne t'inquiéteras pas.
MÈRE : D'accord. Je vais écrire ça. Quoi d'autre ?
ROBERT : Sais pas.
MÈRE : Hé ! J'ai une idée ! Je pourrais passer te prendre au terrain de jeu.
ROBERT : Non. C'est pas bon.
MÈRE : Écrivons toutes nos idées. Après, on décidera celles qu'on aime et celles qu'on n'aime pas. Et avec ça ?
ROBERT : *(longue pause)* Je crois que je pourrais faire réparer ma montre.
MÈRE : *(écrit : faire réparer la montre.)* Autre chose ?
ROBERT : Pourquoi faut-il toujours manger tous ensemble ? Tu n'as qu'à garder ma part du repas.
MÈRE : *(écrit : garder le repas.)* Les jours commencent à allonger. Je suppose qu'on pourrait manger 15 minutes plus tard.
ROBERT : Seulement 15 minutes !
MÈRE : Tu aimerais que ce soit plus tard. Hum ! (écrit : manger 15 minutes plus tard.) As-tu d'autres idées ou préfères-tu qu'on regarde la liste maintenant, pour voir ce qu'on veut garder et ce qu'on veut mettre de côté ?
ROBERT : Regardons ça.
MÈRE : *(lit)* Solutions possibles :
– Robert rentre en retard. Maman ne s'inquiète pas.
– Aller chercher Robert au terrain de jeu.
– Faire réparer la montre.
– Manger 15 minutes plus tard.
ROBERT : Enlève que tu viendras me chercher chaque jour. Kevin se moquerait trop de moi.

MÈRE :	D'accord… Eh bien, il faut que j'enlève *rentrer en retard* parce qu'en fait je suis vraiment inquiète. Mais regarde la solution suivante : je suppose qu'il serait possible de retarder le repas jusqu'à 18 h 15. Quinze minutes de plus te seraient utiles ?
ROBERT :	Non. Euh ! Peut-être un peu.
MÈRE :	Je suppose que je pourrais laisser ta part au four à l'occasion, si je le savais d'avance.
ROBERT :	Ouais ! Et garde *faire réparer la montre*.
MÈRE :	Eh bien, ça soulève un autre problème. C'est la deuxième fois que cette montre se détraque. Je n'aimerais pas débourser encore une fois pour la faire réparer.
ROBERT :	J'ai mis de l'argent de côté. J'ai presque quatre dollars. C'est suffisant pour la faire réparer ?
MÈRE :	Pas vraiment, mais ce n'est déjà pas si mal. Je suppose qu'on pourrait payer le reste, ton père et moi.
ROBERT :	Je vais faire attention. Je te jure ! Je vais la retirer si on joue au bras de fer, Kevin et moi. Et je regarderai l'heure de temps à autre pendant le match. Comme ça, je saurai quand partir.
MÈRE :	Tu le feras ? Hum ! *(Regarde la liste)* Eh bien, voyons ce qu'on a décidé jusqu'ici. Je vais déplacer l'heure du repas à 18 h 15. Ça te donnera 15 minutes de plus pour jouer. Ton père et moi ajouterons à tes économies le montant nécessaire pour faire réparer ta montre. Et, à l'occasion, si tu me le dis d'avance, je pourrai garder ta part au chaud. Que penses-tu de tout ça ?
ROBERT :	C'est bon !

À la rencontre suivante, tout le monde a aussitôt demandé à la mère de Robert : « Avez-vous essayé la résolution de problème ? Que s'est-il passé ? »

En souriant, elle a répondu qu'elle avait essayé le soir même et que Robert s'était montré curieux. «C'était presque drôle, a-t-elle ajouté. Notre discussion a surtout tourné autour du fait qu'il déteste porter une montre. Mais si la famille mangeait 15 minutes plus tard, il entendrait la sonnerie de 18 h au poste de pompiers et ce serait le signal du retour. Jusqu'à maintenant, a-t-elle conclu, il a tenu parole!»

Cela ne paraît pas trop difficile, n'est-ce pas? Mais ça l'est. Et le plus exigeant, ce n'est pas d'apprendre les étapes. On y arrive, pour peu qu'on s'applique. La partie la plus ardue, c'est le changement qu'il faut opérer dans notre propre attitude. Nous devons cesser de voir l'enfant comme un *problème* à corriger. Nous devons laisser tomber l'idée que, étant des adultes, nous détenons toujours la bonne réponse. Nous devons cesser de croire que l'enfant va abuser de notre faiblesse si nous ne sommes pas assez fermes.

Il faut un grand acte de foi pour prendre le temps de nous asseoir, de prêter l'oreille aux sentiments de l'enfant, de partager avec lui nos vrais sentiments, tout en espérant que nous trouverons ensemble des solutions acceptables pour chacun.

Un message essentiel est inscrit au cœur de cette approche. «Quand surgit un conflit entre nous, il n'est pas nécessaire de mobiliser nos forces les uns contre les autres, ni de nous demander avec angoisse qui en sortira victorieux et qui sombrera dans la défaite. Au contraire, nous pouvons utiliser notre énergie à rechercher le genre de solution qui respecte les besoins de chacun en tant qu'individus.» Nous enseignons à nos enfants qu'ils n'ont pas à être nos victimes ni nos ennemis. Nous leur donnons des outils qui leur permettront de participer activement à la résolution des problèmes auxquels ils font face maintenant, alors qu'ils vivent au foyer, puis dans le monde difficile et complexe qui les attend.

DEVOIR

1. Au cours de la semaine, servez-vous d'une nouvelle façon de remplacer la punition. Quelle habileté avez-vous utilisée ? Quelle a été la réaction de votre enfant ?

   _____
   _____
   _____
   _____
   _____
   _____
   _____
   _____
   _____
   _____
   _____
   _____

2. Pensez à un problème qui surgit régulièrement au foyer et qui pourrait être atténué à l'aide d'un processus de résolution de problème. Trouvez un moment qui convient à chacun de vous et un endroit où vous ne serez pas interrompus. Puis, appliquez la formule de résolution de problème avec votre enfant.

3. Lisez les commentaires, les questions et les histoires de parents dans la deuxième partie de ce chapitre consacré aux façons de remplacer les punitions.

Un bref rappel…

Au lieu de punir

1. EXPRIMEZ VOS SENTIMENTS AVEC VIGUEUR SANS ATTAQUER LA PERSONNALITE DE L'ENFANT
   - Je suis furieux de voir qu'on a laissé ma nouvelle scie dehors à rouiller sous la pluie !

2. EXPRIMEZ VOS ATTENTES
   - Je m'attends à ce qu'on rapporte les outils qu'on m'a empruntés.

3. MONTREZ A L'ENFANT COMMENT REDRESSER LA SITUATION
   - Cette scie a maintenant grand besoin d'un peu de laine d'acier et de beaucoup d'huile de coude.

4. OFFREZ UN CHOIX A L'ENFANT
   - Tu peux emprunter mes outils et les rapporter ou bien tu peux abandonner le privilège de t'en servir. À toi de choisir.

5. PASSEZ A L'ACTION
   L'ENFANT : Pourquoi le cadenas sur la boîte à outils ?
   LE PÈRE : Dis-moi pourquoi.

6. UTILISEZ LA RESOLUTION DE PROBLEME
   - Que pouvons-nous faire pour que tu puisses utiliser mes outils quand tu en as besoin, et pour que je sois certain de les retrouver quand j'en ai besoin ?

DEUXIÈME PARTIE

QUESTIONS, COMMENTAIRES ET HISTOIRES DE PARENTS

Questions au sujet de la punition

1 Si un tout-petit, qui ne parle pas encore, touche un objet qu'il ne devrait pas toucher, pourquoi pas taper sa menotte ?

Ce n'est pas parce qu'un enfant ne peut parler qu'il n'écoute pas ou ne comprend pas. Les jeunes enfants apprennent à cœur de journée. Reste à savoir ce qu'ils apprennent au juste. Les parents ont le choix. Ils peuvent à répétition claquer sur les doigts de l'enfant et lui enseigner ainsi que sans recevoir de coup il est incapable d'apprendre ce qu'il doit éviter de faire. Ou encore, ils peuvent le traiter dignement, comme un petit être humain, en lui fournissant des renseignements qu'il peut utiliser dès maintenant et pour le reste de sa vie. Tout en retirant l'enfant (ou l'objet), on peut lui dire fermement et clairement :

- Les couteaux ne sont pas faits pour être léchés. Tu peux lécher cette cuillère si tu veux.
- Ce chien en porcelaine peut se casser. Ton chien en peluche ne va pas s'abîmer.

Il faudra peut-être répéter plusieurs fois les mêmes renseignements, mais la répétition de renseignements transmet un tout autre message que la répétition de tapes.

2 Quelle différence y a-t-il entre punition et conséquences naturelles ? Ne s'agit-il pas simplement de mots différents qui veulent dire la même chose ?

Nous considérons comme punitifs les parents qui, dans le but d'enseigner une leçon à l'enfant, le privent délibérément pour une période de temps ou encore lui infligent une souffrance. Quant aux conséquences, elles découlent comme un résultat naturel du comportement de l'enfant. Un père qui participait à l'un de nos groupes nous a fait part un jour d'une expérience qui, à nos yeux, démontre bien la différence entre la punition et les conséquences.

Mon fils adolescent m'a demandé d'emprunter mon chandail bleu marine parce qu'il était *super* bien assorti avec son jean neuf. Je lui ai répondu : « D'accord, mais fais-y bien attention. » Puis, j'ai tout oublié. Une semaine plus tard, alors que j'avais le goût de porter mon chandail, je l'ai retrouvé par terre, sous une pile de linge sale dans la chambre de mon fils. Le dos était recouvert de craie et le devant portait une tache ressemblant à de la sauce tomate.

J'étais très irrité parce que ce n'était pas le premier incident du genre. S'il avait été présent sur place à ce moment-là, je vous jure que je lui aurais dit d'oublier notre projet d'aller ensemble au prochain match de foot. J'aurais donné son ticket à quelqu'un d'autre.

Même si je m'étais un peu calmé, j'ai tout de même gueulé quand je l'ai revu un peu plus tard. Il m'a répondu qu'il était désolé et tout et tout. Mais il a eu le culot de me le redemander une semaine plus tard ! J'ai alors répliqué : « Pas question ! » Aucun sermon. Aucun discours. Il savait pourquoi.

Un mois plus tard, il m'a demandé ma chemise à carreaux pour un voyage organisé par l'école. J'ai répondu : « Avant de te prêter quoi que ce soit, j'ai besoin d'avoir l'assurance, par écrit, que ma chemise me sera rendue dans l'état où elle était quand je l'ai prêtée. » Le soir même, je trouvais une note sur ma pile de courrier.

Cher papa,
Si tu me permets d'emprunter ta chemise,
je ferai tout ce que je peux pour la garder propre.
Je ne m'appuierai pas contre le tableau.
Je ne mettrai pas mon stylo à bille dans la poche.
Et aux repas, je me couvrirai avecune serviette de papier.
Je t'aime.
Marc

Eh bien, cette note m'a fait une impression favorable. Je me suis dit que s'il se donnait la peine de l'écrire, il se donnerait probablement la peine de faire ce qu'il avait écrit.
P.-S. La chemise m'a été rapportée sur un cintre le soir suivant et elle était propre !

Pour nous, cette histoire démontre bien ce qui est en jeu dans les conséquences naturelles. Une des conséquences naturelles de la remise d'un objet en mauvais état à son propriétaire est le déplaisir de celui-ci. Une autre conséquence naturelle, c'est sa réticence à prêter quoi que ce soit à l'avenir. Il se pourrait aussi que le propriétaire change d'idée s'il a une preuve concrète que cela ne se reproduira plus. Mais la responsabilité du changement revient clairement à l'emprunteur. Le propriétaire n'a pas à intervenir pour lui enseigner une leçon. Les enfants apprennent mieux à partir des dures réalités d'une réaction authentique qu'à partir d'une punition infligée *pour leur bien*.

3 **La semaine dernière, j'ai trouvé un tas de pelures et de pépins d'oranges sur le canapé. Quand j'ai demandé à mes fils : « Qui a fait ça ? » chacun a montré l'autre du doigt. Si ce n'est pas une bonne idée de punir l'enfant coupable, alors comment s'y prendre ?**
Habituellement, la réponse à la question : « Qui a fait ça ? » est automatiquement « Pas moi », ce qui entraîne à son tour « Eh

bien, l'un des deux doit mentir.» Plus on essaie de découvrir la vérité, plus les enfants protestent à grands cris de leur innocence. Quand une chose nous met en colère, il est plus utile d'exprimer cette colère que de trouver le coupable et de le punir.

«Je deviens furieuse quand je vois de la nourriture sur le canapé! Les pelures d'orange peuvent le tacher de façon permanente.»

Vous entendrez sans doute aussitôt une réponse en chœur: «Mais ce n'est pas moi qui ai fait ça. C'est lui... C'est le chien... C'est le bébé!»

Voilà votre chance de faire savoir à tout le monde ce qui suit:

«*Ça ne m'intéresse pas de savoir qui l'a fait. Je n'ai pas envie de blâmer qui que ce soit pour ce qui est arrivé dans le passé. J'ai envie que les choses s'améliorent à l'avenir!*»

Mieux: en évitant de blâmer et de punir, on rend les enfants libres de chercher à prendre leurs responsabilités, au lieu de chercher à se venger.

«Maintenant, j'aimerais que vous m'aidiez tous les deux à débarrasser le canapé de tous les pépins et des pelures.»

4 **Vous dites qu'une des façons de remplacer la punition, c'est d'exprimer notre désaccord. Quand je fais cela, mon enfant se sent tellement coupable et il a l'air si malheureux, pour le reste de la journée, que j'en suis toute bouleversée. J'exagère peut-être?**

Nous comprenons votre préoccupation. Dans un livre intitulé *The Magic Years*, Selma Fraiberg dit qu'un enfant a besoin de sentir notre désapprobation à certains moments. Mais si notre réaction est tellement forte que l'enfant se sent bon à rien et méprisé pour sa faute, elle soutient que nous avons abusé de notre pouvoir comme parents. Elle ajoute que l'on peut faire du tort au développement de la personnalité de l'enfant en suscitant chez lui des sentiments exagérés de culpabilité et de mépris de soi.

C'est pourquoi nous sommes d'avis que la désapprobation devrait, autant que possible, s'accompagner d'indications sur la façon dont l'enfant pourrait redresser la situation. Après son remords initial, l'enfant a besoin qu'on lui offre la chance de bien se tenir de nouveau, la chance de se percevoir comme un membre de la famille toujours respecté et responsable. En tant que parents, nous pouvons lui fournir cette chance.

– Je suis fâchée ! Le bébé avait du plaisir à jouer avec son hochet jusqu'à ce que tu le lui enlèves. Je m'attends maintenant à ce que tu trouves une façon de faire cesser ses pleurs. *(Au lieu de dire : « Tu as encore fait pleurer le bébé. Là, tu vas recevoir une gifle. »)*

– Je deviens de très mauvaise humeur quand je trouve un évier plein de vaisselle sale à mon retour, alors que tu m'avais promis de la nettoyer. Je voudrais qu'elle soit lavée et rangée avant l'heure du coucher ! *(Au lieu de dire : « Tu peux dire adieu à ta sortie de demain soir. Ça t'apprendra peut-être à tenir parole. »)*

– Une pleine boîte de détergent répandue sur le sol, dans la salle de bain ! Pareil gâchis me rend vraiment furieuse ! On ne joue pas avec la poudre à laver ! Hâtons-nous afin d'éviter que nos pas répandent la poudre dans toute la maison. Il nous faut un sac, un balai et une pelle à poussière. *(Au lieu de dire : « Regarde tout le travail que tu m'as donné. Pas de télé pour toi ce soir ! »)*

Des phrases de ce genre transmettent à l'enfant le message suivant : « Je n'aime pas ce que tu as fait et je m'attends à ce que tu t'en occupes. » Notre espoir, c'est qu'une fois devenu adulte, s'il regrette d'avoir fait une chose, il se demandera : « Que puis-je faire pour me reprendre, pour arranger les choses ? » au lieu de se dire : « Ce que je viens de faire prouve que je ne suis pas digne de confiance et que je mérite d'être puni. »

5 **Je ne punis plus mon fils. Toutefois, quand je le gronde pour avoir fait quelque chose de mal, il réplique : « Désolé ». Mais le lendemain, il recommence. Que faire ?**
Certains utilisent le mot *désolé* comme moyen de calmer leurs parents fâchés. Ils sont prompts à s'excuser et tout aussi prompts à répéter leur comportement répréhensible. Il importe que ces enfants se rendent compte d'une chose : s'ils sont vraiment désolés, leur sentiment de remords devrait se traduire par un geste. On peut dire l'une des choses suivantes au récidiviste :

- *Désolé* veut dire qu'on va agir différemment.
- *Désolé* veut dire qu'on va effectuer des changements.
- Je suis contente d'entendre que tu es *désolé*. C'est la première étape. La seconde, c'est de te demander ce que tu peux faire à ce sujet.

LES EXPERTS SE PRONONCENT SUR LA PUNITION

Il paraît de temps à autre des articles vantant les mérites de la punition et nous indiquant comment l'appliquer. (« Expliquez à l'avance quelle sera la punition… Punissez aussi promptement que possible… Ajustez la punition à la faute commise… ») Pour des parents en colère, aux prises avec de graves problèmes, ce genre de conseil apparaît trop souvent judicieux. Voici quelques citations, venant de différents professionnels travaillant en santé mentale, qui présentent un autre point de vue sur la punition.

La punition est une méthode de discipline vraiment inefficace […] car, fort étrangement, elle a souvent comme effet d'enseigner à l'enfant à se conduire de façon exactement opposée à la façon dont nous voulons qu'il se comporte !

Plusieurs parents utilisent la punition tout simplement parce que personne ne leur a jamais enseigné de meilleur moyen de discipliner leurs enfants. (*How to father*, Fitzhugh Dodson, Signet, 1974.)

Il peut être frustrant de discipliner un enfant. Néanmoins, il importe d'insister en tout premier lieu sur le fait que discipline veut dire *éducation*. La discipline est essentiellement une orientation programmée en vue d'aider les gens à développer leur maîtrise de soi, leur autonomie et leurs compétences. Pour qu'elle donne des résultats, la discipline requiert respect et confiance mutuels. À l'opposé, la punition suppose un contrôle externe sur la personne, par la force et la coercition. La personne qui punit respecte rarement celle qui est punie et elle ne lui fait pas confiance. (The Case Against Spanking, Brian G. Gilmartin, *Human Behavior*, février 1979, vol. 8, no 2.)

À la suite d'une recension des écrits, on en arrive à la conclusion que la punition physique infligée par les parents ne supprime pas la violence, mais au contraire l'encourage. La punition frustre l'enfant et lui donne un modèle à imiter et dont il peut tirer une leçon. (*Violence and the Struggle for Existence*, rapport du Comité sur la violence du département de psychiatrie, École universitaire de médecine de Stanford, édité par David N. Daniels, Marshall F. Gilula et Frank M. Ochberg, Little, Brown & Company, 1970.)

Des parents confus, aux prises avec de graves ennuis, se trompent s'ils espèrent qu'*avec le temps* la punition donnera des résultats ; ils ne réalisent pas que leurs méthodes ne mènent nulle part. [...] L'utilisation de la punition aide l'enfant à développer seulement sa capacité de résister et de provoquer. (*Children: The Challenge*, Rudolf Dreikurs, Hawthorn, 1964.)

La fessée fournit l'occasion d'apprendre nombre de choses, toutes étrangères à l'intention des parents. L'enfant peut apprendre à éviter avec succès tout sentiment de culpabilité pour son mauvais comportement en se forgeant un cycle où la punition annule le *crime*. Considérant qu'il a déjà subi les conséquences de son méfait, l'enfant se sent libre de répéter son geste sans éprouver de sentiment de culpabilité.

L'enfant qui fait tout ce qu'il peut pour s'attirer une fessée porte une dette secrète du côté *péché* dans le grand livre et il invite ses parents à l'effacer au moyen d'une fessée. La fessée est justement ce dont l'enfant *n'a pas* besoin ! (*The Magic Years*, Selma H. Fraiberg, Scribners, 1959.)

Les chercheurs estiment qu'un parent sur cinq a déjà souffert [...] de mauvais traitements de la part de ses propres enfants. C'est sans doute une retombée des tourments que ceux-ci ont eux-mêmes subis à l'adolescence : objets lancés à la figure, bousculades, corrections, langage injurieux [...] Il s'agit là d'une *triste évidence* : les enfants qui infligent de mauvais traitements physiques à leurs parents appliquent ce qu'on leur a appris dans leur tendre enfance. (Newsday, 15 août, 1978.)

AU LIEU DE PUNIR
(Expériences racontées par des participants de nos groupes)

Ma fille de quatre ans, Marthe, a toujours été une enfant très difficile. Elle me met dans de telles colères que je n'arrive plus à me contrôler. La semaine dernière, en rentrant, j'ai découvert qu'elle avait barbouillé le papier peint de sa chambre avec des crayons de couleur. J'étais si furieuse que je lui ai administré une bonne fessée. Puis, je lui ai dit que je lui confisquais ses crayons de couleur, ce que j'ai fait.

Le lendemain, au réveil, j'ai cru mourir. Elle avait pris mon rouge à lèvres et avait griffonné sur tout le carrelage de la salle de bain. J'avais le goût de l'étrangler, mais je me suis retenue. Très calmement, j'ai demandé : « Marthe, as-tu fait ça parce que tu es fâchée contre moi à cause des crayons que je t'ai enlevés ? »

Elle a hoché la tête.

J'ai poursuivi : « Marthe, ça me met très, très en colère quand on écrit sur les murs. Ça exige beaucoup de travail pour les laver et les rendre propres. »

Savez-vous ce qu'elle a fait ? Elle a pris une éponge et s'est mise à essayer d'effacer le rouge à lèvres. Je lui ai montré comment utiliser le savon et l'eau et elle a frotté pendant environ dix minutes. Puis elle m'a appelée pour me montrer que le rouge à lèvres avait presque entièrement disparu. Je l'ai remerciée, puis je lui ai remis ses crayons et du papier pour qu'elle puisse dessiner dans sa chambre quand ça lui plairait.

J'étais tellement fière de moi que j'ai téléphoné à mon mari au travail pour lui raconter ce que j'avais fait.

Ça s'est passé il y a un mois. Marthe n'a pas écrit sur les murs depuis.

Je venais à peine de mettre les pieds dans la maison, après la rencontre de la semaine dernière, que je recevais un appel téléphonique de l'enseignante de maths de Denis. Elle semblait très fâchée. Elle m'a annoncé que mon fils prenait du retard dans son travail, qu'il dérangeait la classe, qu'il ne savait toujours pas ses tables de multiplication et qu'il avait peut-être besoin de plus de *discipline* au foyer. Je l'ai remerciée pour son appel, mais j'étais toute tremblante à l'intérieur. La première pensée qui m'est venue, c'est : « Il doit être puni. Il ne regardera pas la télé jusqu'à ce qu'il ait appris ses tables et qu'il ait commencé à mieux se comporter à l'école. »

Heureusement, j'avais une heure devant moi pour me calmer avant son retour de l'école. Quand il est rentré, nous avons eu la conversation suivante.

MOI : Mme L. a téléphoné aujourd'hui et elle semblait très fâchée.
DENIS : Oh ! elle est toujours fâchée !
MOI : Je trouve qu'un appel de l'école est une chose très sérieuse. Elle a dit que tu déranges la classe et que tu ne sais pas tes tables de multiplication.
DENIS : Eh bien, Michel passe son temps à me frapper sur la tête avec son cahier. Alors je le frappe à mon tour avec le mien.
MOI : Tu sens que tu dois lui répliquer ?
DENIS : Ça veut dire quoi, *répliquer* ?
MOI : Te venger.
DENIS : C'est ça. Et parfois, il m'écrit une note pour se moquer de moi. Puis il frappe ma chaise du pied jusqu'à ce que je lui réponde.
MOI : Pas étonnant que le travail ne se fasse pas.
DENIS : Je connais mes tables jusqu'à six. C'est seulement celles de sept et de huit que je ne sais pas.
MOI : Hum ! Denis, crois-tu que ta concentration en classe serait meilleure si Michel et toi n'étiez pas assis aussi près l'un de l'autre ?
DENIS : Sais pas... Peut-être... Je saurais mes tables de sept et de huit si j'étudiais.
MOI : Je crois que Mme L. devrait être mise au courant. Si on lui envoyait une lettre ? Tu es d'accord ? *(Denis fait oui de la tête.)* J'ai pris mon crayon et j'ai écrit : « Chère Mme L., j'ai parlé avec Denis de notre conversation téléphonique. Il a dit... » Denis, j'écris quoi ?

DENIS :	Dis-lui de me changer de place pour que je sois loin de Michel.
MOI :	*(écrivant)* Il dit qu'il aimerait changer de place pour ne plus être assis aussi près de Michel. C'est ça ?
DENIS :	Ouais !
MOI :	Autre chose ?
DENIS :	*(longue pause)* Dis-lui que je vais mettre par écrit mes tables de sept et de huit et me les répéter à haute voix.
MOI :	*(je lis tout en écrivant)* Il va aussi écrire ses tables de sept et de huit et se les réciter à lui-même. Autre chose ?
DENIS :	Non.
MOI :	Je vais conclure en disant : « Merci d'avoir porté ce problème à notre attention. »

J'ai relu la lettre en entier pour Denis. Nous l'avons signée tous les deux et il l'a apportée à l'école le lendemain. Je sais que quelque chose a changé, puisque à son retour, la première chose qu'il m'a dite, c'est que Mme L. l'avait changé de place et qu'elle avait été *gentille* avec lui ce jour-là.

La prochaine histoire nous a été racontée par une mère qui était restée assise tout au long des trois premières rencontres, secouant la tête d'un air mécontent. À la quatrième rencontre, elle a demandé la parole.

Je croyais que tout ce qui se disait ici ne s'appliquait d'aucune façon à mon fils. Victor est si têtu, si difficile, qu'il ne comprend rien d'autre que la punition. La semaine dernière, je me suis presque évanouie quand ma voisine m'a rapporté qu'elle l'avait vu traverser la rue à une intersection très fréquentée où on lui avait strictement interdit de traverser. Je ne savais plus quoi faire. Je lui avais déjà enlevé son vélo, sa télé, son argent de poche ; il ne lui restait plus rien. En désespoir de cause, j'ai décidé d'essayer certaines des idées qu'on avait discutées dans le groupe. En rentrant, j'ai dit : « Victor, on a un problème. Voici comment tu te sens, d'après moi : tu veux te rendre de l'autre côté de la rue quand tu le décides, sans avoir à demander à quelqu'un de te faire traverser. C'est bien ça ? » Il a acquiescé de la tête.

« Voici comment je me sens, ai-je poursuivi. Je m'inquiète quand je pense à un garçon de six ans qui traverse à une intersection où il y a déjà eu tant d'accidents. Quand il y a un problème, il nous faut une solution. Penses-y et donne-moi tes idées là-dessus au repas. »

Victor s'est aussitôt mis à parler. J'ai dit : « Pas maintenant. C'est un problème très sérieux. J'aimerais qu'on y songe longuement tous les deux. On en reparlera au repas, quand ton père sera là. »

Ce soir-là, j'ai prévenu mon mari en lui demandant de se contenter d'écouter. Victor s'est lavé les mains et s'est vite assis à sa place. Aussitôt que son père est entré dans la pièce, tout excité il a dit : « J'ai une solution ! Chaque soir, quand papa reviendra du travail, on ira au coin de la rue et il me montrera comment regarder les feux de circulation et quand traverser la rue. » Après une pause, il a ajouté : « Et le jour de mes sept ans, je traverserai tout seul ! »

Mon mari est presque tombé à la renverse. Je crois que nous avions tous les deux sous-estimé notre fils.

Alors que je dépêchais à préparer le repas parce que je devais m'absenter ensuite, Nicolas (dix ans) nous annonce de façon désinvolte que trois de ses manuels scolaires sont disparus et que je dois faire parvenir neuf dollars à l'école afin de les rembourser. J'ai senti la moutarde me monter au nez. Mon premier réflexe

153

a été de le frapper ou de le punir. Mais même si j'étais remplie de colère, j'ai réussi à me contenir et j'ai commencé mes phrases par le mot *Je*. Je devais hurler aussi fort qu'il est possible pour un être humain.

«Je suis furieuse! Je rage! Trois livres perdus et je dois maintenant cracher neuf dollars pour *ça*! Je suis tellement en colère que je me sens à la veille d'exploser! Et apprendre ça alors que je me dépêche à préparer le repas avant de sortir! Maintenant, je vais devoir m'arrêter et prendre le temps de téléphoner pour me faire dicter les problèmes que tu as à faire comme devoir!!! JE SUIS EN TRAIN DE BOUILLIR!»

Quand j'ai cessé de hurler, un petit visage des plus soucieux est apparu dans le cadre de la porte et Nicolas a dit: «Maman, je suis désolé. Tu n'as pas besoin de cracher l'argent. Je vais le prendre de mon argent de poche.»

Je crois qu'est alors apparu sur mon visage le plus grand sourire de toute ma vie. Il ne m'était sûrement *jamais* arrivé de cesser aussi rapidement ni aussi totalement de me sentir fâchée. Qu'importent quelques livres perdus à une personne dont le fils se sent vraiment touché par les sentiments de sa mère!

TROISIÈME PARTIE

La résolution de problème : Un supplément

AVANT DE RECOURIR À LA RÉSOLUTION DE PROBLÈME

Pour que la démarche de résolution de problème donne les résultats escomptés, nous nous sommes rendu compte qu'il faut se mettre dans un certain état d'esprit. Se dire à soi-même :

- Autant que possible, je vais être accueillante et me placer sur la même longueur d'onde que mon enfant. Je vais me mettre à l'écoute de renseignements et de sentiments que je n'ai peut-être jamais entendus auparavant.
- Je vais m'abstenir de juger, d'évaluer et de faire la morale. Je ne tenterai ni de persuader, ni de convaincre.
- Je vais tenir compte de toute idée nouvelle, aussi farfelue soit-elle.
- Je ne me laisserai pas bousculer par le temps. Si nous ne parvenons pas à trouver une solution immédiate, c'est peut-être parce que nous avons besoin d'encore plus de réflexion, plus de recherche, plus de discussion.

Le mot clé, c'est le *respect* : respect de mon enfant, de moi-même et des possibilités illimitées qui peuvent se présenter quand deux personnes de bonne volonté réfléchissent ensemble.

MISES EN GARDE POUR CHACUNE DES ÉTAPES
DE LA DÉMARCHE DE RÉSOLUTION DE PROBLÈME

Avant de commencer, demandez-vous : suis-je encore bouillante d'émotions ou suis-je assez calme en ce moment pour m'impliquer dans tout ce processus ? (Impossible de résoudre un problème quand on est furieux.) Ensuite, vérifiez l'humeur de l'enfant : « Pour *toi*, c'est un moment propice pour parler ? » S'il dit oui, alors voici ce que nous vous recommandons de faire.

1. PARLEZ DES SENTIMENTS DE L'ENFANT.
(« J'imagine que tu dois te sentir... »)
Ne précipitez pas cette étape. Laissez votre attitude indiquer : « Je tente réellement de voir clairement comment *tu* te sens à ce sujet. » C'est seulement quand l'enfant se sent entendu et compris qu'il est en mesure de tenir compte de vos sentiments à vous.

2. PARLEZ DE VOS SENTIMENTS.
(« Voici comment je me sens à ce sujet. »)
Que cette partie soit courte et précise. Il est pénible pour un enfant d'écouter des parents qui décrivent en détail leur peur, leur colère ou leur ressentiment.

3. INVITEZ L'ENFANT À TRAVAILLER À LA RECHERCHE D'UNE SOLUTION MUTUELLEMENT ACCEPTABLE.
Si c'est possible, laissez l'enfant présenter les premières idées. Le point crucial, c'est d'éviter d'évaluer ou de commenter ses idées. Aussitôt qu'on dit : « Ça, ce n'est pas bon », tout le processus s'arrête et le travail accompli jusque là est à refaire. Toutes les idées devraient être les bienvenues. Très souvent, les plus invraisemblables peuvent conduire à de bonnes solutions, susceptibles de donner des résultats. La phrase clé, c'est : « On écrit toutes les idées. » Ce n'est pas essentiel d'écrire, mais, d'une certaine façon, le fait de mettre toutes les idées par écrit confère beaucoup de valeur à chacune des contributions. (Un enfant a

déjà dit : « Ma mère est vraiment intelligente. Elle écrit toutes mes idées. »)

4. CHOISISSEZ LES IDÉES QUI VOUS CONVIENNENT, CELLES QUI NE VOUS CONVIENNENT PAS, ET CELLES QUE VOUS VOULEZ METTRE EN APPLICATION.
Évitez les paroles dévalorisantes *(« Cette idée est stupide. »)* Décrivez plutôt vos réactions personnelles :

- Je ne serais pas à l'aise dans ce cas parce que…
- C'est une chose que je pourrais faire, il me semble.

5. DONNEZ SUITE.
Ici, le danger serait de vous laisser emporter par l'agréable sentiment d'avoir trouvé une solution susceptible d'être efficace, au point de négliger de faire un plan précis pour lui donner suite. Il est important d'ajouter :

- Quelles étapes devons-nous suivre pour réaliser ce plan ?
- Qui sera responsable de quoi ?
- Quand le plan devra-t-il être accompli ?

6. N'ACCEPTEZ JAMAIS QUE L'ENFANT VOUS BLÂME OU VOUS ACCUSE.

ENFANT :   Ouais ! mais ça ne marchera pas parce que tu dis toujours… tu ne fais jamais…

Il est important que les parents soient fermes quand l'enfant dit ce genre de choses.

PÈRE :   Pas d'accusation ni de discussion à propos du passé. Ce que nous essayons d'accomplir, en ce moment, c'est de nous centrer sur une solution pour l'avenir !

QUESTIONS AU SUJET DE LA RÉSOLUTION DE PROBLÈME

1 **Supposons que le plan sur lequel nous nous étions entendus avec l'enfant donne des résultats pour un temps, puis tombe à l'eau. Que faire alors ?**
Le moment est venu de mettre à l'épreuve notre détermination. Nous pouvons soit revenir à nos leçons de morale et à nos punitions, soit refaire nos devoirs. Par exemple :

PÈRE : Je suis déçu que notre approche ne marche plus. Je me retrouve en train de faire ton travail et c'est inacceptable pour moi. Allons-nous donner une autre chance à notre bon vieux plan ? Discuter de ce qui l'empêche de marcher ? Ou encore rechercher d'autres solutions ?

En tant qu'adultes, nous savons que peu de solutions sont permanentes. Ce qui donnait des résultats quand l'enfant avait quatre ans peut cesser d'être efficace maintenant qu'il en a cinq. Ce qui est efficace l'hiver peut ne plus l'être au printemps. La vie est un processus continuel d'ajustement et de réajustement. L'important, c'est que l'enfant continue de se voir comme faisant partie de la solution plutôt que du problème.

2 **Faut-il toujours suivre toutes les étapes pour résoudre un problème ?**
Non. On peut résoudre un problème à n'importe quelle étape du processus. Parfois, une simple description de l'écart entre vos besoins respectifs peut conduire à une solution très rapide. Par exemple :

MÈRE : Nous voilà devant un vrai problème. C'est tout de suite que tu veux de nouvelles chaussures. Moi, je veux finir de trier tout le linge ; et après, j'ai le repas à préparer.

ENFANT :   Je pourrais m'occuper du linge pendant que tu te prépares à partir. Et à notre retour, je t'aiderai à préparer le repas.
MÈRE :   Je crois que ça pourrait aller.

3 **Supposons que nous suivions toutes les étapes et que nous n'arrivions toujours pas à trouver une solution sur laquelle nous sommes d'accord. Que faire alors ?**
Cela peut arriver. Mais vous n'avez pas perdu votre temps. En discutant du problème, chacun de vous est devenu plus sensible aux besoins de l'autre. Dans une situation compliquée, c'est souvent le maximum auquel on peut s'attendre. Et parfois, il faut juste un peu plus de temps pour réfléchir, pour laisser mijoter avant de trouver une solution.

4 **Supposons qu'un enfant refuse de participer à la résolution de problème avec nous. Que fait-on alors ?**
Cette approche rend certains enfants mal à l'aise. Avec eux, on peut se servir d'un substitut efficace, un message écrit basé sur les mêmes principes.

Cher Jean,
J'aimerais recevoir tes suggestions pour régler le problème de…
Probablement que (tu te sens, tu veux, tu as besoin de…)
Je (veux, me sens, j'ai besoin de…)
S'il te plaît, fais-moi part de toute solution qui,
d'après toi, ferait notre affaire à tous les deux.
Affectueusement,
Papa.

5 **Cette approche n'est-elle pas plus efficace auprès d'enfants plus âgés ?**
Des parents de jeunes enfants nous ont confié avoir obtenu beaucoup de succès avec cette approche. Tout au long des pages qui suivent, vous trouverez des récits venant de parents qui ont

utilisé des habiletés de résolution de problème avec des enfants de tout âge.

LA RÉSOLUTION DE PROBLÈME À L'ŒUVRE

La situation : On vient tout juste de me retourner le berceau que j'avais prêté à une amie. Je le place dans la chambre à coucher. Bruno l'examine ; à deux ans, il est fasciné par le panier qui berce.

BRUNO : Maman, veux aller dans berceau.

MAMAN : Mon cœur, tu es beaucoup trop grand pour ce berceau.

BRUNO : Oui. Veux dans berceau. *(Se met à grimper.)*

MAMAN : *(le retenant)* Bruno, maman t'a dit que tu es trop grand. Le berceau pourrait se casser si tu montes dedans.

BRUNO : *Si plaît,* maman ! Veux monter dans berceau, tout suite ! *(Se met à gémir.)*

MAMAN : J'ai dit *non* ! ! ! *(Mauvaise décision de ma part. Je m'en rends compte aussitôt, car les gémissements se transforment en petite crise. Je décide d'essayer la résolution de problème.)*

MAMAN : Mon chou, je vois que tu aimerais beaucoup monter dans le berceau maintenant. Tu aurais beaucoup de plaisir à te bercer dedans. J'aimerais m'y bercer moi aussi. L'ennui, c'est qu'il ne pourrait pas supporter mon poids, et le tien non plus. Nous sommes trop grands.

BRUNO : Maman trop grande, comme Bruno. *(Il quitte la pièce et revient avec Boubou, son ourson en peluche, et le place dans le berceau. Il se met à bercer le panier.)*

BRUNO : Regarde, maman. Bruno berce Boubou. O.K. ?

MAMAN : *(Ouf !)* Boubou est juste de la bonne taille.

Après avoir connu bien des frustrations en essayant d'enseigner la propreté à mon fils de trois ans, j'ai décidé d'appliquer la technique de résolution de problème. Nous nous sommes assis ensemble à table et j'ai dit : « David, je crois que ça doit être difficile pour un petit garçon d'apprendre à utiliser les toilettes. Je suppose que tu es parfois tellement occupé à jouer que tu ne t'aperçois même pas que tu as envie. »

Il m'a regardé avec de grands yeux, mais n'a rien dit. J'ai enchaîné : « Je parie que parfois, même si tu t'en aperçois, c'est difficile de se rendre aux toilettes à temps et de grimper sur le siège. »

« Oui ! » a-t-il dit en hochant la tête.

Je lui ai ensuite demandé de m'apporter du papier et un crayon pour écrire toutes les idées auxquelles nous pourrions penser en vue de lui venir en aide. Il a couru à sa chambre et m'a rapporté une feuille jaune et un crayon rouge.

J'ai commencé la liste par deux de mes idées.

- Acheter un marchepied, comme celui que Jacques a dans sa salle de bain.
- Maman demandera à David s'il a envie.

C'est alors que David a voulu se faire entendre : « Barbara et Pierre vont m'aider. » (Pierre est déjà propre et c'est son ami ; Barbara est la mère de Pierre.)

Puis il a jouté : « Pierre porte des culottes de grand garçon. »
J'ai écrit : acheter des culottes de grand garçon pour David.

Le lendemain, j'ai couru lui acheter un marchepied et un lot de culottes spéciales pour l'apprentissage de la propreté. David était enchanté. Il a montré le tout à Pierre et à Barbara, qui l'ont rassuré.

Nous avons aussi parlé de la façon de reconnaître le moment où il a envie (la pression dans son ventre), puis de la nécessité de se rendre à la salle de bain et de baisser sa culotte à temps.

Il savait que j'étais sympathique aux difficultés que cela impliquait. Quoi qu'il en soit, voilà environ trois mois et il est presque complètement propre. Et si fier de lui-même !

J'étais impatiente d'arriver à cette rencontre : j'avais quelque chose d'excitant à raconter au groupe. Je m'étais libérée ! Et Rachel, ma fille de trois ans et demi, en avait fait autant. Le tout a commencé jeudi matin, par une sonnerie de téléphone.

– « Sophie, pourrais-tu garder ma petite Danielle cet après-midi ?
– Certainement, ai-je répondu. »

C'est en raccrochant que je me suis souvenu : j'avais des courses à faire et j'aurais maintenant deux enfants à *traîner* avec moi ! Or, Rachel était inscrite à un groupe préscolaire qui fait des sorties de 45 minutes chaque matin. Toutefois, elle n'accepte d'y participer que si je m'assieds sur un banc où elle peut me voir. Les autres mères déposent leur enfant et s'en vont. Moi, je reste !

J'ai alors dit à Rachel : « Je dois aller faire des courses aujourd'hui, pendant ta sortie. Comme Danielle sera avec nous tout l'après-midi, c'est seulement ce matin que je pourrai faire mes courses. »

Pleurs de Rachel. Et une occasion en or d'utiliser mes nouvelles habiletés de résolution de problème ! J'ai dit : « On a un problème. Comment peut-on le résoudre ? Écrivons tout ça. »

Les yeux de Rachel brillaient pendant que j'écrivais.

Le problème : Maman doit acheter du lait. Elle n'a pas le temps d'y aller *après* la sortie. Elle doit donc y aller *pendant* la sortie.

Suggestions pour régler le problème :

1. MOI : Y aller pendant la sortie et revenir vite.
2. RACHEL : Ne pas acheter de lait.
3. RACHEL : Y aller après la sortie.
4. MOI : Pendant que maman fait ses courses, Rachel peut chanter, dessiner et jouer.
5. MOI : Rachel fait sa sortie pendant que maman fait ses courses.
6. RACHEL : Maman achète seulement une chose et revient très vite.
7. RACHEL : Demain, on achètera du chocolat ensemble.
8. RACHEL : Si Rachel veut pleurer, elle pleurera.

Nous avons lu la liste. Puis j'ai expliqué que si je n'allais pas acheter de lait, papa et Rachel seraient déçus. Nous avons donc éliminé cet élément de notre liste. J'ai ensuite expliqué que je n'aurais pas le temps d'y aller après la sortie ; nous avons donc rayé cela aussi. Rachel semblait satisfaite.

Nous avons marché jusqu'à la maternelle. Rachel m'a embrassée et m'a dit au revoir. Elle m'a rappelé d'aller à un seul magasin, puis s'est assise dans le cercle avec les autres enfants. Je me suis précipitée au magasin et j'ai eu amplement le temps, au retour, d'observer Rachel joyeusement absorbée dans un jeu avec ses amies. À la fin de la classe, Rachel m'a accueillie en disant : « T'es allée ? »

« Certainement. Tu dois être fière de toi, d'être restée là toute seule. »

Rachel a acquiescé.

Mercredi matin.

RACHEL : *(l'air tendu)* Il y a de la maternelle, aujourd'hui ?
MOI : *(m'attendant à ce qu'elle ajoute : « Vas-tu rester ? »)* Oui.

RACHEL :   Oh ! maman ! Eh bien, si je veux pleurer, je pleurerai. Et si je ne veux pas pleurer, je ne pleurerai pas !
MOI :   Écrivons ça.

C'est ce que j'ai fait. Elle a dit qu'elle s'assiérait près d'une amie. Puis elle a ajouté : « Maman, quand tu vas revenir, reviens vite ! Tellement vite que tu vas tomber par terre. Cours ! »
    Je l'ai conduite à la maternelle. Elle m'a serrée fort, m'a donné un baiser, puis m'a rappelé de courir vite, vite. J'étais de retour 45 minutes plus tard.

MOI :   Tu es restée toute seule !
RACHEL : Ouais ! Je suis fière de moi !

Vendredi matin.

RACHEL : Maman, y a de la maternelle aujourd'hui ?
MOI :   Oui.
RACHEL   Écris que je vais m'asseoir près d'une amie.

    Problème résolu. Rachel va à la maternelle. Maman fait ses courses ! En regardant cela en rétrospective, je me rends compte qu'il m'a fallu beaucoup d'efforts pour me discipliner, afin de prendre le temps requis pour me mettre au travail avec Rachel en vue de solutionner le problème. Je suis contente de l'avoir fait. Rachel aussi !

Mon fils Michel a cinq ans et demi et il fréquente la maternelle. Il lit déjà des livres destinés à des enfants de huit à onze ans. Il a un vocabulaire très étendu et il a décidé de devenir médecin. Il aime qu'on lui lise des livres qui traitent des différentes parties du corps.

Il vient souvent dans mon lit au cours de la nuit. J'ai tout essayé pour l'en dissuader sans qu'il se sente rejeté. Je me suis même couché à 2 h 30 du matin, mais aussitôt que je me suis endormi, il est arrivé avec son oreiller, ses pantoufles et sa robe de chambre et s'est faufilé dans mon très grand lit. Au matin, je l'ai trouvé roulé en boule près de moi. Il a même suggéré que je couche dans son lit et lui dans le mien !
  Au retour d'une rencontre, j'ai décidé d'essayer de m'y prendre autrement. J'ai demandé à Michel ce qu'on pourrait faire pour qu'il cesse de venir dans mon lit la nuit. Il a répondu : « Laisse-moi y penser » et s'est retiré dans sa chambre. Dis minutes plus tard, il était de retour avec un bloc-notes et un stylo. « Papa, prends des notes, a-t-il dit. » Puis il m'a dicté ce qui suit.

Cher Michel,
S'il te plaît, ne viens pas ce soir.
Affectueusement,
Papa

Il a ensuite quitté la pièce et est revenu avec une règle et du ruban gommé. Il a mesuré 10 cm (sur la face extérieure de ma porte de chambre), il a pris la note et l'a fixée sur la porte.
  Puis il a dit : « Si tu souhaites que je n'entre pas, laisse la note comme ça. Si ça te convient que j'entre (il y avait une bande collante au bas de la feuille), replie le bas du papier vers le haut de la note. Ça voudra dire que je peux venir. »
  À 6 h 2 du matin, Michel arrive dans mon lit. (Je me lève vers 6 h les jours ouvrables.) Il me dit : « Tu sais, papa, je me suis levé quand il faisait noir et je me suis rendu à ta chambre, mais la note était baissée. Je ne pouvais rien voir, mais dans ma tête je pouvais la lire. Je suis donc retourné à mon lit. Tu vois, papa, tout ce que tu as à faire, c'est de me le demander et je vais t'aider à résoudre tes problèmes. »
  Ce régime est en vigueur depuis deux semaines et les résultats sont excellents. C'est la meilleure façon de procéder.

Le dilemme du coucher de Jennifer

Jeudi soir, encore toute stimulée par la dernière rencontre, j'ai lancé la question à Jennifer (5 ans).

MÈRE : As-tu le temps de parler ?
JENNIFER : Oui.
MÈRE : J'aimerais parler de notre problème du *milieu de la nuit*.
JENNIFER : Oh ! d'accord.
MÈRE : Veux-tu me dire comment tu te sens par rapport à cette situation qui nous rend si malheureuses toutes les deux ?
JENNIFER : Il se passe quelque chose en moi, maman. *(Visage en grimace, poings serrés.)* Impossible de rester dans ma chambre. Je veux absolument aller dans la tienne.
MÈRE : Oh ! je vois…
JENNIFER : Je sais que tu détestes ça, pas vrai ?
MÈRE : Eh bien, je vais te dire comment je me sens. Après une longue journée, j'ai hâte de me coucher, de me blottir sous de chaudes couvertures et de m'endormir bien vite. Quand je me fais réveiller, je ne suis tout simplement pas une maman aimable.
JENNIFER : Je sais.
MÈRE : Essayons de voir si nous pouvons trouver une solution qui pourrait nous rendre heureuses toutes les deux, ça va ? *(Sort un bloc-notes et un stylo.)*
JENNIFER : Tu vas l'écrire ? Ça va être une liste ? *(Vivement impressionnée.)*
MÈRE : Oui. Peux-tu commencer ?
JENNIFER : J'aimerais venir dans le lit de maman et de papa.
MÈRE : D'accord *(écrit)*. Autre chose ?
JENNIFER : Ou je pourrais simplement vous réveiller.
MÈRE : Hum ! *(écrit)*.

JENNIFER : Je pourrais lire près de la veilleuse si je me sens sur le point de craquer.
MÈRE : Je suppose que tu pourrais faire ça.
JENNIFER : Mais si j'avais une lampe de lecture… Je pourrais avoir une lampe ?
MÈRE : *(écrit)* Qu'est-ce que tu ferais d'une lampe ?
JENNIFER : *(devient excitée)* Je pourrais lire un livre, jouer avec mes abaisse-langue (le père est médecin), écrire mes lettres…
MÈRE : Je vois une fille devenir excitée.
JENNIFER : D'accord. Autre chose pour le numéro 4 (sur la liste) ?
MÈRE : As-tu d'autres idées ?
JENNIFER : *(rapidement)* Je pourrais demander à boire.
MÈRE : Hum ! *(écrit)*.
JENNIFER : Et le numéro 5 pourrait être d'entrer sans bruit dans votre chambre pour voir si tout va bien.
MÈRE : On a toute une liste ! Relisons-la.

Jennie a vite fait une croix sur la première et la deuxième solutions. Elle a parlé d'acheter une lampe, un bloc-notes et des stylos le lendemain. Nous avons trouvé une affreuse lampe orange (son choix) agencée (?) à sa chambre rouge et blanche. Cette nuit-là s'est déroulée merveilleusement. Au matin, j'ai reçu une boîte à chaussures (son idée) pleine de dessins. Voilà maintenant une semaine complète qu'elle me laisse dormir. Je touche du bois…

Des parents nous disent qu'une fois habitués à la résolution de problème, leurs enfants peuvent plus facilement régler leurs différends avec leurs frères et sœurs. Cela constitue pour ces parents une prime intéressante. Au lieu d'avoir à intervenir, à prendre parti, à jouer au juge ou à trouver une solution, ils formulent le problème autrement et le replacent exactement là où doit l'être : entre les mains des enfants. La phrase qui semble pousser davantage les enfants à prendre la responsabilité de résoudre leurs propres conflits est la suivante : « *Les enfants, il s'agit d'un problème compliqué. Mais j'ai confiance que vous pouvez réfléchir ensemble et trouver une solution avec laquelle vous êtes tous les deux d'accord.* » En voici un premier exemple, qui nous vient d'un père.

Bernard (4 ans) et Thérèse (deux ans et demi) étaient dehors. Bernard avait le tricycle de Thérèse, mais celle-ci voulait l'avoir. Thérèse était sur le point de devenir hystérique et Bernard refusait de descendre.

Normalement, je n'aurais pas hésité à dire : « Bernard, descends. Ce tricycle appartient à ta sœur. Tu as ton propre vélo ! » Mais au lieu de prendre parti pour Thérèse, j'ai plutôt dit : « Je vois que vous avez un problème. Thérèse, tu veux utiliser ton tricycle. Et toi, Bernard, tu veux avoir le tricycle de Thérèse, mais elle ne veut pas. » J'ai ensuite ajouté : « Je crois que vous devriez essayer de trouver pour ce problème une solution qui ferait votre affaire à tous les deux. »

Thérèse continuait de pleurer. Bernard a réfléchi un instant, puis il a dit : « Je pense que Thérèse devrait se tenir debout derrière moi sur le tricycle et s'agripper à moi pendant que je conduis. »

J'ai répondu : « C'est avec Thérèse qu'il faut discuter de cette solution, pas avec moi. » Bernard a alors demandé à sa sœur et celle-ci a accepté ! Ils se sont ensuite promenés ensemble jusqu'au coucher du soleil.

Ce qui ne cesse jamais de nous surprendre, c'est le genre de solutions auxquelles les enfants aboutissent. D'habitude, elles sont complètement originales et beaucoup plus satisfaisantes que toutes les solutions proposées par les parents.

À mon retour de la dernière rencontre portant sur la résolution de problème, mes deux enfants étaient au beau milieu d'une dispute à propos d'un manteau rouge que chacun voulait porter. D'habitude, c'était ma fille de 6 ans qui le portait, mais ces jours-ci, c'est plutôt mon fils de 3 ans qui l'utilise. Ils se préparaient à sortir et se bousculaient en criant pour savoir qui pourrait mettre le manteau.

J'ai réussi à obtenir leur attention, puis j'ai dit : « Je vois deux enfants qui veulent porter le même manteau rouge. J'en vois une qui était la propriétaire du manteau et qui veut l'avoir de nouveau. J'en vois un autre qui veut porter le manteau rouge parce que c'est à lui qu'il appartient maintenant. Je crois que vous pouvez trouver une solution à ce problème. Je serai à la cuisine quand vous aurez décidé. »

J'ai rejoint mon mari à la cuisine. À notre grande surprise, nous les avons entendus se mettre à discuter. Cinq minutes plus tard, ils arrivent. « On a trouvé une solution ! Joshua va porter le manteau pour se rendre au restaurant. Après le restaurant, je porterai le manteau rouge pour aller à la foire pendant que Joshua mettra mon nouveau manteau jaune ! »

Le dernier récit parle d'un jeune garçon aux prises avec l'intensité de ses propres émotions.

Simon (8 ans) éprouve de la difficulté à exprimer ses sentiments de colère. Ce soir-là, quelque chose l'a incommodé et il a quitté la table en furie, les poings serrés, sans savoir comment se débarrasser de toute sa colère de façon acceptable.

En route vers sa chambre, il a renversé par accident un de mes vases préférés. Quand j'ai aperçu les miettes sur le sol, je suis devenue furieuse et je me suis malheureusement mise à crier comme une folle. Il s'est précipité dans sa chambre en claquant la porte.

Mon mari a réussi tant bien que mal à recoller le vase. Le temps a permis à ma colère de se dissiper, puis je suis allée frapper à la porte de mon fils. «Quoi ?» a-t-il répondu. Je lui alors demandé si le moment était bien choisi pour se parler et si je pouvais entrer.

En me regardant avec gratitude, il a répondu «Oui.» C'était comme si ma seule présence lui donnait l'assurance que je l'aimais encore et que je le considérais comme un être humain et non comme un gamin maladroit et déchaîné.

J'ai commencé par lui demander comment il se sentait quand il devenait fâché à ce point. Il a répondu qu'il avait envie de frapper quelqu'un ou de casser quelque chose, de tempêter et de frapper sur des objets aussi fort qu'il le pouvait. J'ai répliqué que, lorsqu'il montre sa colère de cette manière, j'ai le goût d'aller dans sa chambre pour prendre son jouet préféré et le réduire en miettes. Nous nous sommes alors regardés et nous avons tous les deux fait un genre de *Hum* !

Papier et crayon en main, je lui ai demandé si nous pouvions trouver une façon de laisser aller ou d'exprimer sa colère sous une forme tolérable pour chacun de nous. Voici ses suggestions.

- Papa pourrait suspendre un sac de sable.
- Placer une cible sur le mur pour y lancer ma balle.
- Monter le volume de ma chaîne stéréo au maximum.
- Me procurer une barre fixe pour faire des tractions.
- M'écraser un oreiller sur la tête.
- Claquer les portes.
- Sauter fort sur le plancher.
- Sauter sur le lit.
- Allumer la lumière et l'éteindre.
- Faire dix fois le tour de la maison à la course.
- Déchirer du papier.
- Me pincer.

Je n'ai pas dit un seul mot. J'écrivais tout. Il avait dit toutes ces choses en sachant bien qu'il n'aurait pas la permission de les faire toutes. Il a ricané doucement, comme pour souligner que c'était ce qu'il aimerait faire *en réalité*.

Pendant que nous révisions la liste, j'ai éliminé des choses en lui expliquant pourquoi elles ne faisaient pas mon affaire. Nous avons conservé les possibilités suivantes.

- Papa devra dire quand au juste il tentera de réparer et de fixer le sac de sable.
- Une barre fixe sera placée dans l'embrasure de sa porte de chambre.
- Il pourra courir autour de la maison, seulement pendant qu'il fait jour.

Quand nous sommes arrivés à la suggestion de déchirer du papier, j'ai dit : « J'y vois une difficulté. »
Il a dit : « Oh ! je sais. Je ramasserai après ! »
À ce stade de notre échange, nous étions assis très près l'un de l'autre et nous parlions calmement. Je lui ai dit pour conclure : « Je voudrais ajouter une seule chose, qui est toujours à ta disposition quand tu te sens rempli de colère. »
« Je peux t'en parler » s'est-il empressé d'ajouter.
Au coucher, ce soir-là, nous nous sentions vraiment bien tous les deux.

4 | Encourager l'autonomie

PREMIÈRE PARTIE

LA PLUPART DES LIVRES PORTANT SUR L'ÉDUCATION des enfants nous disent que l'un de nos objectifs principaux en tant que parents consiste à aider nos enfants à se séparer de nous, à les aider à devenir des personnes autonomes, capables un jour de se débrouiller sans nous. On nous encourage à ne pas considérer nos enfants comme des doubles de nous-mêmes en miniature, ni comme des prolongements de nous-mêmes, mais plutôt comme des êtres humains uniques, possédant leur propre tempérament, leurs propres goûts, leurs propres sentiments, leurs propres désirs, leurs propres rêves.

Comment s'y prendre pour les aider à devenir des personnes distinctes, indépendantes ? En leur fournissant des occasions de faire des choses par eux-mêmes ; en les laissant se débrouiller avec leurs propres problèmes ; en les laissant apprendre à partir de leurs propres erreurs.

Plus facile à dire qu'à faire ! Je me souviens encore d'avoir vu mon premier enfant se battre avec ses lacets de chaussures, de l'avoir regardé faire patiemment pendant 10 secondes, puis de m'être penchée pour les attacher à sa place ! Et il suffisait que ma fille mentionne une dispute avec une amie pour que je me précipite avec un conseil instantané.

Comment pouvais-je laisser mes enfants faire des erreurs, souffrir d'un échec, alors que tout ce qu'ils avaient à faire était de suivre mes conseils dès le départ ?

Vous vous dites peut-être : « Qu'y a-t-il de si terrible à rendre service à un enfant en attachant ses chaussures ? À lui dire comment régler une dispute avec une amie ? À veiller à ce qu'il ne commette pas d'erreur ? Après tout, les enfants sont plus jeunes et moins expérimentés que nous. Ils dépendent réellement des adultes qui les entourent. »

Voici le problème : quand une personne dépend sans arrêt d'une autre, elle éprouve certains sentiments. Pour mettre ces sentiments en évidence, veuillez lire les phrases suivantes et écrire vos réactions.

1. Vous avez 4 ans. Au cours d'une journée, vous entendez vos parents vous dire :

- Mange tes haricots. Les légumes sont bons pour toi.
- Je vais fermer cette fermeture éclair pour toi.
- Tu es fatiguée. Va te coucher et repose-toi.
- Je ne veux pas que tu joues avec ce garçon. Il parle mal.
- Es-tu certain que tu n'as pas besoin d'aller aux toilettes ?

Votre réaction :
_____
_____
_____
_____
_____
_____

2. Vous avez 9 ans. Au cours d'une journée, vos parents vous disent :

- Ne prends pas la peine d'essayer ce manteau. Le vert ne te va pas.
- Donne-moi ce pot. Je vais dévisser le couvercle pour toi.
- J'ai sorti des vêtements pour toi.

- Veux-tu de l'aide pour tes leçons ?

Votre réaction :

_____
_____
_____
_____
_____
_____

3. Vous avez 17 ans. Un de vos parents vous dit :

- Tu n'as pas besoin d'apprendre à conduire. J'ai beaucoup trop peur des accidents. Il me ferait plaisir de t'amener en voiture partout où tu voudras te rendre. Tu n'as qu'à me le demander.

Votre réaction :

_____
_____
_____
_____
_____
_____

4. Vous êtes adulte. Votre employeur vous dit :

- Je vais vous dire quelque chose pour votre bien. Cessez d'avancer des idées sur les changements à faire pour que tout aille mieux dans la boîte. Contentez-vous d'exécuter votre travail. Je ne vous paie pas pour que vous ayez des idées. Je vous paie pour que vous travailliez.

Votre réaction :

_____
_____
_____
_____
_____

5. Vous êtes citoyen d'un nouveau pays. Lors d'une rencontre publique, vous entendez un dignitaire représentant une nation riche et puissante déclarer ce qui suit :

– Puisque votre pays est encore très jeune et jusqu'ici sous-développé, nous ne sommes pas indifférents à vos besoins. Nous prévoyons vous envoyer des experts et du matériel pour vous montrer comment gérer vos fermes, vos écoles, vos entreprises et votre gouvernement. Nous vous enverrons aussi des experts en planification familiale pour vous aider à réduire le taux de natalité de votre pays.

Votre réaction :

_____
_____
_____
_____
_____

On ne risque guère de se tromper en disant que vous n'aimeriez pas vos enfants éprouver à votre égard la plupart des sentiments que vous venez tout juste de mettre par écrit. Pourtant, quand on est placé dans une position de dépendance, même si on ressent un peu de gratitude, on ressent également, à doses massives : de l'impuissance ; une baisse d'estime de soi ; du ressentiment ; de la frustration et de la colère.

En tant que parents, cette triste vérité peut nous placer devant un dilemme. D'une part, les enfants dépendent clairement de nous. À cause de leur jeunesse et de leur manque d'expérience, nous avons tellement de choses à faire pour eux, à leur dire, à leur montrer. D'un autre côté, le fait même de dépendre de nous peut entraîner chez eux de l'hostilité.

Y a-t-il des façons de minimiser les sentiments de dépendance de nos enfants ? Existe-t-il des façons de les aider à devenir des êtres humains responsables, qui peuvent se débrouiller seuls ? Heureusement, les occasions d'encourager l'autonomie de nos enfants se présentent d'elles-mêmes chaque jour. Voici quelques habiletés spécifiques qui peuvent aider les enfants à compter sur eux-mêmes plutôt que sur nous.

Pour encourager l'autonomie

1. Présentez des choix à l'enfant.
2. Montrez-lui que vous respectez ses efforts.
3. Ne lui posez pas trop de questions.
4. Ne vous pressez pas de répondre à ses questions.
5. Encouragez-le à utiliser des ressources extérieures au foyer.
6. Ne supprimez pas l'espoir.

Offrez des choix aux enfants

Tu préfères mettre ton pantalon gris ou ton pantalon rouge ?

Tu prendrais la moitié d'un verre de jus ou un plein verre ?

Nous partons dans 5 minutes. Tu retournes sur la glissade ou tu vas sur la balançoire ?

Qu'est-ce qui te convient le mieux ? Faire tes exercices avant le repas ou seulement après ?

Tous ces choix donnent à l'enfant une occasion valable de pratiquer la prise de décision. Il peut être très difficile, pour un adulte, de prendre des décisions sur sa carrière, son style de vie, son choix de partenaire, s'il n'a pas appris de longue date à exercer son propre jugement.

Montrez à l'enfant
que vous respectez ses efforts

Au lieu de…   *Faites preuve de respect*

Quand on respecte les efforts d'un enfant, il trouve le courage de mener lui-même à terme un travail difficile.

Ne posez pas trop de questions

On peut percevoir une abondance de questions comme une invasion de sa vie personnelle. Les enfants parleront de ce dont ils veulent parler, quand ils voudront le faire.

Ne vous pressez pas de répondre aux questions

Quand les enfants posent des questions, ils méritent la chance d'être les premiers à explorer les réponses, par eux-mêmes.

Encouragez l'enfant à utiliser des ressources à l'extérieur du foyer

Nous voulons que nos enfants sachent qu'ils ne sont pas totalement dépendants de nous. Le monde extérieur (l'animalerie, le dentiste, l'école, un enfant plus âgé) peuvent tous contribuer à la solution de leurs problèmes.

Ne supprimez pas l'espoir

Au lieu de préparer les enfants à une déception…   *Laissez-les explorer et expérimenter*

En essayant de protéger les enfants contre les déceptions, on les protège contre l'espoir, l'effort, le rêve et, parfois, contre l'atteinte de leurs rêves.

Même si, parmi les habiletés dont vous venez tout juste de faire la lecture, plusieurs paraissent à première vue relever du simple bon sens, aucune d'entre elles n'est simple en réalité. Il faut de la détermination et de l'exercice pour parler aux enfants de façon à cultiver leur indépendance.

Dans l'exercice qui suit, vous trouverez six phrases couramment utilisées par les parents. Essayez de les transformer en phrases qui encouragent l'autonomie de l'enfant.

Au départ, l'un des parents dit :	Phrase révisée, qui encourage l'autonomie :
1. Prends ton bain tout de suite.	*Offrez un choix*
2. Pourquoi as-tu autant de difficulté à mettre tes bottes ? Tiens, lève la jambe. Je vais le faire pour toi.	*Montrez que vous respectez ses efforts*
3. As-tu eu du plaisir aujourd'hui au camp ? As-tu nagé ? Les enfants sont-ils gentils ? De quoi l'animateur a-t-il l'air ?	*Pas trop de questions*

4. ENFANT : Pourquoi papa doit-il aller travailler tous les jours ?
MÈRE : Pour qu'on puisse avoir cette belle maison, de la bonne nourriture, de beaux vêtements, etc.

Ne vous pressez pas de répondre aux questions

5. ADOLESCENTE : Je suis trop grosse. Je veux que tu me mettes au régime. Quoi manger ?
MERE : Ça fait des années que je te dis de cesser de manger autant de gâteaux et de bonbons et de te mettre à manger des fruits et des légumes.

Encouragez-la à rechercher des ressources à l'extérieur du foyer

6. ENFANT : Papa, quand je serai grand, je vais être professeur.
PERE : N'y pense pas. Les universités sont pleines d'étudiants en éducation qui ne trouvent pas d'emploi à la fin de leurs études.

Ne supprimez pas l'espoir

Vous auriez raison de croire que les habiletés dont vous venez de faire l'essai ne sont pas les seules à encourager l'autonomie d'un enfant. En fait, toutes les habiletés que vous avez étudiées jusqu'à maintenant dans ce livre aident les enfants à se voir comme des personnes responsables et compétentes. Chaque fois que nous écoutons les sentiments d'un enfant, que nous lui faisons part de nos propres sentiments, que nous l'invitons à résoudre des problèmes avec nous, nous encourageons son autonomie.

Quant à moi, je trouvais trop révolutionnaire l'idée d'encourager les enfants à assumer la responsabilité des menus détails de leur propre vie. Je peux encore entendre ma grand-mère déclarer admirativement, en parlant de la voisine : « C'est la plus merveilleuse des mères. Elle ferait tout pour son enfant ! » J'ai grandi avec la croyance que les bonnes mères *font des choses* pour leurs enfants. Mais j'allais encore plus loin. Non seulement je *faisais* des choses pour eux, mais je *pensais* aussi pour eux. Le résultat ? Chaque jour, pour des riens, nous en venions à nous opposer les uns aux autres, ce qui entraînait à la fin des sentiments pénibles pour tout le monde.

Quand j'ai finalement appris à remettre aux enfants les responsabilités qui leur appartiennent de plein droit, les dispositions de tout le monde ont changé. Voici ce qui m'a rendu service. Chaque fois que je me mettais à m'agiter ou à sentir la tentation de m'en mêler, je me demandais : « J'ai le choix, dans ce cas-ci ? Je dois me charger de cette affaire ? C'est possible d'en charger plutôt les enfants ? »

Dans le prochain exercice vous allez voir une série de situations qui entraînent souvent de l'agitation chez les parents ou qui les poussent à intervenir. En lisant chaque situation, demandez-vous :

1. Que puis-je dire ou faire pour maintenir la dépendance de l'enfant à mon endroit ?
2. Que puis-je dire ou faire pour encourager l'autonomie de l'enfant ?

QUELQUES HABILETÉS QUI POURRAIENT VOUS ÊTRE UTILES

Nouvelles habiletés	*Habiletés déjà connues*
Offrez un choix.	Accueillez les sentiments des enfants.
Montrez que vous respectez les efforts de l'enfant.	Décrivez ce que vous ressentez.
Ne posez pas trop de questions.	Donnez des renseignements.
Ne vous pressez pas de répondre.	Recourez à la résolution de problème.
Encouragez-le à utiliser des ressources hors du foyer.	
Ne supprimez pas l'espoir.	

ENFANT : Je suis arrivé en retard à l'école ce matin. Tu devras me réveiller plus tôt demain matin.

PÈRE (gardant l'enfant *dépendant*) :

_____

_____

PÈRE (encourageant *l'autonomie*) :

_____

_____

ENFANT : Je n'aime pas les confitures et je suis fatigué des céréales. Je ne mangerai plus le matin.

MÈRE (gardant l'enfant *dépendant*) :
_____
_____
_____

MÈRE (encourageant *l'autonomie*) :
_____
_____
_____

ENFANT :   Il fait froid dehors ? Je dois mettre un chandail ?

PÈRE (gardant l'enfant *dépendant*) :
_____
_____
_____

MÈRE (encourageant *l'autonomie*) :
_____
_____
_____

ENFANT :   Zut ! Je n'arrive jamais à boutonner ce bouton.

PÈRE (gardant l'enfant *dépendant*) :
_____
_____
_____

PÈRE (encourageant *l'autonomie*) :
_____
_____
_____

ENFANT : Tu sais quoi ? Je vais commencer à mettre de côté mon argent de poche pour m'acheter un cheval.

MÈRE (gardant l'enfant *dépendant*) :

_____

_____

_____

MÈRE (encourageant *l'autonomie*) :

_____

_____

_____

ENFANT : Élisabeth veut que j'aille à sa fête, mais je n'aime pas la plupart des enfants qui y seront. Je devrais faire quoi ?

PÈRE (gardant l'enfant *dépendant*) :

_____

_____

_____

PÈRE (encourageant *l'autonomie*) :

_____

_____

_____

J'ai l'impression que certaines des phrases que vous avez écrites vous sont venues facilement, alors que d'autres ont exigé beaucoup de réflexion. Trouver les mots qui éveillent le sens des responsabilités chez un enfant peut représenter tout un défi.

En fait, toute cette question d'encouragement de l'autonomie peut devenir bien compliquée. Autant nous comprenons l'importance de l'autonomie chez nos enfants, autant nous avons, à l'intérieur de nous, des forces qui poussent dans le sens contraire. En premier lieu, c'est une question de pure commodité. De nos jours, la plupart d'entre nous sommes fort occupés et pressés par le temps. D'habitude, nous réveillons nous-mêmes nos enfants, nous boutonnons leurs boutons, nous leur disons quoi manger et quoi porter parce que cela semble tellement plus facile et plus rapide de le faire à leur place.

Et puis, nous nous sentons très étroitement liés à nos enfants. Nous devons lutter contre notre tendance à considérer leurs échecs comme étant les nôtres. C'est difficile de laisser ceux qui nous sont si chers et si proches se débattre et commettre des erreurs quand nous sommes certains que quelques paroles de sagesse pourraient les mettre à l'abri de la douleur et de la déception.

Il nous faut aussi beaucoup de retenue et de discipline pour ne pas intervenir en donnant un conseil, surtout quand nous sommes certains de détenir la réponse. Encore aujourd'hui, chaque fois qu'un de mes enfants me demande: «Maman, je devrais faire quoi, d'après toi?» je dois me mordre la langue pour éviter de lui dire aussitôt ce que je crois qu'il devrait faire.

Mais une chose encore plus importante vient contrecarrer notre désir rationnel d'aider nos enfants à se séparer de nous. Je me souviens clairement de ma satisfaction profonde quand je sentais que trois petits êtres humains avaient un si grand besoin de moi. C'est donc avec des sentiments contradictoires que j'ai fait cette découverte: un réveil mécanique peut réveiller mes enfants plus efficacement que tous mes rappels maternels! C'est aussi avec des sentiments contradictoires que j'ai abandonné ma tâche de *lectrice d'histoires* à l'heure du coucher, une fois que mes enfants ont finalement appris à lire par eux-mêmes.

Ce sont mes propres émotions conflictuelles devant leur indépendance grandissante qui m'ont aidée à comprendre une histoire racontée par une éducatrice préscolaire. Cette éducatrice décrivait ses efforts en vue de convaincre une jeune mère qu'en réalité son fils irait tout à fait bien même si elle ne s'asseyait pas dans la salle de classe avec lui. Cinq minutes après le départ

de la mère, le petit Jonathan a éprouvé le besoin d'aller aux toilettes. Quand l'éducatrice l'a pressé d'y aller, il a marmonné tristement :
- « Je ne peux pas.
- Pourquoi ?
- Parce que maman n'est pas là. Elle applaudit quand j'ai fini.
- *(L'éducatrice a réfléchi un instant.)* Jonathan, tu peux aller aux toilettes. Ensuite, tu peux t'applaudir toi-même. »

Jonathan a écarquillé les yeux.

L'éducatrice l'a conduit aux toilettes et elle l'a attendu. Après quelques minutes, de l'autre côté de la porte, elle a entendu des applaudissements.

Plus tard dans la journée, la mère a téléphoné pour raconter à l'éducatrice que les premiers mots de Jonathan à son retour avaient été : « Maman tu n'as plus besoin d'applaudir pour moi. Je n'ai plus besoin de toi ! »

L'éducatrice a ajouté : « Me croirez-vous ? La mère m'a avoué que cela l'avait déprimée ! »

Je la croyais, en effet. Je savais que, malgré la fierté que nous éprouvons devant les progrès de nos enfants et malgré la joie que nous procure leur indépendance croissante, nous pouvons aussi ressentir de la douleur et un grand vide à ne plus nous sentir indispensables.

Nous, les parents, nous parcourons un chemin aigre-doux. Nous commençons par un engagement total envers un petit être humain sans ressources. Au fil des ans, nous nous inquiétons à son sujet, nous planifions, nous le réconfortons et nous essayons de le comprendre. Nous donnons notre amour, notre travail, notre savoir et notre expérience, pour qu'un jour l'enfant ait assez de force intérieure et d'assurance pour nous quitter.

DEVOIR

1. Mettez en pratique au moins deux habiletés qui pourraient encourager votre enfant à se sentir comme une personne distincte, compétente, confiante en elle-même.

2. Quelle a été la réaction de l'enfant ?
   _____
   _____
   _____
   _____
   _____

3. Y a-t-il une chose que vous faites pour l'enfant, mais qu'il pourrait se mettre à faire par lui-même ?
   _____
   _____
   _____
   _____
   _____

4. Comment pourriez-vous remettre cette responsabilité à l'enfant sans qu'il se sente dépassé ? (La plupart des enfants ne réagissent pas bien si on leur dit : « Tu es un grand garçon ou une grande fille maintenant. Tu es assez grand pour t'habiller tout seul, manger tout seul, faire ton lit », etc.)
   _____
   _____
   _____
   _____
   _____

Lisez la deuxième partie du chapitre portant sur les façons d'encourager l'autonomie.

Un bref rappel...

Pour encourager l'autonomie

1. OFFREZ DES CHOIX
- As-tu le goût de porter ton pantalon gris aujourd'hui ou ton pantalon rouge ?

2. MONTREZ À L'ENFANT QUE VOUS RESPECTEZ SES EFFORTS
- Ça peut être difficile d'ouvrir un pot. C'est parfois utile de taper le côté du couvercle avec une cuillère.

3. NE POSEZ PAS TROP DE QUESTIONS
- Bienvenue chez toi. Quel plaisir de te voir !

4. NE VOUS PRESSEZ PAS DE REPONDRE AUX QUESTIONS
- C'est une question intéressante. Qu'en penses-tu ?

5. ENCOURAGEZ L'ENFANT À UTILISER DES RESSOURCES À L'EXTÉRIEUR DU FOYER
- Le propriétaire de l'animalerie aurait peut-être une suggestion.

6. NE SUPPRIMEZ PAS L'ESPOIR
- Ainsi, tu songes à tenter ta chance dans la pièce de théâtre ! Ça devrait être toute une expérience !

DEUXIÈME PARTIE

QUESTIONS, COMMENTAIRES ET HISTOIRES DE PARENTS

COMMENTAIRES AU SUJET DE CHACUNE DES HABILETÉS

1 Offrir des choix.
Cela peut sembler sans importance de demander à un enfant s'il veut la moitié d'un verre de lait ou un plein verre, son pain plus ou moins grillé. Mais pour l'enfant, chaque petit choix représente une occasion de plus d'assumer la responsabilité de sa propre vie. Si on considère toutes les choses qu'un enfant doit accomplir, il n'est pas difficile de comprendre pourquoi il éprouve du ressentiment et qu'il refuse de collaborer.

- Tu dois prendre ton médicament.
- Cesse de tambouriner sur la table.
- Va te coucher maintenant.

Si on peut lui offrir un choix quant à la *manière* dont une chose doit être faite, ce simple choix suffit très souvent à réduire son ressentiment.

- C'est visible que tu détestes ce médicament. Ce serait plus facile de le prendre avec du jus de pomme ou avec une boisson gazeuse ?
- Le tambourinage me contrarie vraiment. Tu peux cesser de tambouriner et rester. Ou encore, tu peux aller tambouriner dans ta propre chambre. Tu as le choix.
- Nous voulons nous parler, ton père et moi, et c'est pour toi l'heure d'aller au lit. Aimerais-tu te coucher pour dormir

tout de suite ou bien jouer un peu dans ton lit et nous appeler quand tu seras prêt à te faire border ?

Certains parents ne se sentent pas à l'aise d'utiliser cette habileté. Ils prétendent qu'un choix forcé n'a rien à voir avec un vrai choix ; que c'est simplement une autre façon de mettre l'enfant en boîte. C'est une objection fort compréhensible. Une autre option serait d'inviter l'enfant à exprimer un choix qui vienne de lui et qui soit acceptable pour tout le monde. Voici ce qu'un père nous a raconté.

« Mon épouse et moi, nous nous préparions à traverser la rue avec Timothée (3 ans) et le bébé. Tim déteste qu'on lui prenne la main et il se débat pour se dégager, parfois en pleine rue. Avant de traverser, je lui ai dit : "Tim, tu as le choix. Tu peux prendre la main de maman ou bien tu peux prendre la mienne. À moins que tu trouves une autre idée qui assure ta sécurité." Tim a réfléchi quelques instants, puis il a décidé : "Je vais me tenir à la poussette." Son choix était tout à fait acceptable pour chacun de nous. »

2 **Montrer que l'on respecte les efforts de l'enfant.**
On croit généralement encourager l'enfant en lui disant : « C'est facile. » En réalité, on ne lui rend pas service. S'il réussit à exécuter une chose *facile*, il a l'impression de ne pas avoir accompli grand-chose. S'il rate son coup, il n'a même pas été capable de faire une chose simple.

Par contre, si on lui dit : « Ce n'est pas facile » ou encore « Ça peut être difficile », il s'adresse à lui-même un tout autre message. En cas de réussite, il peut éprouver la fierté d'avoir accompli une chose difficile. En cas d'échec, il peut au moins avoir la satisfaction de savoir que cette tâche était difficile.

Certains parents trouvent que cela sonne faux de dire : « Ça peut être difficile. » Mais s'ils regardent la tâche du point de vue d'un enfant sans expérience, ils se rendront compte qu'il est *effectivement* difficile de faire une chose nouvelle pour la toute première fois. (Évitez de dire : « Ça doit être difficile *pour toi*. » Il pourrait se dire : « Pourquoi pour *moi* ? Pourquoi pas pour les autres ? »)

D'autres parents trouvent insoutenable de n'offrir rien de plus que de l'empathie pendant qu'ils regardent l'enfant se débattre. Au lieu de prendre les choses en mains et de faire le travail à la place de l'enfant, nous vous suggérons de lui fournir des renseignements utiles.

- C'est parfois plus facile de pousser le bout de la fermeture éclair jusqu'au fond de sa petite case avant de commencer à la déplacer vers le haut.
- C'est parfois préférable de faire d'abord une petite boule avec la pâte à modeler avant d'essayer de fabriquer un objet.
- Parfois, c'est utile de donner plusieurs tours à la roulette d'un cadenas avant d'essayer la combinaison de nouveau.

Nous aimons l'expression *c'est parfois utile* car, si ce n'est pas vraiment utile, l'enfant n'a pas à sentir qu'il n'est pas à la hauteur.

Cela veut-il dire que nous ne devons jamais faire pour nos enfants ce qu'ils sont capables de faire par eux-mêmes ? Nous avons confiance que chacun des parents saura se rendre compte si l'enfant est fatigué, s'il a besoin de recevoir un peu d'attention ou même de se sentir un peu dorloté. À l'occasion, on peut ressentir un grand réconfort à se faire brosser les cheveux ou à faire remonter ses chaussettes, même si on est parfaitement capable de le faire soi-même. Aussi longtemps que nous demeurons conscients de notre orientation de base - aider nos enfants à se prendre en charge - nous pouvons aisément prendre plaisir à *faire des choses pour eux* à l'occasion.

3 Éviter de poser trop de questions.

- « D'où viens-tu ?
- J'étais dehors.
- Tu faisais quoi ?
- Rien. »

Ces réponses classiques ne tombent pas du ciel. Quand les enfants veulent écarter des questions auxquelles ils ne sont pas prêts à répondre, ils utilisent souvent des tactiques défensives telles que : « Je ne sais pas » ou encore « Laisse-moi tranquille. »

Une mère nous a confié qu'elle a l'impression de manquer à son devoir de mère si elle ne pose pas de questions à son fils. Elle a découvert avec étonnement qu'il s'ouvrait à elle dès qu'elle cessait de l'inonder de questions et qu'elle se mettait à l'écouter avec intérêt.

Cela veut-il dire que nous ne devons jamais poser de questions à un enfant ? Pas du tout. L'essentiel, c'est de demeurer sensibles à l'impact possible de nos questions.

Mise en garde

Voici une question parentale que les enfants semblent souvent ressentir comme une pression qu'on exerce sur eux : « Tu t'es bien amusé aujourd'hui ? » Quelle terrible exigence pour un enfant ! Non seulement doit-il se rendre à une fête, à une pièce de théâtre, à un concert, à un camp, au dancing, on s'attend en plus à ce qu'il *doive* avoir du plaisir ! S'il n'a pas éprouvé de plaisir, il doit faire face à la déception de ses parents en plus de la sienne. S'il ne s'est pas amusé, il sent qu'il les a laissés tomber.

4 Éviter de se presser pour répondre aux questions.

En grandissant, les enfants nous déroutent par la variété de leurs questions.

- C'est quoi, un arc-en-ciel ?
- Pourquoi le bébé ne peut pas retourner là d'où il vient ?
- Pourquoi les gens ne peuvent pas simplement faire ce qu'ils veulent ?
- Est-on obligé d'aller à l'université ?

Les parents se sentent souvent coincés par ces questions et ils se creusent la tête pour trouver sur-le-champ les réponses appropriées. La pression qu'ils s'imposent n'est pas nécessaire. D'habitude, quand un enfant pose une question, il a déjà entrepris une réflexion par rapport à la réponse. L'adulte peut agir comme un miroir qui l'aide à explorer ses idées plus à fond. Il sera toujours temps pour l'adulte de fournir plus tard la réponse *correcte*, si cela semble encore important.

En donnant des réponses immédiates à nos enfants, nous ne leur faisons pas de faveur. Nous faisons l'exercice mental à leur place. C'est beaucoup plus utile pour les enfants de leur renvoyer leurs questions afin qu'ils puissent les examiner plus à fond.

- Tu te demandes si…
- Qu'en penses-tu ?

On peut même répéter la question :
- Pourquoi les gens ne peuvent pas simplement faire ce qu'ils veulent ?

On peut valoriser la personne qui pose une question :
- Tu poses une question importante, une question que les philosophes se posent depuis des siècles.

Inutile de se presser. La recherche d'une réponse est aussi valable que la réponse elle-même.

5 **Encourager les enfants à utiliser des ressources à l'extérieur du foyer.**
Une façon de diminuer les sentiments de dépendance d'un enfant envers sa famille consiste à lui montrer qu'il existe dans son entourage un vaste éventail de ressources à sa disposition. Le monde n'est pas un endroit hostile. On peut y trouver de l'aide quand on en a besoin.

En plus d'apporter à l'enfant un bénéfice évident, une telle façon de faire permet aussi aux parents de ne pas constamment *faire figure d'autorité*. L'infirmière de l'école peut discuter de bonnes habitudes alimentaires avec l'enfant obèse ; le marchand de chaussures peut expliquer ce qu'entraîne pour les pieds l'usage continu des chaussures de tennis ; la bibliothécaire peut aider un adolescent à saisir le sens d'un document compliqué ; le dentiste peut expliquer ce qui arrive aux dents qu'on ne brosse pas. D'une certaine façon, toutes ces ressources extérieures pèsent plus lourd dans la balance que quantité de discours de maman ou de papa.

6 **Éviter de supprimer l'espoir.**
Une grande partie du plaisir de la vie provient des rêves, des projets, de la fantaisie, de l'anticipation. En essayant de préparer les enfants à une déception possible, on peut les priver d'expériences importantes.

Un père nous a raconté que sa fille de neuf ans avait acquis la passion des chevaux. Un jour, elle lui a demandé de lui acheter un cheval. Il a fallu beaucoup d'efforts au père pour éviter de lui dire qu'il n'en était pas question à cause du coût, de l'espace disponible et des arrêtés municipaux. Il a plutôt répondu : « Comme ça, tu souhaiterais avoir ton propre cheval. Tu veux m'en parler ? » Puis il l'a écoutée décrire en détail comment elle nourrirait son cheval, le brosserait, le promènerait chaque jour. Le simple fait de lui parler de son rêve a semblé lui suffire. Elle ne l'a plus jamais pressé d'acheter un cheval. Mais après cette conversation, elle a emprunté à la bibliothèque des livres sur les chevaux, elle a dessiné des esquisses de chevaux et commencé à mettre de côté une partie de son argent de poche pour acheter un jour un terrain pour son cheval. Quelques années plus tard, elle s'est mise à travailler dans une étable du voisinage, où elle échangeait ses services contre des promenades occasionnelles. À 14 ans, son intérêt pour les chevaux s'était évanoui. Un jour, elle a annoncé qu'elle s'achetait un vélo avec sa *cagnotte cheval*.

D'AUTRES FAÇONS D'ENCOURAGER L'AUTONOMIE

1 Reconnaissez-lui le droit à son propre corps.
Abstenez-vous d'écarter constamment les cheveux qui lui tombent sur les yeux, de lui redresser les épaules, d'épousseter ses vêtements, de rentrer son chemisier dans sa jupe, d'arranger son collet. Les enfants voient dans ce genre de petits soins une invasion de leur intimité physique.

2 Ne vous mêlez pas des menus détails de sa vie.
Peu d'enfants aiment s'entendre dire :

— Pourquoi écris-tu le nez collé sur ton cahier ?
— Assieds-toi droit quand tu fais tes devoirs.
— Écarte ta frange de tes yeux. Comment peux-tu voir ce que tu es en train de faire ?
— Attache les boutons sur tes manches de chemise. Autrement, elles ont l'air négligées.
— Ce vieux chandail ne te va plus. Mets-en un autre.
— Tu as dépensé ton argent de poche là-dessus ? Eh bien, je pense que c'est du gaspillage.

Beaucoup d'enfants réagissent à ce genre de remarques sur un ton irrité : « Maman ! ou Papa ! » Traduction : « Cesse de me casser les pieds. Fiche-moi la paix. C'est mon affaire. »

3 **Ne parlez pas d'un enfant en sa présence, peu importe son âge.**
Imaginez-vous être debout à côté de votre mère, alors qu'elle dit à la voisine l'une ou l'autre des phrases suivantes :

- Au début, il avait de la difficulté en lecture ; mais maintenant, ça va beaucoup mieux.
- Elle aime les gens. Elle a des amis partout.
- Ne vous en faites pas. Il est un peu timide.

Quand les enfants entendent parler d'eux de cette manière, ils se sentent comme des objets que possèdent leurs parents.

4 **Laissez l'enfant répondre par lui-même.**
Combien de fois, en présence de leurs enfants, les parents reçoivent-ils des questions de ce genre :

- Jean aime l'école ?
- Aime-t-il le nouveau bébé ?
- Pourquoi ne joue-t-il pas avec son nouveau jouet ?

Pour respecter véritablement l'autonomie de l'enfant, on n'a qu'à répondre : « Jean est capable de vous le dire. C'est lui qui le sait. »

5 **Montrez-lui que vous avez confiance : le moment viendra où il se sentira « prêt ».**
Parfois, un enfant a réellement le goût de faire quelque chose, mais il n'est pas émotivement ou physiquement prêt à le faire. Elle veut utiliser les toilettes comme une *grande*, mais elle n'en est pas encore capable. Il veut faire de la natation comme les autres enfants, mais il a encore peur de l'eau. Elle veut cesser de sucer son pouce, mais elle trouve qu'il a bon goût quand elle est fatiguée.

Au lieu de forcer, de presser, d'embarrasser l'enfant, nous pouvons exprimer notre confiance qu'il sera bientôt prêt :

- Je ne m'en fais pas. Quand tu seras prêt, tu iras à l'eau.
- Quand tu seras décidée, tu cesseras de sucer ton pouce.
- Un de ces jours, tu utiliseras les toilettes tout comme maman et papa.

6 N'abusez pas du mot « non ».

En de nombreuses occasions, en tant que parents, nous devons contrecarrer les désirs de nos enfants. Certains enfants perçoivent le simple *non* comme un appel aux armes, comme une attaque directe à leur autonomie. Ils mobilisent toute leur énergie pour contre-attaquer. Ils crient, font des crises, lancent des injures, deviennent maussades. Ils bombardent leurs parents d'un déluge de : « Pourquoi pas ? Tu es méchante ! Je te déteste ! »

C'est épuisant, même pour le plus patient des parents. Alors, que faire ? Céder ? Dire *oui* à tout ? De toute évidence, non. Pareille approche nourrit la tyrannie de l'enfant gâté. Heureusement, il existe quelques solutions de rechange utiles qui permettent aux parents d'être fermes sans inviter à la confrontation.

POUR REMPLACER LE « NON »

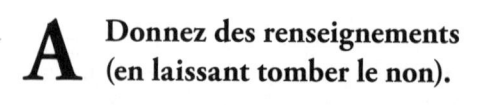

A Donnez des renseignements (en laissant tomber le non).

L'ENFANT :   Je peux aller jouer chez Suzanne, maintenant ?

Au lieu de répondre : « *Non*, tu ne peux pas », donnez les faits :
- On passe à table dans cinq minutes.

Sachant cela, l'enfant peut se dire :
- Je pense que je ne peux pas y aller maintenant.

B Accueillez les sentiments.

L'ENFANT :   *(Au zoo)* Je ne veux pas m'en aller tout de suite. On reste encore un peu ?

Au lieu de dire : « *Non*, c'est le moment de partir », accueillez ses sentiments :
- Si tu avais à décider, tu resterais longtemps, longtemps… *(tout en lui prenant la main pour partir).* C'est difficile de quitter un endroit que tu aimes vraiment.

Souvent, la résistance diminue quand quelqu'un comprend ce qu'on ressent.

C Décrivez le problème.

L'ENFANT :   Maman, tu m'amènes à la bibliothèque maintenant ?

Au lieu de dire : « *Non*, je ne peux pas. Tu devras attendre », décrivez le problème :
- J'aimerais bien t'aider. Le problème, c'est que l'électricien sera là d'ici une demi-heure.

D Quand c'est possible, remplacez « non » par « oui ».

L'ENFANT :   Je peux aller au terrain de jeu ?

Au lieu de répondre : « *Non*, tu n'as pas encore mangé », dites *oui* :
- Oui, bien sûr, tout de suite après le repas.

E Donnez-vous le temps de réfléchir.

L'ENFANT :   Je peux aller coucher chez Gabriel ?

Au lieu de répondre : « *Non*, tu y es allé la semaine dernière », donnez-vous du temps pour réfléchir :
— Laisse-moi y penser.

Cette courte phrase accomplit deux choses : elle calme l'intensité de l'enfant (il sait au moins que sa demande sera prise au sérieux) et elle donne le temps à l'un ou l'autre des parents de sonder ses propres sentiments.

Il est vrai que dire non est une solution rapide et que les autres solutions semblent demander plus de temps. Mais quand on considère les retombées typiques du *non*, la voie la plus longue s'avère souvent la plus courte.

UN AJOUT À PROPOS DES CONSEILS

Aussitôt que nous mentionnons à un groupe que le fait de donner des conseils aux enfants peut causer du tort à leur autonomie, beaucoup de parents jettent de hauts cris. Ils se disent : « Cette fois, ça va trop loin ! » Ils ne peuvent comprendre pourquoi ils devraient se priver de leur droit de partager leur sagesse parentale. Voici les questions d'une mère persistante, ainsi qu'un résumé des réponses que nous lui avons données.

Pourquoi ma fille ne pourrait-elle pas bénéficier de mes conseils quand elle a un problème ? Par exemple, Julie n'était pas certaine si elle voulait aller à la fête anniversaire de son amie parce qu'elle n'aimait pas certaines des invitées. Elles « passent leur temps à chuchoter et à lancer des injures ». Quel mal y a-t-il à lui dire qu'elle devrait y aller quand même, sinon elle laisse tomber son amie ?

Quand on donne des conseils immédiats à un enfant, il se sent stupide (« Pourquoi n'y ai-je pas pensé moi-même ? »), il éprouve du ressentiment (« Ne me dis pas comment mener ma vie ! ») ou il devient irrité (« Tu crois que je n'y ai pas déjà pensé ? »)

Quand un enfant décide par lui-même ce qu'il veut faire, sa confiance en soi grandit et il devient capable d'assumer la responsabilité de sa décision.

Êtes-vous en train de dire que je ne devrais rien faire quand mon enfant a un problème ? Les rares fois où j'ai dit à Julie : « C'est ton affaire ; à toi de te débrouiller », elle m'a paru très contrariée.

Les enfants se sentent blessés et abandonnés quand leurs parents ne tiennent aucun compte de leurs problèmes. Mais entre ces deux extrêmes (faire la sourde oreille ou donner aussitôt un conseil) les parents peuvent faire plusieurs choses.

1. L'AIDER À METTRE DE L'ORDRE DANS SES IDÉES ET SES SENTIMENTS CONFUS.

– D'après ce que tu me dis, Julie, tu sembles éprouver deux sentiments par rapport à cette fête. Tu veux être avec ton amie le jour de sa fête, mais tu ne veux pas te retrouver avec des filles que tu n'aimes pas.

2. FORMULER LE PROBLÈME COMME UNE QUESTION.

– Ainsi donc, la question semble être : comment trouver le moyen d'aller à la fête sans avoir à subir les injures de certaines filles ? (C'est une bonne idée de se taire après avoir posé une question comme celle-là. Le silence fournit le terreau où pourront germer les solutions de l'enfant.)

3. INDIQUER DES RESSOURCES QUE VOTRE ENFANT PEUT UTILISER À L'EXTÉRIEUR DU FOYER.

– Dans la section jeunes adultes de la bibliothèque, j'ai remarqué des livres pour adolescents portant sur la façon de résoudre les divers problèmes de la vie en société. Tu aimerais peut-être savoir ce qu'ils proposent.

Supposons qu'après avoir fait tout cela, je pense à une solution qui a complètement échappé à Julie. Je peux lui en faire mention ?

Le temps d'examiner ce qu'elle pense et ce qu'elle ressent, elle sera capable d'écouter véritablement votre idée, surtout si vous la présentez d'une façon qui respecte son autonomie.

– Comment te sentirais-tu à l'idée d'apporter ton disque à la fête, tu sais, celui de ce chanteur comique ? Les filles seraient peut-être trop occupées à rire pour se mettre à chuchoter.

Chaque fois que nous commençons une suggestion par : « Comment te sentirais-tu… » ou encore « Que penses-tu de… », nous reconnaissons que ce conseil, si *sensé* à nos yeux, n'est peut-être *pas aussi sensé* pour l'enfant.

Mais supposons que je croie fermement que Julie devrait aller à la fête. Devrais-je me taire ?

Après que l'enfant aura pu explorer son problème, il lui sera peut-être utile d'entendre les idées ou les convictions de ses parents.

- Ça me crève le cœur de penser que tu doives te priver du plaisir d'une fête à cause du comportement de certaines filles.
- Je crois qu'il est important de ne pas décevoir une bonne amie le jour de son anniversaire, même si ça implique quelques sacrifices.

Une jeune personne a le droit de connaître les valeurs de ses parents. Même si, pour le moment, elle choisit de ne pas s'y conformer, il est certain qu'on lui a donné matière à réfléchir.

Quand les parents encouragent l'autonomie

Une semaine après la rencontre portant sur l'autonomie, les parents d'un de nos groupes avaient beaucoup de choses à se raconter. En voici quelques extraits.

J'ai eu droit à deux *premières* cette semaine avec Denis. Je l'ai laissé ouvrir les robinets de la baignoire afin qu'il puisse régler la température de l'eau à son goût. Je l'ai aussi laissé préparer son propre petit déjeuner.

J'ai toujours coupé les aliments de Rachel à sa place parce que je craignais qu'elle se blesse en se servant d'un couteau. Je lui ai finalement acheté un petit couteau en plastique et, maintenant, elle est fière de pouvoir couper sa viande comme une grande.

Quand Shana était petite et qu'elle renversait quelque chose, je disais toujours : « Oh ! Shana ! » et j'essuyais son gâchis. Maintenant, dans le cas d'Alyssa (15 mois), je place sa tasse sur une petite table. La première fois qu'elle l'a renversée, j'ai attiré son attention sur le jus et je lui ai montré comment l'essuyer avec du papier essuie-tout. Depuis ce temps, chaque fois qu'elle renverse quelque chose, elle montre le papier et nettoie volontiers son gâchis. Hier, j'ai laissé le papier à sa portée ; elle s'en est occupée elle-même, puis elle me l'a montré !

Je ne peux supporter que les enfants poussent la nourriture sur leur fourchette avec leurs doigts, qu'ils se mettent les coudes sur la table pendant le repas ou qu'ils s'essuient les mains sur leurs jeans au lieu d'utiliser leur serviette. D'un autre côté, je déteste les réprimander constamment.

Hier soir, je leur ai donné la responsabilité du problème. Leur solution ? Trois fois par semaine, ce sera *la soirée des manières à table* et, le reste du temps, ils pourront manger comme ils veulent, sans intervention de ma part. (Ils ont même suggéré de tout manger *au naturel* une fois par semaine, sans ustensiles, avec les doigts, y compris la soupe ! Mais je suis incapable d'aller jusque là !)

J'ai dit à mon fils : « Il te reste 20 minutes avant l'heure du coucher. Tu peux continuer à colorier et aller ensuite directement au lit ; ou encore tu peux te préparer pour le coucher dès maintenant et avoir ensuite du temps pour jouer avec tes lumières de cirque dans ton lit. » Ruée immédiate sur le pyjama, la brosse à dents, etc.

Nicole tentait en pleurant de boutonner sa blouse. Elle est venue vers moi et m'a mis le bouton sous le nez. J'ai dit : « C'est vraiment difficile de faire entrer ces petits boutons dans les boutonnières. Tu as l'air très frustré. »

Elle a reculé en continuant d'essayer par elle-même. J'étais sur le point de céder et de les boutonner à sa place quand elle a dit : « Tiens, j'ai réussi ! », puis elle est partie, toute fière.

J'avais des querelles constantes avec ma fille de quatre ans à propos de ses vêtements. Maintenant, je la laisse porter ce qu'elle veut quand elle ne va pas à la garderie. Les jours où elle doit y aller, je sors deux ensembles et je les dépose sur son lit ; puis c'est elle qui décide.

Je suis tellement fière de moi ! J'ai finalement mis un terme aux disputes quotidiennes avec mon fils à propos du choix à faire entre son chandail ou son manteau. Je lui ai dit : « Samuel, j'ai réfléchi. Au lieu que ce soit moi qui te dise chaque jour ce que tu dois porter, je crois que tu peux te le dire à toi-même. Faisons un tableau des températures et décidons quel vêtement se porte quand il fait quel degré à l'extérieur. »
Ensemble, nous avons dressé un tableau.

20 ° et plus	=	*pas de chandail*
entre 10 ° et 20 °	=	*chandail*
moins de 10 °	=	*manteau épais*

Puis j'ai acheté un grand thermomètre qu'il a suspendu à un arbre. Maintenant, il le consulte chaque matin et il n'y a plus de chicane. Je me sens géniale !

Je n'ai posé aucune question à Hugo à propos de ce qu'il avait fait au camp. Je l'ai laissé dire ce qu'il avait le goût de dire. Il n'en finissait plus de parler.

Jasmine m'a demandé : « Pourquoi on ne va jamais en vacances dans des bons endroits, comme les Bermudes ou la Floride ? »
Je m'apprêtais à répondre quand je me suis souvenue de ne pas le faire. J'ai dit : « Pourquoi on ne le fait pas ? »

Elle a traversé la cuisine d'un pas lourd en disant : « Je sais, je sais. Parce que c'est trop cher. Eh bien, au moins, on peut aller au zoo ? »

Il faut que je m'habitue à l'idée d'éviter de répondre aux questions de mon fils à sa place. Je crois qu'il devra s'y habituer lui aussi. Voici ce qui s'est passé la semaine dernière.

JEAN :	Dis-moi comment on fait une bombe atomique.
MOI :	Voilà une question intéressante !
JEAN :	Eh bien, dis-le-moi.
MOI :	Il faudrait que j'y pense.
JEAN :	Penses-y tout de suite et dis-le-moi.
MOI :	Impossible. Mais réfléchissons : où peut-on trouver la réponse ?
JEAN :	Je ne veux pas aller à la bibliothèque et me mettre à chercher. Dis-le-moi, tout simplement !
MOI :	Je ne suis pas capable de répondre à cette question sans aide, Jean.
JEAN :	Bon. Eh bien, je vais demander à papa. Et s'il ne le sait pas, je demanderai à William *(un copain plus âgé)*. Mais ça m'agace qu'un garçon de 10 ans en sache plus qu'une maman débile.
MOI :	Chez nous, on ne lance pas d'injures !

Kevin m'avait dit qu'il voulait vendre aux voisins les courges de son jardin. Je l'en ai presque empêché parce qu'elles avaient environ la moitié de la taille de celles du supermarché et je ne voulais pas qu'il importune les voisins. Mais il était tellement excité que je l'ai laissé faire. De plus, je ne voulais pas *étouffer ses espoirs*.

Une heure plus tard, un large sourire aux lèvres, il est revenu avec de la monnaie dans les poches et sa dernière courge. Il a dit que Mme Grondin avait trouvé qu'il faisait preuve *d'initiative*. Il m'a demandé ce que cela voulait dire.

Jason m'a dit qu'il veut devenir policier, pompier, pêcheur et astronaute. Je ne lui ai pas répondu que ses projets étaient voués à l'échec.

Je réussis de mieux en mieux à éviter de me mêler des disputes entre mes enfants. Je leur parle plutôt de ma certitude de les voir les résoudre par eux-mêmes. Et ils y parviennent souvent.

Voici maintenant d'autres contributions que nous avons reçues à la fin d'une rencontre.

Depuis toujours, mes amies ne cessent de souligner combien je suis indépendante. Je viens d'une famille de cinq enfants dont le père travaillait six ou sept jours par semaine, selon le rendement de son entreprise de vente au détail. J'étais la deuxième et je suis devenue indépendante et autonome parce qu'il le fallait. Ma mère n'aurait pu survivre avec cinq enfants si elle ne nous avait pas enseigné à prendre en main nos propres affaires.

Pourtant, quand je pense à mon enfance, je constate que je me sentais partagée. J'étais fière de ne pas rechercher constamment l'aide de maman ou de papa à propos de mes problèmes, de mes peurs et de mes besoins, comme le faisaient mes amies. D'un autre côté, j'aurais aussi aimé avoir la chance de décider *moi-même* si je voulais me confier ou pas, demander ou non de l'aide à l'un de mes parents. (Je savais d'avance que mes demandes seraient rejetées au nom du manque de temps ou pour toute autre raison. J'ai donc cessé d'en faire la demande et j'ai pris mes affaires en main.)

Les enfants veulent toujours agir comme des grands, mais ils ont encore besoin d'être des enfants, de grandir graduellement. Je suis fière de l'efficacité de ma mère et de sa capacité de nous apprendre nos occupations journalières, mais je sens que j'aurais dû avoir la possibilité de m'adresser à mes parents quand j'avais besoin d'eux.

Kenneth a tellement de choses à faire au retour de l'école qu'il n'arrive pas à en faire une seule à moins que je ne sois toujours sur son dos. Finalement, j'ai écrit cette note.

Cher Kenneth,
Ton père et moi, nous sommes tristes parce que, dernièrement, il faut toujours te quereller pour que tu remplisses tes tâches.
Combien te faudrait-il de temps pour préparer un calendrier indiquant comment tu vas répartir tout ce que tu as à faire ? Vingt-quatre heures ? Davantage ? Nous aimerions recevoir de toi, avant la fin de la semaine, un emploi du temps qui pourrait marcher, selon toi. Il faut y réserver assez de temps pour :
- *agiter les bras 10 minutes, trois fois par jours (il s'est cassé le bras et ne fait toujours pas les exercices prescrits par le médecin) ;*
- *promener le chien ;*
- *faire tes devoirs ;*
- *faire tes exercices de piano ;*
- *jouer et t'amuser.*
Affectueusement,
*   Maman*

Le jeudi soir, il m'a présenté un emploi du temps, qu'il suit assez bien jusqu'ici.

Paul s'en faisait beaucoup à propos de son bulletin scolaire. Nous en avions déjà des indices plusieurs jours avant qu'il ne le reçoive. Il disait des choses comme : « Je ne vais pas avoir une très bonne note en maths. J'ai vu ma note dans le cahier de Monsieur D. Je n'étais pas censé la voir. »

Un soir, après le repas, j'ai dit : « Paul, viens regarder ton bulletin avec moi. » Il s'est approché. Ses yeux regardaient dans toutes les directions parce qu'il était anxieux, mais il s'est assis sur mes genoux. Il a dit : « Papa, ça ne te plaira pas. »

MOI : Eh bien, Paul, regardons ça. C'est ton bulletin. Qu'en penses-tu ?
PAUL : Attends de voir les maths.
MOI : Pour le moment, je ne regarde pas les maths. Partons du début. Voyons, il y a un B (bien) pour la lecture.
PAUL : Ouais ! La lecture, ça va.
MOI : Je vois un B en écriture. Ça n'allait pas en écriture. Mais là, ça s'en vient. Et tu as obtenu un E *(excellent)* en orthographe ! Tu te faisais du souci à ce sujet-là aussi. Ce bulletin me paraît très bien. En anglais, un S *(satisfaisant)*.
PAUL : Mais je devrais faire mieux en anglais.
MOI : S, c'est satisfaisant.
PAUL : Oui, mais je devrais faire mieux.
MOI : Bon, maintenant les maths. Qu'est-ce que je vois ici ? Un P *(passable)*.
PAUL : Je savais que tu ne serais pas content !
MOI : C'est donc cette matière qui te donne des difficultés.
PAUL : Oh ! oui. Je vais faire beaucoup mieux en maths.
MOI : Comment tu vas t'y prendre ?
PAUL : Eh bien, je vais essayer plus fort.
MOI : Comment ?
PAUL : *(longue pause)* Je vais étudier plus fort et faire tous mes devoirs à la maison. Et je vais finir mes exercices à l'école.
MOI : Il me semble que tu fixes toi-même tes objectifs. Prenons une feuille de papier et écrivons-en quelques-uns.

Paul est allé chercher du papier et un crayon et nous avons fait la liste de ses matières en ajoutant le résultat obtenu. Dans une deuxième colonne, il a écrit le résultat qu'il souhaiterait obtenir pour son prochain bulletin.

J'ai été surpris, car je croyais qu'il allait se limiter à l'amélioration de ses maths. Il a décidé de s'améliorer, non seulement en maths, mais aussi en anglais, en sciences sociales et en sciences. Quand il est arrivé aux maths, il a dit qu'il allait tellement s'améliorer qu'il passerait de S à E.

MOI : Paul, c'est tout un saut. Penses-tu que tu en es capable ?
PAUL : Oh ! oui. Je vais vraiment m'y mettre en maths.

Au bas du bulletin, il y a un espace pour la signature et les commentaires des parents. J'ai écrit : « J'ai discuté du bulletin avec Paul et il a décidé de se fixer de nouveaux objectifs. Il compte travailler plus fort, spécialement en maths. » Puis j'ai signé et j'ai demandé à Paul de signer lui aussi.

La liste d'objectifs a été collée sur la porte de sa chambre pour qu'il puisse la consulter. Pendant les trois jours suivants, il a obtenu E à chacune de ses épreuves de maths ! Je n'arrivais pas à y croire. J'ai dit : « Paul, quand tu décides quelque chose, il n'y a rien à ton épreuve ! »

J'ai grandi dans une famille très autoritaire. Dès mon tout jeune âge, on me disait quoi faire et quand le faire. Quand je demandais : « Pourquoi ? », mon père répondait : « Parce que je l'ai dit ». J'ai vite appris à ne pas poser de question.

Quand j'ai eu un fils à moi, j'étais certain d'une chose : je ne voulais pas l'élever de la même façon. Mais je n'étais pas certain de ce qu'il fallait faire à la place. La rencontre portant sur l'autonomie m'a été vraiment utile. Voici quelques-unes des choses qui sont arrivées, pour vous donner une idée de ce que je veux dire.

Quand je suis devenu père célibataire, je me suis mis à remarquer des choses que je n'avais jamais vues auparavant. Robert passait son temps à se bourrer de biscuits. J'ai donc caché la boîte de biscuits et je lui en donnais un à la fois. Le lendemain de notre dernière rencontre, je suis rentré avec une boîte de biscuits. En la déposant sur la table, j'ai dit : « Robert, je ne vais pas continuer à faire la police des biscuits. C'est la seule boîte de biscuits que j'achète cette semaine. Tu peux décider de la manger d'un seul coup ou de la faire durer pour le reste de la semaine. C'est à toi de choisir. » Et ce fut tout. Je n'ai jamais eu à lui dire un autre mot à ce sujet. Il a choisi de prendre 2 biscuits par jour pendant la semaine et 3 le samedi et le dimanche.

J'avais aussi l'habitude de m'asseoir avec lui tous les soirs pour l'aider à faire ses devoirs et nous finissions par nous engueuler. Un soir, je suis allé lire le journal au salon. Robert m'a demandé : « Papa, quand vas-tu venir m'aider ? » J'ai répondu : « J'ai confiance qu'en y mettant le temps, tu en viendras à bout par toi-même. » Quand je l'ai mis au lit ce soir-là, il a dit : « J'ai fait tous mes devoirs tout seul. Je t'aime papa. »

Le lendemain soir, il m'a dit qu'il voulait discuter avec moi.

- « De quoi s'agit-il ?
- À partir de maintenant, papa, je veux être mon propre maître. D'accord ?
- Je suis d'accord. »

Plus tard, j'ai annoncé :

- « Heure du coucher, Robert. Mets ton pyjama et assure-toi de te brosser les dents.
- Je sais, papa, a-t-il répondu. N'oublie pas, je suis mon propre maître, maintenant ! »

5 | Utiliser les compliments

PREMIÈRE PARTIE

Il était une fois deux garçons de sept ans, David et Benoît. Chacun d'eux avait une mère qui l'aimait beaucoup. Un beau jour, c'est de façon différente que la journée a débuté pour chacun des garçons. Voici la première chose que Benoît a entendue : « C'est l'heure de te lever, Benoît ! Tu vas encore arriver en retard à l'école. » Benoît s'est levé, s'est habillé tout seul et est venu manger en oubliant de mettre ses chaussures.

Sa mère lui a demandé : « Où sont tes chaussures ? Penses-tu te rendre à l'école nu-pieds ? Regarde ce que tu portes ! Ce chandail bleu ne va pas du tout avec cette chemise verte ! Benoît, mon chéri, qu'as-tu fait à ton pantalon ? Il est déchiré. Je veux que tu te changes. Aucun de mes enfants ne portera un pantalon déchiré pour aller à l'école ! Fais attention à la manière dont tu verses ton jus. Ne le renverse pas comme tu fais d'habitude ! »

Benoît s'est versé du jus et il l'a répandu. La mère était exaspérée. Pendant qu'elle réparait le gâchis, elle a dit : « Je ne sais plus que faire avec toi. » Benoît a murmuré quelque chose. « Que dis-tu ? a demandé la mère. Tu recommences à grogner. »

Benoît a terminé son repas en silence. Puis il a changé de pantalon, il a enfilé ses chaussures, pris ses livres et il est parti pour l'école. Sa mère lui a crié : « Benoît, tu as oublié ton goûter ! Si tu n'avais pas la tête vissée sur les épaules, je parie que tu l'oublierais elle aussi ! »

Benoît a pris son goûter. Alors qu'il franchissait de nouveau le seuil de la porte, sa mère lui a rappelé : « Sois bien sage à l'école aujourd'hui. »

David vivait en face. La première chose qu'il a entendue ce matin-là, c'était: «Sept heures, David. Veux-tu te lever maintenant ou attendre encore cinq minutes?» David s'est retourné et il a baillé. «Encore cinq minutes» a-t-il grogné.

Par la suite, il est venu manger tout habillé, mais sans ses chaussures. Sa mère lui a dit: «Eh bien, tu es déjà habillé! Il te manque seulement tes chaussures! Oh! Oh! Ton pantalon est décousu. Ça risque de s'agrandir. Je le répare pendant que tu restes debout ou préfères-tu changer de pantalon?»

David a réfléchi un instant, puis il a répondu: «Je vais me changer après avoir mangé.» Puis il s'est assis à table et s'est versé un verre de jus. Il en a renversé un peu. «L'éponge est dans l'évier» a lancé la mère par-dessus l'épaule, pendant qu'elle continuait à préparer son goûter. David a pris l'éponge et a nettoyé le gâchis. Ils ont causé un peu pendant que David mangeait. Après avoir terminé, il a changé de pantalon, enfilé ses chaussures, pris ses livres, et il est parti pour l'école, en oubliant son goûter.

Sa mère lui a crié: «David! Ton goûter!» Il est revenu à la course et l'a remerciée. En lui tendant son goûter, sa mère lui a dit: «À plus tard!»

David et Benoît étaient dans la même classe. Au cours de la journée, l'institutrice a dit à la classe: «Les enfants, comme vous le savez déjà, nous allons présenter notre pièce de théâtre la semaine prochaine. Il nous faut une personne volontaire pour dessiner une pancarte de bienvenue en couleurs sur la porte de la classe. Il nous faut aussi une personne volontaire pour servir de la limonade à nos invités après la représentation. Finalement, nous avons aussi besoin de quelqu'un pour faire le tour des autres classes et leur faire un petit discours les invitant tous à la pièce. Il faudra leur indiquer l'endroit, la date et l'heure.»

Quelques enfants ont levé la main sur-le-champ. D'autres l'ont fait en hésitant. D'autres ne l'ont tout simplement pas fait.

Ici se termine notre histoire. On n'en sait pas plus. On ne peut que supposer ce qui s'est passé par la suite. Mais cette histoire donne à réfléchir. Prenez un moment pour essayer de répondre aux questions suivantes :

1. Croyez-vous que David aura tendance à se porter volontaire ?
2. Et Benoît ?
3. Les idées que les enfants entretiennent à leur propre sujet ont-elles un rapport avec leur empressement à relever des défis ou à prendre le risque d'essuyer un échec ?
4. Quelle est le rapport entre l'image que les enfants se font d'eux-mêmes et le genre de buts qu'ils se fixent ?

Maintenant que vous avez exploré vos propres idées, j'aimerais vous faire part des miennes. Fort heureusement, il y a des enfants qui réussissent à surmonter la dépréciation dont ils font l'objet au foyer et qui relèvent les défis de leur entourage. Il faut aussi admettre que certains enfants, bien que traités avec égard au foyer, doutent quand même de leurs propres habiletés et reculent devant un défi. Il est toutefois logique de penser que, s'ils grandissent dans des familles où ils sont traités avec égard, les enfants ont de meilleures chances de se sentir bien dans leur peau ; ils sont également plus enclins à relever les défis de la vie ; ils ont aussi tendance à se fixer des buts plus élevés que les autres enfants.

Comme l'a écrit Nathaniel Branden dans son livre *The Psychology of Self esteem* : « Il n'y a pas de jugement de valeur plus important pour l'être humain, pas de facteur plus décisif dans son développement psychologique et sa motivation, que l'évaluation qu'il fait à son propre sujet... La nature de son *autoévaluation* entraîne des conséquences profondes sur les processus de pensée d'un être humain, sur ses émotions, ses désirs, ses valeurs et ses buts. C'est cette dimension unique qui entraîne le plus d'effets sur son comportement. »

Si l'estime de soi d'un enfant revêt une telle importance, que pouvons-nous faire en tant que parents pour l'accroître ? Bien entendu, les principes et les habiletés présentés jusqu'ici peuvent tous aider un enfant à se percevoir comme une personne qui a de la valeur. Chaque fois que nous faisons preuve de respect envers ses sentiments, chaque fois que nous lui offrons la chance de faire un choix ou de résoudre un problème, sa confiance et son estime de soi grandissent.

Que pouvons-nous faire de plus pour aider nos enfants à développer une image de soi positive et réaliste ? Une partie de la réponse est sans aucun doute de leur adresser des compliments. Mais le compliment peut jouer des tours. Parfois, la louange la mieux intentionnée entraîne des réactions inattendues.

Vérifiez par vous-même si tel peut être le cas. Dans l'exercice qui suit, vous allez trouver la description de quatre situations différentes où vous allez recevoir des compliments. Lisez chacune des situations et écrivez vos réactions au compliment que vous avez reçu.

Situation I
Un visiteur inattendu se présente pour le repas. Vous réchauffez vite une crème de poulet en boîte, ajoutez un reste de poulet, puis servez le tout sur du riz instantané. Votre invité dit : « Quelle merveilleuse cuisinière ! »

Votre réaction intime :
___
___
___

Situation II
Pour vous rendre à une réunion importante, vous venez tout juste de vous changer, délaissant vos jeans et votre chandail pour

endosser un nouvel ensemble. Une connaissance s'approche, vous regarde et dit : « Tu es toujours si bien habillée ! »

Votre réaction intime :

Situation III

Vous suivez un cours d'éducation pour adultes. Après une discussion de classe animée à laquelle vous avez participé, un autre étudiant vient vous dire : « Vous êtes un esprit brillant. »

Votre réaction intime :

Situation IV

Vous commencez à peine à jouer au tennis. Malgré vos efforts, votre service ne s'améliore aucunement. La balle se dirige habituellement dans le filet ou en dehors du court. Aujourd'hui, vous jouez en double avec un nouveau partenaire et votre premier service atterrit exactement à l'endroit où vous l'espériez. Votre partenaire fait ce commentaire : « Hé ! votre service est parfait ! »

Votre réaction intime :

Vous avez probablement constaté par vous-même, au cours de cet exercice, certains des problèmes qui sont inhérents aux compliments.

- Le compliment peut vous mener à douter de celui qui complimente. « Pour dire que je suis bonne cuisinière, soit il est menteur, soit il ne connaît rien à la bonne cuisine. »
- Le compliment peut susciter une négation immédiate. « Toujours si bien habillée ! Vous auriez dû me voir il y a une heure ! »
- Le compliment peut susciter la crainte. « Mais de quoi vais-je avoir l'air à la prochaine réunion ? »
- Le compliment peut vous forcer à vous concentrer sur vos faiblesses. « Moi, un esprit brillant ? Vous vous moquez de moi ? Je ne suis même pas capable d'additionner une colonne de chiffres. »
- Le compliment peut créer de l'anxiété et vous empêcher de faire de votre mieux. « Je ne serai jamais capable de frapper cette balle aussi bien une nouvelle fois. Maintenant, me voilà réellement tendue. »
- Le compliment peut aussi être perçu comme une manipulation. « Qu'attend-on de moi en retour ? »

Je me souviens de mes propres frustrations quand j'essayais de faire des compliments à mes enfants. Ils me présentaient une peinture en me demandant : « C'est beau ? »

Je disais : « C'est tout simplement magnifique ! »

Ils demandaient : « Mais c'est beau ? »

Je disais : « Beau ? Je t'ai dit que c'est magnifique ! Fantastique ! »

Ils concluaient : « Tu ne l'aimes pas ! »

Plus mes compliments étaient extravagants, moins ils plaisaient aux enfants. Je ne comprenais jamais leur réaction.

Après mes premières sessions avec le docteur Ginott, j'ai commencé à me rendre compte des raisons pour lesquelles les enfants rejetaient mon compliment aussitôt que je le donnais. Il m'a appris que les mots qui évaluent (*bon, beau, fantastique*) rendent les enfants aussi mal à l'aise que vous l'avez probablement été lors de l'exercice que vous venez tout juste de faire. Mais plus important encore, il m'a appris qu'un compliment efficace comporte deux parties :

- l'adulte décrit de façon admirative ce qu'il voit ou ce qu'il ressent ;
- après avoir entendu la description, l'enfant est alors capable de se faire un compliment à lui-même.

Je me souviens de la première fois que j'ai tenté de mettre cette théorie en pratique. Mon fils de quatre ans revenait de la maternelle en agitant devant mon nez une feuille pleine de gribouillis, tout en demandant : « Maman, c'est beau ? »
Ma première réaction fut automatique : « C'est très beau ! » Puis, je me suis rappelé : non, il faut que je décrive. Je me suis demandé comment il est possible de décrire un gribouillage. J'ai alors dit :

- « Eh bien, je vois que tu as fait un rond, un rond, un rond… un tortillon, un tortillon, un tortillon…, puis un point, un point, un point, un point, un point, un point, puis un trait, un trait !
- Ouais ! a-t-il acquiescé avec enthousiasme.
- Comment as-tu fait pour penser à tout ça ?
- *(Après un moment de réflexion)* C'est parce que je suis un artiste. »

Je me suis dit : Voilà un processus remarquable. L'adulte décrit, puis l'enfant s'adresse à lui-même un compliment véritable.
À la page suivante, vous trouverez d'autres exemples de compliments descriptifs.

Le compliment descriptif

Au lieu d'évaluer…   *Décrivez ce que vous voyez
ou comment vous vous sentez*

Case 1: Tu as rangé ta chambre. Tu es vaillante. — Je ne suis pas si vaillante. J'ai poussé des jouets sous le lit.

Case 2: Je vois qu'on a fait beaucoup de travail ici. Tous les blocs sont dans leur boîte, sur la tablette. Chaque CD est dans sa pochette. Et toutes les billes sont ramassées !

Case 3: C'est un plaisir d'entrer dans cette chambre ! — Je sais vraiment faire le ménage quand je veux.

Case 4: Ce foulard que tu m'as fait est magnifique. Très, très beau. — *Je me demande s'il l'aime vraiment.*

Case 5: Regarde cette riche couleur rouge, puis ces franges épaisses et toutes ces rangées de mailles égales !

Case 6: Et de plus, il est large ! Ce foulard va vraiment me tenir au chaud par temps froid ! — *Il l'aime !*

Case 7: C'est adorable. Tu écris de la belle poésie. — *Le pense-t-elle vraiment ?*

Case 8: Je suis très émue par ton poème sur l'aigle.

Case 9: J'aime surtout : « Le battement des ailes géantes. » — *Je peux écrire de beaux poèmes. Demain, je vais en écrire un autre.*

Je dois avouer qu'au début, j'étais sceptique à propos de cette nouvelle façon de complimenter. Même si elle avait été efficace une fois, l'idée de changer et d'adopter un style de compliment descriptif m'irritait. Pourquoi faut-il abandonner *merveilleux, fantastique, surprenant,* qui me viennent si spontanément, pour rechercher une autre façon d'exprimer sincèrement mon enthousiasme ?

J'ai tout de même essayé. Au début, c'était un peu comme un devoir. Mais au bout de quelque temps, j'ai remarqué que les enfants commençaient réellement à se complimenter eux-mêmes. Par exemple :

MOI : *(Au lieu de dire : « Julie tu es incroyable »)* Tu t'es rendu compte que les boîtes de maïs mises en solde coûtent en fait plus cher que les marques qui ne sont pas au rabais. Je suis impressionnée.
JULIE : *(avec un sourire)* Je suis douée.

MOI : *(Au lieu de dire : « André, tu es merveilleux »)* Le message téléphonique de Mme Verdun était très compliqué. Tu l'as écrit si clairement que je savais exactement pourquoi la réunion était remise, qui je devais appeler et ce que je devais lui dire.
ANDRÉ : Ouais ! on peut compter sur moi.

Pas de doute à ce sujet. Les enfants devenaient plus conscients de leurs propres forces et ils en tiraient gloire. C'était suffisant pour m'inciter à faire l'effort de continuer. Et c'était tout un effort ! Quand on parle d'une chose, il est beaucoup plus facile de dire *merveilleux* que de vraiment la regarder, la ressentir, pour ensuite la décrire en détail.

Dans l'exercice qui suit, vous aurez l'occasion de vous exercer à l'utilisation du compliment descriptif. En lisant chacune des situations, prenez le temps de vous faire une image précise de ce qu'a fait votre enfant. Puis décrivez, de façon détaillée, ce que vous voyez ou ce que vous ressentez.

Situation 1

C'est la toute première fois que votre fillette vient de se vêtir seule. Elle est debout devant vous, espérant que vous allez le remarquer.

Faites-lui un compliment maladroit :

___
___
___

Faites-lui un compliment en décrivant en détail ce que vous voyez ou ce que vous ressentez :

___
___
___

Cet enfant pourrait se dire :

___
___

Situation 2

On vous a invitée à l'école pour voir votre fils ou votre fille jouer dans une pièce de théâtre. L'enfant joue le rôle du roi ou de la reine, du sorcier ou de la sorcière : vous avez le choix. La pièce terminée, l'enfant accourt vers vous et demande : « Dis, j'étais bon (ou bonne) ? »

Faites-lui un compliment maladroit :

___
___
___

Faites-lui un compliment en décrivant en détail ce que vous avez vu ou ressenti :
___
___
___

Cet enfant pourrait se dire :
___
___
___

Situation 3

Vous remarquez de légers signes d'amélioration dans le rendement scolaire de votre enfant. Ses rédactions comportent maintenant des marges. Il a étudié ses leçons de vocabulaire jusqu'à ce qu'il les sache parfaitement. Sa dernière composition était prête une journée d'avance.

Faites-lui un compliment maladroit :
___
___
___
___

Faites-lui un compliment en décrivant en détail ce que vous voyez ou ce que vous ressentez :
___
___
___

Cet enfant pourrait se dire :
___
___

Situation 4 :

Vous avez été malade au lit pendant quelques jours. Votre fille vous a dessiné une carte de prompt rétablissement décorée de ballons et de coeurs. Elle vous la présente et attend votre réaction.

Faites-lui un compliment maladroit :

_____
_____
_____

Faites-lui un compliment en décrivant en détail ce que vous voyez ou ce que vous ressentez :

_____
_____
_____

Cet enfant pourrait se dire :

_____
_____

Après avoir complété cet exercice, vous percevez sans doute plus clairement comment les enfants reçoivent les compliments qui évaluent.

- Tu es un enfant sage.
- Tu es un bon acteur.
- Tu es finalement devenu un excellent élève.
- Tu es pleine d'attentions à mon égard.

Vous comprenez probablement aussi comment ils se sentent quand ils entendent un compliment qui décrit leur réussite.

- Je vois que tu as enfilé ton chandail correctement, en plaçant l'étiquette derrière ; tu as fermé la fermeture éclair de ton pantalon ; tu as choisi des chaussettes de couleurs

assorties ; et tu as attaché tes chaussures. C'est toute une série de choses différentes que tu as faites !
- Tu étais une reine si majestueuse. Tu te tenais grande et droite. Et quand tu as fait ton long discours, ta voix remplissait la salle.
- Il me semble que tu fais des efforts supplémentaires dans tes travaux scolaires ces jours-ci. Je remarque que tu laisses une marge dans tes rédactions ; tes compositions sont terminées avant la date limite ; et tu t'es inventé une façon d'apprendre toi-même tes leçons de vocabulaire.
- J'aime ces ballons jaunes et ces coeurs. Ils me rendent joyeuse. Je me sens déjà mieux, rien qu'à les regarder.

On peut également utiliser la description avec une autre manière de complimenter. Il s'agit d'ajouter à la description un ou deux mots qui résument le comportement méritoire de l'enfant.

Résumez en un mot

Pour vous exercer, complétez chaque phrase en ajoutant les mots (ou le mot) qui manquent dans les dessins de ces pages.

Tu n'as mangé qu'une petite tranche de ce gâteau que tu adores. Il faut vraiment... ______________.

Tu étais fin prêt à partir pour ce concert. Et pourtant, quand il a été annulé, tu as rapidement fait d'autres projets. C'est ce que j'appelle... ______________.

Tu as défendu ton ami, même si les autres enfants riaient de lui. C'est... ______________.

Voici quelques-unes des façons dont on pourrait compléter ces phrases.

- Dessin 1 : de la *détermination* ; de la *volonté* ; de la *maîtrise de soi*.
- Dessin 2 : *flexible* ; *plein de ressources* ; *souple*.
- Dessin 3 : de *l'amitié* ; de la *loyauté* ; du *courage*.
-

Il n'y a aucune raison de se limiter aux mots que nous proposons ici. Il n'y a pas non plus de bonne ou de mauvaise réponse. L'important, c'est de trouver des mots qui transmettent à l'enfant quelque chose de nouveau à son sujet, de lui donner une nouvelle image verbale de lui-même.

Ce que j'aime personnellement dans cette façon de complimenter, c'est qu'elle est tellement *faisable*. Il suffit de regarder vraiment, d'écouter vraiment, de remarquer vraiment, puis de dire à haute voix ce qu'on voit et ce qu'on ressent.

On peut se demander comment un processus aussi simple peut entraîner un effet aussi profond. Et pourtant, jour après jour, à l'aide de nos brèves descriptions, nos enfants apprennent quelles sont leurs forces. Un enfant découvre qu'il peut transformer une chambre encombrée en une chambre bien rangée ; qu'il peut fabriquer un cadeau utile et faire plaisir ; qu'il peut capter l'attention d'un auditoire ; qu'il peut écrire un poème émouvant ; qu'il est capable d'être ponctuel ou d'avoir de la volonté ; capable de faire preuve d'initiative ou de débrouillardise. Tout cela se dépose dans sa banque émotionnelle et on ne peut le lui enlever. Vous pouvez lui enlever *garçon sage*, en l'appelant *mauvais garçon* le lendemain. Mais vous ne pourrez jamais lui enlever la fois où il a fait sourire sa mère grâce à une carte de prompt rétablissement ou quand il s'est acharné au travail avec persévérance même s'il était très fatigué.

Les moments où l'on confirme ce qu'il y a de meilleur chez l'enfant deviennent, sa vie durant, des points de repère, car il pourra y revenir dans les périodes de doute ou de découragement.

Dans le passé, il a accompli quelque chose dont il était fier. Il garde en lui ce qu'il faut pour le refaire.

DEVOIR

1. Une qualité que j'aime chez mon enfant :
   _____
   _____
   _____

2. Une chose qu'il a faite dernièrement et que j'ai appréciée, sans pourtant le mentionner :
   _____
   _____
   _____
   _____
   _____

3. Que pourrais-je lui dire pour démontrer ma satisfaction à l'aide d'un compliment descriptif ?
   _____
   _____
   _____
   _____

4. Lisez la deuxième partie de ce chapitre portant sur les compliments.

Un bref rappel...

Compliments et estime de soi

A) DECRIVEZ CE QUE VOUS VOYEZ
- Je vois un plancher propre, un lit sans un seul pli et des livres bien rangés sur l'étagère.

B) DÉCRIVEZ CE QUE VOUS RESSENTEZ
- C'est un véritable plaisir d'entrer dans cette chambre !

C) DITES-LE EN UN MOT
- La serviette !

D) RÉSUMEZ EN UN MOT LE COMPORTEMENT DIGNE DE LOUANGE
- Tu as trié les crayons, les feutres et les stylos et tu les as placés dans des boîtes séparées. C'est ce que j'appelle de l'organisation !

DEUXIÈME PARTIE

QUESTIONS, COMMENTAIRES ET HISTOIRES DE PARENTS

Nous avons remarqué dans nos groupes que les parents se racontent les uns aux autres, avec enthousiasme, les choses nouvelles que leurs enfants se mettent à accomplir.

- Voilà déjà trois jours que Daniel utilise son réveil et qu'il se lève tout seul le matin. Je suis tellement contente de ne plus avoir à m'en mêler !
- Récemment, Lisa s'est mise à téléphoner à la maison quand elle sait qu'elle va rentrer en retard. Je ne saurais vous dire jusqu'à quel point cela me touche !

Quand nous demandons aux parents s'ils expriment leur satisfaction à leurs enfants, ils nous regardent souvent bouche bée. Devant un geste de bonne volonté, les compliments ne semblent pas nous venir aisément. Nous nous hâtons, pour la plupart, à exprimer nos critiques, alors que nous tardons à offrir des compliments. Nous avons la responsabilité, en tant que parents, de faire l'inverse. L'estime de soi de nos enfants a trop d'importance pour que nous la laissions se développer au hasard ou grâce à des étrangers. Vous avez probablement vous-mêmes remarqué que, dans votre entourage, les gens ne se précipitent pas pour faire des compliments. Avez-vous même le souvenir qu'un automobiliste vous ait dit : « Je vous remercie d'avoir utilisé un seul créneau de stationnement. J'ai donc de l'espace pour me garer » ? On tient pour acquis les efforts que nous faisons pour nous comporter correctement. Un seul manquement et la condamnation tombe aussitôt.

Conduisons-nous autrement dans nos foyers. Rendons-nous compte qu'en plus de la nourriture, de l'abri et des vêtements, nous avons une autre obligation envers nos enfants : celle de confirmer leurs *bons coups*. Le monde entier leur dira haut et fort ce qui cloche chez eux. Notre travail consiste à leur faire reconnaître leurs qualités et leurs talents.

Précautions à prendre avec les compliments

1. Assurez-vous que le compliment est approprié à l'âge et au niveau d'habileté de l'enfant.

Quand un jeune enfant se fait dire avec ravissement : « Je vois que tu te brosses les dents tous les jours », il se sent fier de lui. Si vous dites la même chose à un adolescent, il peut en être insulté.

2. Évitez le genre de compliment qui souligne les faiblesses ou les échecs du passé.

- Eh bien, tu as finalement réussi à jouer cette pièce de musique comme elle doit être jouée !
- Tu parais si bien aujourd'hui. Quels changements as-tu faits ?
- Je ne pensais jamais que tu réussirais ce cours, mais tu y es parvenu !

Il est toujours possible de formuler autrement votre compliment, en mettant cette fois l'accent sur les forces actuelles de l'enfant.

- J'aime vraiment la façon dont tu as soutenu le rythme enjoué de cette pièce.
- C'est un véritable plaisir de te regarder.
- Je sais que tu as beaucoup travaillé pour réussir ce cours.

3. Soyez conscient d'un fait : un enthousiasme excessif peut contrecarrer chez l'enfant le désir de se réaliser à sa manière.

Parfois, l'excitation persistante des parents, leur plaisir intense à l'égard des activités de l'enfant, peuvent être perçus par celui-ci comme une pression. Une jeune personne qui reçoit des doses quotidiennes de remarques telles que : « Tu es une pianiste tellement talentueuse ! Tu devrais jouer avec l'orchestre symphonique » peut se dire à elle-même : « Leurs ambitions à mon égard sont plus grandes que les miennes. »

4. Préparez-vous à voir l'enfant répéter souvent toute activité que vous décrivez avec admiration.

Si vous ne tenez pas à entendre cinq nouveaux coups de sifflet, évitez de dire : « Chose certaine, tu sais vraiment faire beaucoup de bruit avec ce sifflet ! » Si vous ne voulez pas qu'elle monte tout en haut de l'échelle de corde du terrain de jeu, ne lui dites pas : « Tu sais vraiment utiliser les muscles qui servent à grimper. » Aucun doute à ce sujet : le compliment descriptif invite à la répétition et stimule grandement l'effort. C'est un outil hautement efficace. Choisissez avec soin les fins pour lesquelles vous vous en servez.

QUESTIONS

1 **J'essaie d'apprendre une nouvelle façon de faire des compliments, mais parfois j'oublie et les mots merveilleux ou fantastique sortent de ma bouche. Que faire ?**
De grâce, permettez-vous d'exprimer votre réaction initiale. Si votre sentiment est réellement enthousiaste et que vous vous surprenez à vous exclamer : « Merveilleux ! », l'enfant sentira l'enthousiasme dans votre voix et le percevra comme l'expression de vos sentiments à vous. Toutefois, vous pouvez toujours enrichir votre réaction initiale par une description, ce

qui permet à l'enfant de comprendre jusqu'à quel point vous êtes admiratif: « Alors que j'étais fatigué, après une longue journée de travail, je rentre et je trouve une cour toute ratissée et plein de sacs de feuilles attachés fermement et déposés près de l'entrée. Je me sens choyé ! »

Une brève description détaillée et vous venez d'améliorer le mot *merveilleux*.

2 Comment complimenter un enfant qui fait finalement ce qu'il aurait dû faire depuis longtemps ? **Mon fils aîné est d'ordinaire tellement insupportable lors des promenades familiales que nous en sommes tous malheureux. La semaine dernière, il s'est bien comporté. Je ne voulais pas lui dire qu'il avait été sage ni qu'il agissait finalement comme un être civilisé, mais je voulais assurément lui donner un signe de reconnaissance. Comment aurais-je pu le faire sans le rabaisser ?**

Vous ne risquez jamais de vous tromper quand vous exprimez vos sentiments à l'enfant. Vous pouvez lui dire: « J'ai eu bien du plaisir à me promener avec toi aujourd'hui. » Il saura pourquoi.

3 Est-il convenable de faire des compliments à un enfant en lui disant: « Je suis vraiment fière de toi ? »

Supposons que vous ayez pris toute une semaine pour préparer un examen difficile et très important. En recevant votre note, vous découvrez non seulement que vous avez réussi l'examen, mais que vous vous êtes très bien classée. Quand vous téléphonez à une amie pour lui annoncer la bonne nouvelle, elle dit: « Je suis tellement fière de toi ! »

Que ressentez-vous ? Vous sentez probablement qu'elle met l'accent sur sa fierté plutôt que sur votre succès. Vous auriez peut-être préféré entendre quelque chose du genre: « Quel succès ! Tu dois être si fière de toi ! »

4 La semaine dernière, mon fils a gagné une médaille en natation. Je lui ai dit : « Je ne suis pas surpris. J'ai toujours cru que tu en étais capable. » Il m'a jeté un étrange regard. Je croyais rehausser sa confiance ; ai-je dit quelque chose de mal ?

Quand un père dit : « J'ai toujours cru que tu en étais capable », il souligne sa propre omniscience plutôt que le succès de son fils. Celui-ci peut même se dire : « Comment mon père pouvait-il savoir que je gagnerais ? Je l'ignorais moi-même. »

La description du succès de l'enfant lui serait beaucoup plus utile : « Ce succès représente des mois passés à t'exercer avec beaucoup de détermination ! »

5 Mon fils reçoit beaucoup de compliments de ma part. Malgré tout, il continue d'avoir peur de prendre le risque d'échouer. Il s'écroule sous le poids d'une défaite. Y a-t-il quelque chose à faire ?

Vous pouvez lui rendre service de plusieurs façons.

QUAND QUELQUE CHOSE LE DÉRANGE, NE MINIMISEZ PAS SA DÉTRESSE. (« IL N'Y A PAS DE RAISON D'ÊTRE SI DÉCOURAGÉ. »)
Dites plutôt franchement ce qu'il ressent, d'après vous. « Ça doit être très frustrant d'avoir travaillé si longuement à un projet et de constater qu'il n'est pas à la hauteur de ce que tu avais imaginé ! »

Quand il sait qu'on comprend sa frustration, l'enfant peut se détendre intérieurement.

VOUS AIDEZ L'ENFANT QUAND VOUS ÊTES CAPABLE D'ACCUEILLIR SES ERREURS ET DE LES CONSIDÉRER COMME UNE PARTIE IMPORTANTE DU PROCESSUS D'APPRENTISSAGE.
Il est même possible de signaler qu'une erreur peut, en fait, devenir une découverte : il vient d'apprendre quelque chose de nouveau. « Tu as découvert qu'un jaune d'oeuf mou peut durcir s'il reste dans l'eau chaude. »

Vous l'aidez aussi quand vous êtes capable d'accepter vos propres erreurs.

Quand les parents se font des reproches, les enfants concluent qu'ils doivent en faire autant s'ils font des erreurs. « J'ai encore oublié ma clé. Où ai-je la tête ? Que c'est bête ! Pourquoi suis-je aussi idiot ? Je n'apprendrai donc jamais. »

Offrons à nos enfants un modèle plus respectueux de la nature humaine, un modèle plus orienté vers les solutions. Quand nous faisons une erreur, ayons la présence d'esprit de saisir l'occasion pour nous dire à haute voix : « Ah ! zut ! J'aurais souhaité ne pas oublier cette clé. C'est la deuxième fois. Je sais : je vais en faire un double et le garder dans un endroit secret. »

En étant aimables à notre égard, nous enseignons à nos enfants à l'être aussi envers eux-mêmes.

QUAND LES PARENTS FONT DES COMPLIMENTS

Un soir, au cours d'une discussion, plusieurs parents comparaient leur facilité à tenir pour acquis les bons comportements de leur enfant et insistaient sur l'effort qu'il leur faut déployer pour faire un commentaire admiratif. Ils ont décidé de se donner personnellement une tâche : rechercher les comportements positifs de leurs enfants et les commenter au lieu de laisser filer l'occasion. Une mère a ramené la liste suivante. Il s'agit de choses que, normalement, elle n'aurait jamais mentionnées à son fils de cinq ans.

- Cette semaine, Paul a appris la définition du mot *évaporation*.
- Ses gestes étaient doux quand il a joué avec un bébé de sept mois.
- Il est demeuré à l'écart en silence après m'avoir entendu dire que j'avais besoin de tranquillité.
- Il a exprimé sa colère par des mots.

Une autre mère nous a raconté :

> Hier, Joshua (3 ans et 9 mois) voulait se faire lire une histoire alors que j'étais sur le point de sortir avec lui. Quand je lui ai dit que je n'avais pas le temps de lire, il a répondu : « Pas me lire *avant* de partir ; je voulais dire *après* notre retour à la maison. »
> Je lui ai dit : « Joshua, toi, tu connais vraiment la différence entre *avant* et *après* ! » Il a répondu fièrement : « Ouais ! » Puis, après un moment de réflexion, il a ajouté : « Et je sais quand je veux un biscuit : *avant* le repas ! »

Voici un autre exemple. Il vient d'un père qui a décidé de se mettre à reconnaître les points forts de sa fille de sept ans. Un matin, il lui a dit : « Je vois une fille qui peut se lever toute seule le matin, prendre son petit déjeuner, se laver, s'habiller et être prête à temps pour l'école. Voilà ce que j'appelle prendre ses responsabilités ! »

Quelques jours plus tard, alors qu'elle se brossait les dents, elle a appelé son père et, en montrant sa bouche du doigt, elle a dit : « Voilà ce que j'appelle des dents propres ! »

Plusieurs parents ont observé que les compliments semblent motiver leurs enfants à devenir plus coopératifs, à travailler plus fort que jamais. En voici quelques exemples.

> Mon mari et moi, nous voulions faire la grasse matinée un dimanche matin et nos deux enfants ne sont pas venus nous réveiller comme d'habitude. Quand je me suis levée, je suis allée leur dire : « Brigitte (6 ans), comme tu as dû trouver difficile de ne pas venir dans la chambre de papa et maman. Il t'a sans doute fallu beaucoup de volonté ! »

Brigitte a répondu : « Je sais ce que le mot volonté veut dire ! C'est quand tu as envie de réveiller ta maman et ton papa, mais que tu sais que tu ne devrais pas. Alors, tu ne le fais pas. Maintenant, je vais aller mettre la table et préparer le petit déjeuner ! »
    Et c'est ce qu'elle a fait.

Michel m'a demandé de venir dans sa chambre pour me montrer qu'il avait fait son lit pour la première fois. Il sautait partout, incapable de contenir son enthousiasme. Je n'ai pas eu le coeur de lui dire que le couvre-lit ne recouvrait pas l'oreiller et qu'il pendait d'un côté alors qu'il était trop court de l'autre. J'ai simplement dit : « Ça alors ! Tu as réussi à mettre le couvre-lit sur presque tout le lit ! »
    Le lendemain matin, il m'a appelée de nouveau pour me dire : « Regarde, j'ai réussi à couvrir l'oreiller aussi. Et j'ai mis les deux côtés égaux ! »
    Pour moi, c'était vraiment surprenant. J'avais toujours cru qu'il fallait dire à l'enfant ce qui n'était pas bien fait, en vue de l'aider à s'améliorer. Mais en m'entendant décrire ce qu'il avait bien fait, Michel semble avoir désiré s'améliorer de lui-même.

Je trouvais agaçant qu'Hubert ne prenne jamais l'initiative de faire des tâches domestiques. Quand il a eu 9 ans, je me suis dit qu'il devait prendre plus de responsabilités.
    Mardi soir, je lui ai demandé de mettre la table. D'habitude, il a besoin d'encouragements constants pour terminer une tâche, mais cette fois-ci, il a tout fait sans aucun rappel. J'ai dit à mon mari, à portée de voix d'Hubert : « Francis, as-tu vu ce qu'Hubert a fait ? Il a sorti la nappe, la vaisselle, le bol à salade, les serviettes de table et les ustensiles ; il a même pensé à ta bière ! C'est ce que j'appelle prendre réellement ses responsabilités ! »
    Aucune réaction apparente de la part d'Hubert.

Plus tard, en allant coucher le plus jeune, j'ai demandé à Hubert de venir me rejoindre dans 15 minutes. Il a répondu : « D'accord. »

Quinze minutes plus tard, il était déjà au lit. J'ai dit : « Je t'ai offert un délai de 15 minutes pour venir te coucher et te voilà, juste à temps. C'est ce que j'appelle prendre pleinement ses responsabilités. » Il a souri.

Le lendemain, Hubert s'est présenté dans la cuisine avant le repas, en disant : « Maman, je suis venu mettre la table. »

J'étais estomaquée. J'ai dit : « Tu es venu avant même que je te le demande. Ça me fait plaisir ! »

Depuis, j'ai noté d'autres légers indices de changement. Un matin, il a fait son lit sans qu'on le lui demande ; une autre fois, il s'est habillé avant le repas. Il me semble que, plus je recherche ce qu'il y a de meilleur en lui, plus c'est facile pour lui de faire mieux.

J'avais l'habitude d'utiliser un système de récompenses. Quand je me souciais de la conduite de Mélissa, je disais : « Si tu es sage, je t'achèterai une crème glacée, un nouveau jouet, n'importe quoi. » Mélissa se comportait correctement cette fois-là, mais il fallait que je lui promette une autre récompense la fois suivante.

Récemment, j'ai cessé de dire : « Si tu es sage, je t'achèterai… » Je dis plutôt : « Mélissa, ça m'aiderait vraiment si… » Et quand elle se comporte correctement, j'essaie de lui décrire ce qui m'a plu.

Par exemple, la semaine dernière, je lui ai dit combien j'aimerais qu'elle m'aide à recevoir ses grands-parents afin qu'ils se sentent les bienvenus durant leur visite. Pendant leur séjour, elle a été fantastique avec eux. Après leur départ, je lui ai dit : « Grand-maman et grand-papa ont vraiment apprécié ce que tu as fait durant leur séjour. Tu leur as raconté des histoires drôles, tu leur as offert des chocolats et tu leur as montré ta collection d'emballage de gomme à mâcher. C'est ce que j'appelle de l'hospitalité ! » Le visage de Mélissa s'est éclairé.

Mon ancienne méthode l'amenait à se sentir bien pendant un moment à cause de la récompense qu'elle avait reçue. Maintenant, grâce à la nouvelle approche, c'est en tant que personne qu'elle se sent bien.

Il arrive que les enfants tirent profit des compliments au moment précis où on est le moins enclin à leur en donner, c'est-à-dire quand ils ne se comportent pas particulièrement bien. Dans les deux prochains exemples, voyez comment des parents font des compliments dans des circonstances difficiles.

L'an dernier, la calligraphie de Lisa (9 ans) était déplorable. L'enseignante me l'a mentionné. Je me suis sentie moi-même critiquée. Je me suis mise à faire remarquer à Lisa, chaque soir, comment son travail était négligé et ses lettres mal formées.

Quelque mois plus tard, Lisa a écrit une note à l'enseignante pour lui dire combien elle l'aimait. La note n'était pas signée. Quand j'ai mentionné à Lisa qu'elle avait oublié de signer la note, elle a dit : « Mon enseignante saura qu'elle vient de moi, à cause de ma mauvaise écriture. »

J'ai eu un coup au coeur ! Lisa l'avait mentionné avec un réel détachement : son écriture n'était pas belle et il n'y avait rien à faire à ce sujet. Pour elle, c'était un fait !

Après un peu de lecture dans *Liberated Parents / Liberated Children*, je me suis reprise. Quand Lisa me montrait ses travaux scolaires, chaque fois que je trouvais une phrase, un mot ou au moins une lettre bien écrite, je la commentais au lieu de la critiquer. Après quelques mois sans critique et une légère touche de compliments bien mérités, son écriture s'était améliorée de 100 % !

Ce jour-là, je me suis sentie particulièrement heureuse d'avoir à ma disposition les quelques habiletés que j'avais acquises.

Je rentrais chez moi en auto avec mes trois enfants (2, 6 et 9 ans). Jennifer, ma fille de 6 ans, a décidé d'ouvrir un grand sac en plastique rempli de graines de tournesol. Bien sûr, elle l'a répandu partout dans l'auto. Toutes sortes de réactions ont alors traversé mon cerveau tourmenté : « Espèce de goinfre ! Tu n'aurais pas pu attendre d'être rendu à la maison ? Regarde ce que tu as fait ! »

J'ai plutôt choisi de décrire le problème, d'une voix détachée. « Il y a des graines partout dans l'auto. Il va falloir passer l'aspirateur. »

Aussitôt arrivée, Jennifer est allée chercher l'aspirateur dans le placard. Toutefois, rien ne va jamais de soi : en sortant l'appareil, elle a renversé une plante et la terre s'est répandue partout dans l'entrée de ma chambre. C'en était trop pour une petite fille de six ans. Elle s'est effondrée en larmes.

L'espace d'un instant, je me suis demandé quoi faire. Puis j'ai essayé de refléter ses sentiments. « C'en est trop ! Comme c'est frustrant ! » Et ainsi de suite. Elle s'est finalement calmée suffisamment pour s'attaquer à l'auto, mais la pensée de la chambre ne l'avait pas quittée. Après avoir nettoyé l'auto, elle m'a appelée. Au lieu de l'évaluer, je lui ai fait part de ce que j'observais : « L'auto était pleine de graines et maintenant, je n'en vois plus une seule. »

Elle était tellement contente d'elle-même qu'elle a dit : « Et *maintenant,* je vais nettoyer ta chambre. »

J'ai répondu : « Oh ! je vois », en me réjouissant intérieurement.

Certains parents ont découvert qu'il est même possible d'utiliser les compliments dans les moments les plus invraisemblables : quand les enfants ont fait une chose qu'ils n'auraient pas dû faire. Au lieu de les gronder, ils les incitent à mieux faire en leur rappelant des comportements passés dignes de louange. Voici le récit d'une mère.

Quand Karine m'a dit avoir perdu sa carte d'abonnement de métro en croyant l'avoir laissé tomber de sa poche, mon premier mouvement a été de l'engueuler pour sa négligence. Mais elle avait l'air si désolé que j'ai plutôt dit : « En y pensant bien, Karine, je m'aperçois que tu as réussi à garder ta carte d'abonnement pendant plus d'une année. Ça représente un grand nombre de jours où tu t'es montrée responsable. »

Elle a répliqué : « Je suppose. Mais je ne prendrai plus de risque. Quand j'aurai une nouvelle carte, je la garderai dans mon portefeuille. »

Un autre dividende qui découle du compliment descriptif est le courage qu'il semble générer chez certains enfants. Les exemples suivants illustrent ce que nous voulons dire.

Kristine a huit ans. D'aussi loin que je puisse me souvenir, elle a toujours eu peur du noir. Après s'être couchée, elle pouvait se lever une douzaine de fois pour aller à la salle de bain, pour demander de l'eau ou simplement pour s'assurer que nous étions là.

La semaine dernière, elle a reçu son bulletin scolaire. Il était rempli de compliments descriptifs. Elle a passé toute la journée à l'admirer et à le relire maintes et maintes fois. Juste avant de se coucher, elle a cité son bulletin : « Fille responsable, qui travaille bien avec les autres, obéit aux règlements, respecte les autres, lit des livres d'une classe plus avancée qu'elle. » Elle a ajouté : « Cette fille-là *n'a pas peur de ce qui n'est pas là !* Je vais me coucher. »

Je ne l'ai revue que le lendemain matin.

J'ai tellement hâte de rencontrer l'enseignante lors de la prochaine rencontre parents-maîtres, pour lui dire à quel point ses mots sont importants pour une petite fille.

Benjamin a 9 ans. Il a toujours été timide et il manque de confiance en soi. Dernièrement, j'écoute ses sentiments, tout en essayant de diminuer mes conseils, contrairement à mon habitude. À la place, je lui fais beaucoup de compliments. Voici la conversation que nous avons eue, il y a deux jours.

BENJAMIN : Maman, j'ai des problèmes avec Mme L. Elle est toujours sur mon dos et elle fait des remarques à mon sujet devant toute la classe.
MAMAN : Oh !
BENJAMIN : Oui. Tu sais, quand je me suis fait couper les cheveux, elle a dit : « Regardez, les enfants. On a un nouveau garçon dans l'école. »
MAMAN : Hum !
BENJAMIN : Et quand j'ai mis mon nouveau pantalon à carreaux, elle a dit : « Oh ! Regardez *Monsieur Pantalon de Fantaisie.* »
MAMAN : *(incapable de résister)* Je crois que tu devrais lui en parler !
BENJAMIN : Je l'ai déjà fait. Je lui ai demandé : « Pourquoi faut-il toujours que vous soyez sur mon dos ? » Elle a dit : « Une autre insulte du genre et je t'envoie chez le directeur ! » Maman, je me suis senti tellement humilié ! Qu'est-ce que je peux faire ? Si je raconte tout ça au directeur, alors là, elle sera vraiment sur mon dos !
MAMAN : Hum !
BENJAMIN : Eh bien, je pourrais peut-être tenir le coup. Il reste seulement 30 jours avant les vacances.
MAMAN : C'est vrai.
BENJAMIN : Non, je ne peux plus endurer ça ! Ce serait mieux que tu viennes à l'école avec moi.
MAMAN : Benjamin, je crois que tu es capable de prendre cette situation en mains. J'ai une grande

confiance en toi. Il y a de fortes chances que tu fasses ce qu'il faut faire. *(On s'embrasse.)*

Le lendemain :

BENJAMIN : Maman, je me sens fier de moi. Je suis allé chez le directeur. Il a dit que j'avais eu du courage d'être allé le rencontrer et qu'il était content de me voir assez fort pour le faire. Il était aussi content que j'aie eu assez de confiance en lui pour aller lui faire part de mon problème. C'est son travail, tu sais.
MAMAN : Tu as fait la chose qu'il fallait dans une situation difficile. Et tout seul à part ça !
BENJAMIN : Ouais ! *(Il a l'air de mesurer deux mètres !)*

Le dernier exemple illustre l'inspiration qu'un entraîneur a su insuffler à une jeune équipe de football grâce aux compliments descriptifs. Après chaque match, il fait parvenir une lettre à chacun des membres de l'équipe (composée d'enfants de 6 et 7 ans). Voici des passages de trois de ces lettres.

Le 16 septembre.

Chers Tomahawks,
Dimanche, vous n'étiez rien de moins que de la dynamite ! À l'offensive, nous avons fait une explosion de six buts, le meilleur résultat de l'année. À la défensive, nous avons gardé le ballon à la limite de leur zone pendant tout le match. Le seul but qu'ils ont compté est arrivé alors que le résultat ne faisait plus de doute.

La prochaine séance d'entraînement aura lieu samedi, au terrain d'Amirault, de 10 h à 11 h 15. À bientôt.

Sincèrement,
Robert Grondin, entraîneur

Le 23 octobre.

Chers Tomahawks,

QUEL MATCH ! QUELLE ÉQUIPE !

Non seulement notre défense *presse-citron* a-t-elle bloqué l'une des équipes les plus fortes de la ligue, mais vous les avez si bien tenus en échec qu'ils ont pu faire seulement quelques bons lancers au but. Notre offensive était vraiment bien équilibrée : nos buts ont été marqués par cinq joueurs différents. Plus important encore, plusieurs de ces buts étaient le résultat de bons jeux de passe et du maintien des bonnes positions sur le terrain. Cette victoire est réellement une victoire d'équipe : chaque joueur y est allé d'une contribution importante.

Nous sommes encore en deuxième position, seulement un point de moins que les Élites, et il reste deux matches à jouer. De toute façon, peu importe le classement final, vous pouvez être fiers de la façon dont vous avez joué au cours de cette saison.

Nous aurons notre séance d'entraînement habituelle dimanche, au terrain d'Amirault, de 10 h à 11 h 15.

À bientôt. Sincèrement,

Robert Grondin, entraîneur

Le 30 octobre.

Chers C H A M P I O N S !

Les matchs de la semaine dernière ont été les plus excitants qu'il m'ait été possible de voir ! Pendant toute l'année, les Tomahawks ont démontré qu'ils sont aussi forts à l'attaque qu'à la défense. Cette fois-ci, ils ont démontré qu'ils ont du coeur au ventre et un esprit combatif. Même si le temps s'écoulait très vite, vous n'avez jamais lâché et vous êtes parvenus à une victoire éclatante, vraiment bien méritée.

Félicitations à chacun d'entre vous : vous êtes tous des champions, sans exception !

Sincèrement,

Robert Grondin, entraîneur

6 | Aider les enfants à se dégager des rôles qui les empêchent de s'épanouir

PREMIÈRE PARTIE

JE ME SOUVIENS DE LA NAISSANCE DE MON FILS, David. Cinq secondes s'étaient écoulées et il n'avait toujours pas respiré. J'étais terrifiée. L'infirmière lui a tapé dans le dos. Aucune réaction. La tension était devenue intolérable. Elle a lancé : « C'est un petit têtu ! » Toujours pas de réponse. Un instant plus tard, il s'est finalement mis à pleurer, de ce cri perçant du nouveau-né. Mon soulagement était indescriptible.

Mais plus tard, le même jour, je me suis surprise à me demander : « Est-il réellement têtu ? » Quand je suis rentrée chez moi avec lui, j'avais mis de côté le commentaire de l'infirmière : des paroles de folle ! Quelle idée d'étiqueter un nouveau-né âgé à peine d'une demi-minute !

Pourtant, au cours des années subséquentes, chaque fois qu'il persistait à pleurer, en dépit de mes caresses et du temps que je passais à le bercer; chaque fois qu'il refusait de goûter à un aliment nouveau ou de faire la sieste; chaque fois qu'il regimbait à l'idée de prendre l'autobus pour la maternelle ou qu'il refusait de porter un chandail malgré le froid, cette pensée me revenait à l'esprit : « L'infirmière avait raison, il est têtu ! »

J'aurais dû le savoir : tous les cours de psychologie nous préviennent contre le danger des prédictions créatrices. Si l'on étiquette un enfant comme étant lent à apprendre, il peut se mettre à se percevoir comme quelqu'un qui apprend lentement. Si l'on commence à percevoir un enfant comme étant espiègle, il y a de bonnes chances qu'il vous montre jusqu'à quel point il peut l'être. Il me fallait donc à tout prix éviter de cataloguer mon enfant. J'étais parfaitement d'accord ; pourtant, j'avais bien du mal à cesser de voir David dans le rôle de l'*enfant têtu*.

Le seul réconfort qui me restait était de constater que je ne n'étais pas la seule. Au moins une fois par semaine, j'entendais quelque part une mère ou un père dire quelque chose du genre :

- Mon aîné est un enfant problème. Le plus jeune est un ange.
- Robert est une petite brute, de naissance.
- Benoît est naïf. Tout le monde peut profiter de lui.
- Michel, c'est l'avocat de la famille. Il a réponse à tout.
- Je ne sais plus quel mets préparer pour Julie. Elle est si capricieuse.
- C'est du gaspillage que d'acheter des choses neuves pour Richard. Il abîme tout ce qui lui tombe sous la main. Cet enfant est tout simplement un brise-fer.

Autrefois, je me demandais comment ces enfants en étaient venus à se faire étiqueter de la sorte. Aujourd'hui, après avoir entendu pendant des années ce qui se passe dans les familles, je réalise que l'attribution d'un rôle à un enfant peut commencer de façon fort innocente. Par exemple, un beau matin, Marie dit à son frère : « Donne-moi mes lunettes. »

Son frère répond : « Va les chercher toi-même et cesse de faire le patron. »

Plus tard, elle dit à sa mère : « Brosse-moi les cheveux et assure-toi de bien défaire tous les nœuds. » La mère réplique : « Marie, tu joues encore au patron. »

Peu après, elle dit à son père : « Ne parle pas, s'il te plaît ; j'écoute ma musique. » Le père répond : « Écoutez parler le grand patron ! »

Et peu à peu, l'enfant à qui on a donné une appellation se met à jouer le jeu. Après tout, si tout le monde appelle Marie le patron, c'est qu'elle doit l'être.

Vous vous dites peut-être : « Il n'y a aucun mal à *penser* qu'un enfant joue au patron. Ce qui compte, c'est d'éviter de le *désigner* de cette façon. » Il convient de regarder attentivement cette pensée. La façon dont les parents *pensent* à leur enfant peut-elle influencer ce que *pense* l'enfant à propos de lui-même ? Faisons maintenant une expérience afin de jeter un éclairage sur cette question. Tout en lisant les scénarios qui suivent, imaginez que vous êtes réellement un enfant, dans chacune des scènes.

Scénario 1

Tu as environ huit ans. Un soir, tu entres au salon et tu aperçois tes parents en train de faire ensemble un énorme casse-tête[1]. Aussitôt que tu constates ce qu'ils sont en train de faire, tu demandes si tu peux les aider.

Ta mère répond : « As-tu déjà fais tes devoirs ? As-tu tout compris ? »

Tu dis : « Oui » et tu demandes une fois de plus si tu peux les aider.

Ta mère insiste : « Es-tu bien certain(e) d'avoir compris tous tes devoirs ? »

Ton père ajoute : « Je repasserai tes maths avec toi un peu plus tard. »

Tu leur proposes encore ton aide. Ton père répond : « Observe bien comment nous faisons, ta mère et moi. Ensuite, tu verras si tu es capable de placer une pièce par toi-même. »

Comme tu t'apprêtes à placer une pièce, ta mère te dit : « Non, ma chérie (mon chéri). Ne vois-tu pas que cette pièce a un côté droit ? Comment peux-tu mettre un côté droit dans le milieu d'un casse-tête ? » Elle soupire bruyamment.

---

1   Utilisé au Canada pour éviter l'anglicisme *puzzle*.

Comment tes parents te perçoivent-ils ?
_____
_____

Comment te sens-tu quant à la perception qu'ils ont de toi ?
_____
_____

Scénario 2

La même scène. Tu entres au salon et tu trouves tes parents en train de faire un casse-tête. Tu demandes si tu peux les aider.

Ta mère répond : « Tu n'as rien d'autre à faire ? Regarder la télé ? »

Tes yeux s'arrêtent soudain sur une pièce de la cheminée, dans le casse-tête. Tu allonges la main pour le saisir.

Ta mère dit : « Attention ! Tu vas tout gâcher ce que nous avons fait. »

Puis ton père : « On ne peut jamais avoir la paix, même pas un seul instant ! »

Tu insistes : « S'il vous plaît, juste une pièce ! »

« Tu ne cèdes jamais, n'est-ce pas ? » réplique ton père.

Ta mère ajoute : « D'accord, *une* pièce, mais c'est tout ! » Elle regarde ton père, secoue la tête en roulant les yeux.

Comment tes parents te perçoivent-ils ?
_____
_____
_____

Comment te sens-tu quant à la perception qu'ils ont de toi ?
_____
_____
_____

Scénario 3

La même scène. Quand tu vois que tes parents s'amusent à faire un casse-tête, tu t'approches pour les regarder.

Tu demandes : « Est-ce que je peux vous aider ? »
Ton père dit : « Approche-toi. »
Tu vois une pièce. Tu es certain(e) qu'elle fait partie du nuage et tu essaies de la mettre en place. Elle ne va pas là.
Ta mère dit : « Presque ! »
Ton père ajoute : « Les pièces qui ont des côtés droits vont généralement sur les côtés. »
Tes parents continuent à faire le casse-tête. Tu étudies l'image pendant un moment. Finalement, tu trouves l'endroit où placer ta pièce.
Tu dis : « Regardez, ça va là ! »
Ta mère sourit.
Ton père dit : « À force d'essayer, tu as trouvé où allait cette pièce. »

Comment tes parents te perçoivent-ils ?
_____
_____
_____

Comment te sens-tu quant à la perception qu'ils ont de toi ?
_____
_____
_____

Êtes-vous surpris de constater la rapidité avec laquelle vous avez saisi l'opinion de vos parents à votre égard ? Parfois, il faut tout juste quelques mots, un regard, un ton de voix, pour vous signifier que vous êtes *lent, stupide, une petite peste* ou encore une personne fondamentalement aimable et capable ! Ce que vos parents pensent de vous peut facilement vous être communiqué en quelques secondes. Quand vous multipliez ces secondes par des heures de contact quotidien entre parents et enfants, vous pouvez vous rendre compte jusqu'à quel point de jeunes personnes peuvent être influencées par ce que leurs parents pensent d'elles. Non seulement leurs sentiments en sont modifiés, mais leur comportement l'est également.

Quand vous teniez le rôle de l'enfant et que vos parents vous percevaient comme étant *lent*, avez-vous senti une diminution de votre confiance en vous ? Auriez-vous même essayé de continuer à faire le casse-tête ? Vous êtes-vous senti frustré de constater que vous n'êtes pas aussi rapide que tout le monde autour de vous ? Vous êtes-vous dit : « Ça ne vaut même pas la peine d'essayer ! » ?

Quand on vous percevait comme une *petite peste*, avez-vous senti qu'il fallait vous affirmer pour ne pas être repoussé ? Vous êtes-vous senti rejeté ou vaincu d'avance ? Avez-vous ressenti de la colère, l'envie de vous venger en défaisant leur casse-tête idiot ?

Quand on vous considérait comme fondamentalement *aimable et compétent*, vous êtes-vous senti capable de vous comporter comme une personne fondamentalement aimable et compétente ? Après une erreur, auriez-vous été porté à abandonner ou à essayer une fois de plus ?

Quelles que soient vos réactions, on ne risque guère de se tromper en concluant que l'opinion des parents au sujet de leur enfant peut avoir un effet non seulement sur sa façon de se sentir, mais également sur son comportement.

Si un enfant a déjà été confiné dans un rôle, pour quelque raison que ce soit, cela veut-il dire qu'il est condamné à jouer ce rôle pour le reste de ses jours ? Est-il prisonnier du rôle ou peut-on l'aider à s'en libérer, pour lui permettre d'atteindre la pleine mesure de son potentiel ?

Dans les pages qui suivent, vous allez trouver six habiletés qui peuvent être utiles à tous les parents qui désirent aider leur enfant à se dégager d'un rôle.

Pour aider un enfant à se dégager d'un rôle qui l'empêche de s'épanouir

1. Recherchez les occasions de lui présenter une nouvelle image de lui-même.
2. Placez-le dans des situations qui lui permettent de se voir d'un oeil différent.
3. Faites en sorte qu'il vous entende dire des choses positives à son sujet.
4. Donnez vous-même l'exemple du comportement que vous souhaitez lui inculquer.
5. Soyez le coffre aux trésors de ses bons coups.
6. Quand son comportement reflète l'ancienne image qu'il avait de lui-même, exprimez vos sentiments ou vos attentes.

Recherchez les occasions de lui présenter une nouvelle image de lui-même

Brise fer

Tu as ce jouet depuis l'âge de trois ans et il a l'air presque neuf !

Pleurnicheur

J'aime cette façon de me parler. Tu as dit ce que tu avais à dire sur un ton très agréable.

Je voudrais un sandwich au fromage pour le goûter aujourd'hui.

Lente

J'étais sur le point d'appeler un réparateur pour le frigo quand tu t'es demandé si le fil était bien branché. D'où t'est venue cette idée ?

Peu fiable

Avec tout ce qui te trotte dans la tête, tu t'es rappelé de vérifier si tes gants étaient dans la boîte d'objets perdus. Voilà ce qui s'appelle prendre ses responsabilités !

Placez-le dans des situations qui lui permettent de se voir d'un œil différent

Espiègle

> Jérémie, je ne serai pas à la maison cet après-midi. Alors, je te charge de nourrir le chien et de le promener.

Distrait

> Nous avons besoin de deux litres de lait. Penses-tu que c'est plus sûr de mettre l'argent dans ton porte-monnaie ou dans ta poche ?

Maladroite

> Sara, voudrais-tu prendre le tournevis et serrer les vis de ces poignées ?

Gourmand

> Maman, tu aurais dû voir ton petit-fils recevoir ses piqûres contre les allergies, aujourd'hui...

Faites en sorte qu'il vous entende dire des choses positives à son sujet

Pleurnichard

> Maman, tu aurais dû voir ton petit-fils recevoir ses piqûres contre les allergies, aujourd'hui...

> Il a simplement tendu le bras tout en parlant au médecin. Et tu sais, ces piqûres peuvent vraiment être douloureuses !

Excité

> Philippe et moi faisions du maïs soufflé quand l'huile de la casserole a pris feu. Pendant que je me demandais quoi faire,

> il a vite placé le couvercle sur la casserole, ce qui a éteint les flammes. J'appelle ça avoir du sang-froid dans un moment de crise !

Donnez vous-même l'exemple du comportement que vous souhaitez lui inculquer

Mauvais perdant

Désorganisée

Soyez le coffre aux trésors de ses bons coups

Manque de coordination

Quand son comportement reflète l'ancienne image qu'il avait de lui-même, exprimez vos sentiments ou vos attentes

Gourmand

On devrait partager les biscuits entre tous les membres de la famille! Je m'attends à ce que tu puisses te dire non à toi-même.

Plaintive

Il faut que tu me conduises au magasin!

Cette façon de me parler me contrarie. Peux-tu me le demander d'une autre façon?

Brise fer

Ça me fâche de voir ces rails de train neufs écrasés et tordus. Je m'attends à ce qu'ils soient remis dans leur boîte quand il ne servent pas.

Mauvais perdant

Ça ne me plaît pas! Même si tu es très déçu, je m'attends à ce que tu gardes l'esprit sportif quand tu perds.

Les habiletés qui aident un enfant à se percevoir différemment ne se limitent pas à celles qu'on présente dans ce chapitre. Toutes les habiletés avec lesquelles vous avez travaillé jusqu'à maintenant dans ce livre peuvent contribuer à ouvrir la porte au changement. Par exemple, une mère qui avait l'habitude de dire à son fils qu'il avait une *mémoire pleine de trous* lui a écrit cette note pour l'aider à se percevoir comme une personne capable de ne pas oublier, quand il le veut.

> *Cher Georges,*
> *Ton professeur de musique a téléphoné aujourd'hui*
> *pour me dire que tu n'avais pas ta trompette*
> *lors des deux dernières répétitions de la fanfare.*
> *Je te fais confiance pour qu'à l'avenir,*
> *tu trouves une façon de ne pas l'oublier.*
> *Maman*

Un père a décidé d'utiliser la résolution de problème plutôt que de traiter son fils de brute. Il lui a dit : « Je sais que ça te met en colère quand ton frère siffle alors que tu essaies de te concentrer pour faire tes devoirs. Mais il est *hors de question* de le frapper pour qu'il cesse. Quel autre moyen pourrais-tu prendre pour obtenir la tranquillité dont tu as besoin ? »

L'idée d'aider un enfant à se percevoir différemment vous semble-t-elle difficile à mettre en pratique ? Je ne crois pas qu'il existe, pour les parents, de défi plus grand que celui-là. Quand un enfant persiste à adopter le même genre de comportement pendant une longue période de temps, cela exige une grande retenue de notre part pour éviter de renforcer ce comportement négatif en laissant échapper : « Ça y est, tu recommences ! » Il faut un acte de volonté pour trouver le temps nécessaire afin de dresser un plan de campagne en vue d'aider un enfant à se dégager d'un rôle.

Si vous voulez y consacrer du temps dès maintenant, demandez-vous :

1. Mon enfant se retrouve-t-il en train de jouer un rôle qu'on lui a attribué ? À la maison ? À l'école ? Avec ses amis ? Avec la parenté ? Quel est ce rôle ?
   _____

2. Ce rôle comporte-t-il un aspect positif ? Par exemple, un esprit joyeux chez le *joueur de tours*, de l'imagination chez le *rêveur*.
   _____
   _____
   _____

3. Quelle pensée aimeriez-vous voir votre enfant entretenir à propos de lui-même ? (capable d'être responsable ; capable de mener un travail à bonne fin, etc.)
   _____
   _____
   _____
   _____

En répondant à ces questions difficiles, vous avez accompli un travail préliminaire. Le vrai programme est encore à venir. Regardez maintenant les habiletés énumérées plus bas. Écrivez ensuite les mots qu'on pourrait utiliser pour mettre chaque habileté en pratique.

1. RECHERCHEZ LES OCCASIONS DE PRÉSENTER À CET ENFANT UNE NOUVELLE IMAGE DE LUI-MÊME.
_____
_____
_____
_____
_____

2. Placez l'enfant dans une situation où il peut se voir d'un oeil différent.

3. Faites en sorte que l'enfant vous entende dire des choses positives à son sujet.

4. Soyez vous-même l'exemple du comportement que vous souhaitez inculquer à l'enfant.

5. Soyez le coffre aux trésors des bons coups de l'enfant.

6. Quand son comportement reflète l'ancienne image qu'il avait de lui-même, exprimez vos sentiments ou vos attentes.

7. Selon vous, y a-t-il d'autres habiletés qui pourraient être utiles ?

_____
_____
_____
_____

Il y a déjà plusieurs années, j'ai moi-même fait l'exercice que vous venez de faire. Qu'est-ce qui m'y avait poussée ? Un soir que j'allais chercher David, après sa rencontre de scouts, le chef scout m'a prise à part. Il avait une expression sévère.

– « Que se passe-t-il ? ai-je demandé nerveusement.
– Je veux vous parler de David. Nous avons des difficultés avec lui.
– Des difficultés ?
– David refuse de suivre les directives.
– Je ne comprends pas. Quelles directives ? Vous voulez dire celles qui concernent le projet auquel il travaille actuellement ? »

Il a essayé de présenter un sourire patient. « Je veux dire concernant *tous* les projets auxquels nous travaillons depuis le début de l'année. Quand votre fils a une idée en tête, il n'en démord pas. Il a sa propre façon de faire les choses et il n'entend pas raison. Franchement, les autres garçons commencent à en avoir assez de lui. Il fait perdre beaucoup de temps au groupe. Est-il aussi têtu à la maison ? »

Je ne me souviens pas de ma réponse. J'ai balbutié quelque chose, puis j'ai entraîné David vers l'auto et je suis partie rapidement. David a gardé le silence sur le chemin du retour. J'ai allumé la radio, reconnaissante de ne pas avoir à parler. Mon estomac était tellement noué qu'il me faisait mal.

Pour moi, c'était comme si David venait d'être *démasqué*. Pendant des années, je m'étais fait croire qu'il était seulement un peu têtu à la maison, avec moi, avec son père, sa sœur, son frère. Maintenant, je ne pouvais plus me cacher la vérité. On venait de me la confirmer de l'extérieur: David était rigide, obstiné, inflexible.

Il m'a fallu des heures pour m'endormir. J'étais étendue là, à blâmer David de ne pas être comme les autres enfants et à me blâmer moi-même pour toutes les fois où je l'avais appelé *mule* ou *tête de pioche*. C'est seulement le lendemain que j'ai pu replacer l'opinion du chef scout dans son contexte et que je me suis mise à réfléchir aux différentes façons d'aider David.

J'étais certaine d'une chose: il importait de ne *pas* prendre le train déjà en marche, afin d'éviter d'ancrer David encore plus profondément dans ce rôle. Mon travail consistait à rechercher ses points forts et à les renforcer. (Si je ne le faisais pas, qui d'autre le ferait?) D'accord, mon fils avait beaucoup de *volonté* et il était *déterminé*. Mais il était aussi capable d'être flexible et ouvert d'esprit. Et c'était ce côté de lui qui devait être reconnue.

J'ai donc fait la liste de toutes les habiletés que je savais susceptibles d'aider un enfant à se percevoir différemment. Puis, j'ai essayé de réfléchir au genre de situation qui, dans le passé, avait poussé David à regimber. Que lui dire si quelque chose de semblable survenait de nouveau? Voici à quoi j'en suis venue.

1. Recherchez les occasions de lui présenter une nouvelle image de lui-même.
   – David, tu as accepté de venir avec nous chez grand-maman, même si tu aurais préféré rester à la maison pour jouer avec un ami. C'est vraiment *généreux* de ta part.

2. Placez-le dans une situation qui lui permet de se voir d'un oeil différent.

– Chacun des membres de la famille veut aller dans un restaurant différent. David, peux-tu trouver une façon de sortir de cette impasse ?

3. Faites en sorte qu'il vous entende dire des choses positives à son sujet.
– Papa, écoute ce qui s'est passé ce matin. David et moi, nous avons travaillé en vue de trouver un compromis. Il ne voulait pas porter ses bottes de caoutchouc. Moi, je ne voulais pas qu'il aille en classe les pieds mouillés. Finalement, l'idée lui est venue de porter ses vieilles chaussures sur le chemin de l'école, tout en apportant dans un sac des chaussettes et des chaussures sèches afin de pouvoir se changer une fois à l'intérieur.

4. Donnez vous-même l'exemple du comportement que vous souhaitez lui inculquer.
– Je suis tellement déçappointée ! J'avais vraiment le goût d'aller au cinéma ce soir, mais David m'a rappelé que j'avais accepté d'assister à un match de basket-ball. Eh bien, je suppose que je vais remettre le cinéma à une autre semaine.

5. Soyez le coffre aux trésors de ses bons coups.
– Je me souviens que tu te sentais mal à l'aise, au début, à la simple idée d'aller au camp scout. Puis, tu t'es mis à réfléchir. Tu as fait des lectures sur le sujet et tu en as parlé à des enfants qui y étaient déjà allés. Finalement, tu as décidé d'en faire l'expérience.

6. Quand son comportement reflète l'ancienne image qu'il avait de lui-même, exprimez vos sentiments ou vos attentes.
– David, le fait de porter un vieux jean à un mariage est perçu comme un manque de respect. C'est comme si tu disais aux autres invités : « Ce mariage n'est pas important ! » Alors,

même si tu détestes porter un costume et une cravate, moi je m'attends à ce que tu t'habilles de façon appropriée.

7. Y A-T-IL D'AUTRES HABILETÉS QUI POURRAIENT ÊTRE UTILES ? Accueillir davantage les sentiments négatifs de David. Lui offrir plus d'options. Recourir davantage à la résolution de problème.

Voilà l'exercice qui m'a permis de changer par rapport à David. Cela m'a permis de le voir d'un autre oeil et de le traiter comme je commençais à le percevoir. Il n'y a pas eu de changement spectaculaire du jour au lendemain. Certains jours, tout allait vraiment bien. Plus je démontrais de l'admiration pour sa capacité d'être flexible, plus il devenait capable de l'être. D'autres jours, tout allait mal. Ma colère et ma frustration me ramenaient à la case départ, et je me retrouvais avec lui dans un match d'échange de cris.

Mais tout au long de ce parcours, j'ai refusé de me décourager. Je me suis raccrochée à ma nouvelle attitude. Mon fils *déterminé* avait devant lui une mère tout aussi *déterminée*.

Mon petit garçon est maintenant devenu grand. Il n'y a pas si longtemps, comme il ne voulait pas entendre raison (selon mon point de vue), je suis devenue tellement irritée que je me suis oubliée ; je l'ai accusé d'avoir une *tête de cochon*.

Ça l'a saisi ; un instant, il est demeuré sans voix.

– « C'est comme ça que tu me perçois ? a-t-il demandé.
– Eh bien, je… je…, ai-je bégayé avec embarras.
– Ça va, maman, a-t-il dit doucement. Grâce à toi, j'ai maintenant une autre opinion de moi-même. »

Un bref rappel…

Aider un enfant à se dégager d'un rôle qui l'empêche de s'épanouir

A) RECHERCHEZ LES OCCASIONS DE LUI PRÉSENTER UNE NOUVELLE IMAGE DE LUI-MÊME
- Tu as ce jouet depuis l'âge de trois ans et il est encore presque neuf !

B) PLACEZ-LE DANS DES SITUATIONS QUI LUI PERMETTENT DE SE VOIR D'UN ŒIL DIFFÉRENT
- Sara, voudrais-tu prendre le tournevis et resserrer les poignées de ces tiroirs ?

C) FAITES EN SORTE QU'IL VOUS ENTENDE DIRE DES CHOSES POSITIVES À SON SUJET
- Il a tenu son bras bien droit, même si le vaccin lui faisait mal.

C) DONNEZ VOUS-MÊME L'EXEMPLE DU COMPORTEMENT QUE VOUS SOUHAITEZ LUI INCULQUER
- C'est pénible de perdre, mais je vais quand même être bon joueur. Félicitations !

D) SOYEZ LE COFFRE AUX TRÉSORS DE SES BONS COUPS
- Je me souviens de la fois où tu as…

E) QUAND SON COMPORTEMENT REFLÈTE L'ANCIENNE IMAGE QU'IL AVAIT DE LUI-MÊME, EXPRIMEZ VOS SENTIMENTS OU VOS ATTENTES
- Je n'aime pas ça. Même si tu es très déçu, je m'attends à ce que tu sois bon perdant.

DEUXIÈME PARTIE

HISTOIRES DE PARENTS : ACTUELLES ET PASSÉES

Voici des expériences racontées par des parents qui sont déterminés à aider leurs enfants à se dégager des rôles où ils sont confinés.

Pendant la rencontre portant sur les rôles dans lesquels nous enfermons nos enfants, je me suis mise à me sentir mal. Je revoyais tout le dégoût que j'avais éprouvé récemment, à propos de Grégoire. Je me suis rappelé toutes les choses affreuses que je lui avais dites.

- Je souhaiterais que tu puisses te voir agir. Tu te comportes comme un pauvre type.
- Pourquoi es-tu toujours celui qui ralentit tout le monde ?
- Je suppose que je ne devrais pas m'attendre à autre chose de ta part. Je devrais savoir jusqu'à quel point tu peux être déplaisant.
- Tu ne pourras jamais avoir d'amis.
- Conduis-toi comme un enfant de ton âge. Tu te comportes comme si tu avais encore deux ans.
- Tu manges de façon tellement malpropre ! Tu n'apprendras jamais à manger comme du monde.
-

Je considérais Grégoire comme mon *châtiment bien mérité* et je ne lui laissais jamais de répit. Pour couronner le tout, j'avais rencontré son enseignante au cours de la semaine et elle s'était plainte de son immaturité. Il n'y a pas si longtemps, j'aurais probablement été d'accord avec elle, mais ce jour-là, ses paroles me sont tombées dessus comme une tonne de briques. Je me suis dit que la situation ne pouvait pas être pire. J'ai donc décidé d'essayer quelques-unes des choses suggérées dans nos rencontres.

Au début, je me suis rendu compte que j'étais trop en colère pour me montrer gentille. Je savais que Grégoire avait besoin de feed-back positif, mais je pouvais à peine lui parler. Je lui ai donc écrit une note aussitôt qu'il a fait quelque chose de bien.

Cher Grégoire,
La journée d'hier a été agréable pour moi. Tu m'as simplifié la chose : j'ai pu arriver à temps pour participer au transport des gens vers l'école du dimanche. Tu étais déjà debout, tout habillé, et tu m'attendais. Merci.
Maman

Quelques jours plus tard, je devais l'amener chez le dentiste. Comme d'habitude, il s'est mis à courir partout dans la salle d'attente. J'ai retiré ma montre et la lui ai confiée en disant : « Je sais que tu es capable de rester assis tranquille pendant cinq minutes. » Il a eu l'air surpris, mais il s'est assis en attendant son tour.

Après le rendez-vous chez le dentiste, j'ai fait une chose pour la première fois. Je l'ai amené prendre un chocolat chaud seul avec moi. Nous avons même eu une conversation. Ce soir-là, en le mettant au lit, je lui ai confié que j'avais eu du plaisir à passer du temps avec lui.

Je trouve difficile de croire que ces petits gestes peuvent changer quelque chose pour Grégoire, mais il semble chercher à me faire plaisir davantage, ce qui m'encourage. Par exemple, il a laissé ses livres et son manteau traîner par terre dans la cuisine. D'habitude, cela aurait déclenché chez moi des cris de protestation. À la place, je lui ai dit que ça me fâchait de devoir ramasser derrière lui, mais que j'avais confiance qu'il allait désormais penser à ranger ses choses à leur place.

Au repas, j'ai cessé de critiquer constamment ses manières à table. J'interviens seulement s'il fait quelque chose de tout à fait dégoûtant; j'essaie même de ne le lui dire qu'une seule fois.

J'essaie aussi de lui confier plus de responsabilités à la maison, dans l'espoir de le voir se comporter avec plus de maturité. Je lui demande de retirer les vêtements du sèche-linge, de vider les sacs d'épicerie, de ranger les denrées et d'autres tâches du genre. Je l'ai même laissé se faire cuire un oeuf l'autre matin. (Et je n'ai pas ouvert la bouche quand un peu d'oeuf a atterri sur le sol.)

J'ai un peu peur de l'avouer, mais son comportement s'est certainement amélioré. Peut-être parce que je le traite mieux.

Notre fille adoptive s'appelle Heidi. Depuis le jour où nous l'avons eue, elle a fait notre joie. Et en grandissant, elle est devenue une enfant gentille et adorable. Non seulement je la considérais comme ma fierté et ma joie, mais je lui disais une bonne douzaine de fois par jour combien elle me rendait heureuse. Le jour où j'ai lu votre chapitre sur les rôles, je me suis demandé si je n'avais pas mis sur ses épaules la trop lourde charge d'être *sage*, de faire *ma joie*. Je me suis aussi demandé si elle portait en elle d'autres sentiments qu'elle aurait peur de me montrer.

Ma préoccupation m'a amenée à mettre à l'essai quelques nouveautés. La chose la plus importante que j'aie faite, à mon avis, c'est de réfléchir à différents moyens de faire savoir à Heidi que tous ses sentiments sont acceptables, qu'il n'y a aucun mal à se sentir fâchée, dérangée ou frustrée. Un jour que j'étais en retard d'une demi-heure pour aller la chercher à l'école, je lui ai dit : « Tu as dû trouver frustrant d'attendre si longtemps à cause de moi » (au lieu de ma réplique habituelle : « Merci d'avoir été si patiente, ma chérie. ») À une autre occasion, je lui ai dit : « Je parie que tu avais le goût de dire ta façon de penser à ton amie quand elle a oublié le rendez-vous qu'elle avait avec toi !» (au lieu de ma réponse habituelle : «Tu sais, ma chérie, les gens ne sont pas tous aussi pleins d'égards que toi envers les autres.») J'ai aussi essayé de démontrer, par mon comportement, la conduite que j'attendais de sa part. J'ai commencé à me permettre de parler plus souvent de mes propres sentiments négatifs. L'autre jour, je lui ai dit : «Pour l'instant, je me sens grincheuse et j'aimerais bien que tu me laisses seule pendant quelque temps.» Et quand elle m'a demandé d'emprunter mon nouveau foulard, j'ai répondu que je n'avais tout simplement pas le goût de le lui prêter, pour le moment.

J'ai essayé de la complimenter différemment. Au lieu de continuer à dire combien son travail scolaire me rendait heureuse, je décrivais ce qu'*elle* avait accompli : «Voilà un compte rendu clair et bien organisé» sans rien ajouter.

L'autre matin, ce fut l'occasion d'une *première*. Heidi était dans la douche alors que je rinçais un peu de vaisselle. Elle a frappé contre le mur et j'ai diminué de moitié mon utilisation de l'eau chaude. Peu après, elle a surgi dans la cuisine en furie, en criant à pleins poumons : «Je t'avais *demandé* de ne pas utiliser l'eau chaude. J'ai eu une douche glacée !»

Si elle avait fait ça un mois plus tôt, j'aurais subi un choc. Je lui aurais dit : «Heidi, cette façon de te conduire n'est pas convenable !»

Cette fois, j'ai plutôt dit : «Je vois combien tu es fâchée ! Je note mentalement de ne plus utiliser d'eau chaude lorsque tu es sous la douche !»

J'ai l'impression que Heidi va s'affirmer beaucoup plus à l'avenir ; et je suis certaine de ne pas aimer tout ce que je vais entendre. Toutefois, je continue de croire qu'à long terme, c'est plus important pour elle d'être vraie que d'avoir à continuer d'être la *joie de sa maman*.

P.-S. Désormais, quand j'entends des gens me dire comme leurs enfants sont *sages*, je suis un peu sceptique.

Hier, j'étais au terrain de jeu avec mes deux filles. À quatre reprises, je me suis entendue dire à Katia, l'aînée (8 ans) : « Garde un oeil sur Valérie. Tiens-la quand elle grimpe sur l'échelle. Assure-toi de rester près d'elle. »

Je me suis demandé si j'étais en train de placer Katia dans le rôle de la *grande sœur responsable*. Certes, je lui faisais réellement confiance, mais j'exerçais peut-être trop de pression sur elle. Mais en réalité, j'avais réellement besoin de son aide assez souvent.

Je me suis également demandé si je traitais Valérie (5 ans) un peu trop comme un bébé. Je ne prévois pas avoir d'autre enfant ; je suppose donc que ça fait mon bonheur de la traiter de cette façon. Après tout, c'est *elle*, mon bébé.

Plus je réfléchissais, plus je me rendais compte que Katia doit m'en vouloir. Elle refuse de marcher à côté de Valérie quand elles rentrent du terrain de jeu et elle ne veut plus lui lire des histoires. J'ai aussi réalisé qu'à l'âge de Valérie, Katia faisait par elle-même des choses que Valérie ne fait pas encore, comme se verser un verre de lait.

Je n'ai encore rien fait à ce sujet, mais je commence à me faire une idée très précise des besoins de mes deux filles. Valérie a besoin qu'on l'aide à devenir plus autonome, surtout pour son propre bien, mais aussi pour diminuer la pression sur Katia. Et Katia a besoin d'avoir la liberté de choisir si elle veut ou non prendre soin de sa sœur, sauf lorsque j'ai absolument besoin de son aide. Je pourrais aussi, de temps à autre, accorder un peu plus d'attention à Katia. J'ai négligé de le faire depuis trop longtemps.

C'est une vraie chance pour Nathan que j'aie participé à la rencontre de la semaine dernière. De retour chez moi, en fin de matinée, j'ai reçu un appel téléphonique de ma voisine. Sa voix tremblait. Elle avait surpris Nathan en train de cueillir trois de ses précieuses tulipes sur le chemin de l'école.

J'étais hors de moi. J'ai pensé : « Voilà que ça recommence ! » Il va prétendre n'avoir rien à faire dans tout ça, tout comme il l'avait fait quand il a démonté la pendule (j'ai retrouvé les pièces dans sa chambre, plus tard.) Comme il l'avait fait quand il a prétendu qu'on l'avait placé dans une classe plus avancée (au téléphone, l'enseignante m'a dit qu'on ne fait plus ce genre de promotion en plein milieu d'une année scolaire.) Dernièrement, il ment si souvent que son frère a même dit : « Maman, Nathan est encore en train de mentir ! »

Je sais que je n'ai pas trop bien géré la question. Je lui demande toujours de me dire la vérité. S'il ne le fait pas, je le traite de menteur, je lui fais un sermon sur le mensonge ou je le punis. Je suppose que j'ai seulement empiré les choses, mais l'honnêteté est tellement importante pour mon mari et pour moi ! Je ne peux comprendre comment Nathan a pu en arriver là.

De toute façon, comme je l'ai déjà dit, c'est une chance que j'aie pu participer à une rencontre portant sur les rôles, car même si je suis vraiment bouleversée, je sais que je ne veux pas faire jouer à Nathan, une fois de plus, le rôle de *menteur*.

Quand il est rentré pour le repas, je n'ai pas cherché à lui tirer les vers du nez, comme j'aurais fait d'habitude : « C'est toi qui as fait le coup ? Es-tu certain de ne pas l'avoir fait ? Ne me mens pas cette fois. » Voici plutôt ce qui s'est passé. Je suis allée droit au but.

– « Nathan, Mme Thériault m'a dit que tu avais pris ses tulipes.
– Non, je ne l'ai pas fait. Ce n'est pas moi !
– Nathan, elle t'a vu. Elle se tenait près de la fenêtre.
– Tu crois que c'est moi qui dis des mensonges, alors que c'est elle !
– Nathan, je ne veux pas savoir qui ment et qui ne ment pas. La chose est faite. Pour une raison ou pour une autre, tu as décidé de cueillir trois de ses tulipes. Maintenant, on doit trouver une façon de corriger la situation.

- *(Nathan s'est mis à pleurer.)* Je voulais offrir des fleurs à mon enseignante.
- Alors, c'est pour ça. Merci de me dire ce qui s'est passé. Parfois, c'est difficile de dire la vérité, surtout si nous croyons que ça peut nous créer des ennuis. »

Puis il s'est mis à pleurer à chaudes larmes. Je l'ai pris sur mes genoux.

- « Nathan, je vois que tu es désolé. Mme Thériault est vraiment contrariée. Qu'est-ce qu'on pourrait faire ? *(Il a de nouveau fondu en larmes.)*
- J'ai peur de lui dire que je suis désolé !
- Peux-tu l'écrire ?
- Je ne sais pas. Aide-moi. »

Nous avons composé une courte note, qu'il a écrite en lettres moulées (il n'a que 6 ans).

J'ai demandé : « Penses-tu que c'est suffisant ? »

Il me regardait, perplexe. « Que penses-tu de l'idée de lui acheter un pot de tulipes pour lui permettre de remplir les endroits vides ? »

Sa figure s'est éclairée d'un large sourire : « On peut ? »

Aussitôt après l'école, nous nous sommes rendus chez un fleuriste. Nathan a choisi un pot contenant quatre tulipes, puis il a apporté le pot et sa note sur les marches du perron de Mme Thériault. Il a ensuite sonné et est vite rentré.

Je ne crois pas qu'il cueillera de nouveau ses fleurs, et je n'ai pas l'impression qu'il mentira autant à l'avenir. Je sais seulement qu'il sera désormais plus ouvert avec moi. Et quand il ne le sera pas (je suppose que je dois être réaliste), je ne lui ferai pas jouer le rôle de menteur. Je lui fournirai la possibilité de me dire la vérité.

Un jour, vers la fin d'une rencontre portant sur les rôles, un père nous a ramenés à nos propres souvenirs.

Dans mon enfance, je me souviens que j'aimais présenter à mon père toutes sortes de projets farfelus. Il m'écoutait toujours très sérieusement. Puis il disait : « Mon fils, tu peux avoir la tête dans les nuages, mais tu as les pieds bien enracinés dans la terre. » Cette image qu'il m'a donnée de moi-même (quelqu'un qui rêve, mais qui sait aussi voir la réalité en face) m'a été d'un grand renfort au cours des périodes difficiles de ma vie. Je me demande si d'autres personnes, ici présentes, ont vécu ce genre d'expérience.

Dans un grand silence, chacune des personnes présentes s'est retournée vers son passé, retrouvant les messages qui avaient marqué sa vie. Lentement, à tour de rôle, nous nous sommes mis à raconter à voix haute.
— Quand j'étais petit garçon, ma grand-mère me disait souvent que j'avais des mains merveilleuses. Chaque fois que j'enfilais pour elle du fil dans une aiguille ou que je défaisais un nœud dans sa laine, elle disait que j'avais des *doigts de fée*. Je pense que c'est une des raisons pour lesquelles j'ai décidé de devenir dentiste.
— Ma première année d'enseignement a été accablante. Je tremblais chaque fois que mon conseiller entrait dans la salle afin de m'observer pendant une leçon. Par la suite, il me donnait un ou deux conseils, mais il ajoutait toujours : « Je ne m'en ferai jamais à ton sujet, Élise. Au fond, tu te corriges par toi-même. » Je me demande s'il se doute de l'inspiration que ces paroles m'ont apportée. Je m'y raccroche chaque jour. Ils m'ont aidée à croire en moi-même.
— J'avais dix ans quand mes parents m'ont acheté un monocycle. Pendant un mois, je n'ai rien fait d'autre que d'en tomber. Je croyais ne jamais réussir à conduire ce machin ; mais un beau jour, me voilà en train de pédaler tout en gardant l'équilibre !

Ma mère me trouvait extraordinaire. À partir de ce moment, chaque fois que je craignais ne pouvoir apprendre une chose nouvelle, par exemple, l'anglais, elle me disait : « Une fille qui a appris à conduire un monocycle peut sans difficulté apprendre l'anglais. » Je savais que c'était illogique : conduire un monocycle n'a rien à voir avec l'étude d'une langue ! Mais j'adorais l'entendre. Il y a 30 ans de cela. Encore aujourd'hui, quand je me retrouve face à un nouveau défi, j'entends la voix de ma mère : « Une fille capable d'apprendre à conduire un monocycle… » Je peux en rire, mais cette image m'est restée.

Presque chacun des membres du groupe avait un souvenir à raconter. À la fin de la rencontre, nous sommes tous restés là, à nous regarder les uns les autres. Le père qui avait proposé cet échange de souvenirs a secoué la tête en signe d'émerveillement. Quand il a pris la parole, il parlait au nom de nous tous : « Ne sous-estimons jamais le pouvoir que les mots exercent sur la vie d'une jeune personne ! »

7 | Tout mettre ensemble

DES PARENTS NOUS ONT SOULIGNÉ QU'IL EST COMPLIQUÉ D'AIDER les enfants à se dégager des rôles qu'ils jouent. Le processus n'implique pas seulement un changement complet d'attitude envers l'enfant ; il exige aussi une capacité réelle d'appliquer concrètement plusieurs habiletés. Un père nous a dit : « Pour changer un rôle, on doit être vraiment capable de tout mettre ensemble : les sentiments, l'autonomie, la valorisation, une alternative aux punitions, toute l'artillerie quoi ! »

Afin d'illustrer le contraste qui existe entre une mère bien intentionnée et une autre qui établit une relation avec autant d'habileté que d'amour, nous avons écrit deux scénarios (basés sur des personnages tirés du livre *Parents épanouis, enfants épanouis*). Dans chacun des scénarios, Suzanne (7 ans) essaie de jouer le rôle de la *princesse*. Tout en observant comment la mère s'y prend dans le premier scénario, demandez-vous : « Comment aurait-elle pu s'y prendre autrement ? »

LA PRINCESSE - PREMIÈRE PARTIE

LA MÈRE : Salut, tout le monde. Me voilà ! Bonjour, Suzanne ! Tu ne dis pas bonjour à ta mère ? *(Suzanne lève les yeux d'un air maussade et continue à colorier sans tenir compte de sa mère.)*

LA MÈRE : *(dépose ses sacs)* Bon, je crois être presque prête à recevoir nos invités ce soir. J'ai des pâtisseries, des fruits, et *(balançant un sac devant les yeux de sa fille, pour essayer d'obtenir un sourire de sa part)* une petite surprise pour Suzanne.

SUZANNE :	*(attrape le sac)* Qu'est-ce que tu m'as apporté ? *(Sort les choses une par une.)* Des crayons de couleur ? C'est bon. Un étui à crayons. *(Avec indignation)* Un cahier bleu ! Tu sais que je déteste le bleu ! Pourquoi tu n'en as pas acheté un rouge ?
LA MÈRE :	*(sur la défensive)* Voici comment c'est arrivé, mademoiselle. Je me suis rendue dans deux magasins pour toi, et aucun n'avait de cahier rouge. Le supermarché les avait tous vendus, et la papeterie aussi.
SUZANNE :	Pourquoi tu n'as pas essayé le magasin tout près de la banque ?
LA MÈRE :	Je n'avais pas le temps.
SUZANNE :	Eh bien, retournes-y. Je ne veux pas le bleu.
LA MÈRE :	Suzanne, je ne ferai pas une autre course juste pour un cahier. J'ai trop à faire aujourd'hui.
SUZANNE :	Je n'utiliserai pas le cahier bleu. Tu as tout simplement gaspillé ton argent.
LA MÈRE :	*(soupire)* Comme tu peux être gâtée ! Il faut toujours que ça se passe selon ton bon vouloir, n'est-ce pas ?
SUZANNE :	*(essaie le charme)* Non, ce n'est pas ça. Le rouge est ma couleur préférée. Et le bleu, c'est juste… Pouah ! Oh ! s'il te plaît, maman, s'il te plaît !
LA MÈRE :	Eh bien, je pourrai peut-être y retourner plus tard.
SUZANNE :	Très bien. *(Retourne à son coloriage.)* Maman ?
LA MÈRE :	Oui ?
SUZANNE :	Je veux inviter Élisabeth à coucher ce soir.
LA MÈRE :	Ah ! Ça, il n'en est pas question. Tu sais que, ton père et moi, nous avons des invités pour le repas, ce soir.
SUZANNE :	Mais il *faut* qu'elle vienne coucher ici ce soir ; je lui ai déjà dit qu'elle pourrait venir !
LA MÈRE :	Eh bien, rappelle-la et dis-lui qu'elle ne peut pas.

SUZANNE :	Tu es méchante !
LA MÈRE :	Je ne suis pas méchante. C'est simple : je ne veux pas une autre enfant dans les jambes quand je reçois. Te souviens-tu du tapage que vous avez fait la dernière fois ?
SUZANNE :	On ne vous dérangera pas.
LA MÈRE :	*(voix forte)* La réponse est non !
SUZANNE :	Tu ne m'aimes pas ! *(se met à pleurer).*
LA MÈRE :	*(en détresse)* Mais Suzanne, tu sais très bien que je t'aime. *(Lui prend tendrement le menton.)* Voyons, c'est qui ma petite princesse ?
SUZANNE :	S'il te plaît, maman ! Oh ! s'il te plaît. On sera très sages.
LA MÈRE :	*(faiblit un instant)* Eh bien… *(Secoue la tête)* Suzanne, ça ne marchera pas. Pourquoi me compliques-tu toujours la vie ? Quand je dis *non*, c'est *non* !
SUZANNE :	*(lance son livre par terre)* Je te déteste !
LA MÈRE :	*(l'air mécontent)* Depuis quand lance-t-on les livres ? Ramasse-le.
SUZANNE :	Non !
LA MÈRE :	Ramasse-le tout de suite !
SUZANNE :	*(crie à pleins poumons et lance les nouveaux crayons sur le sol, un à un.)* Non ! Non ! Non ! Non !
LA MÈRE :	Je te défends de lancer ces crayons !
SUZANNE :	*(lance un autre crayon)* Je les lancerai si je veux !
LA MÈRE :	*(frappe Suzanne sur le bras)* J'ai dit de cesser, petite peste !
SUZANNE :	*(hurle)* Tu m'as frappée ! Tu m'as frappée !
LA MÈRE :	Tu as cassé les crayons que je t'avais apportés.
SUZANNE :	*(pleure de façon hystérique)* Regarde ! Tu m'as fait une marque.
LA MÈRE :	*(très bouleversée, frotte le bras de Suzanne)* Je suis désolée, ma chérie. C'est juste une petite

	égratignure. Ça doit être à cause de mon ongle. Ça va guérir vite.
SUZANNE :	Tu m'as fait *mal* !
LA MÈRE :	Tu sais que je ne l'ai pas fait exprès. Pour rien au monde maman ne voudrait te faire de mal. Tu sais quoi ? Va téléphoner à Élisabeth et dis-lui qu'elle peut venir ce soir. Est-ce que ça va t'aider à te sentir mieux ?
SUZANNE :	*(encore larmoyante)* Oui.

Comme vous pouvez le constater, il y a des moments où l'amour, la spontanéité et les bonnes intentions ne sont tout simplement pas suffisants. Quand les parents sont sur la ligne de tir, ils ont aussi besoin d'habiletés.

Dans le prochain scénario, vous retrouverez la même mère et la même enfant. Mais cette fois, elle utilise toutes ses habiletés pour aider sa fille à se comporter différemment.

La princesse - Deuxième partie

LA MÈRE :	Salut, tout le monde. Me voilà ! Bonjour, Suzanne ! Je vois que tu es occupée à colorier.
SUZANNE :	*(ne lève pas les yeux)* Ouais !
LA MÈRE :	*(dépose ses sacs)* Voilà. Je crois être prête à recevoir, ce soir. En passant, j'ai pris des fournitures scolaires pour toi pendant mes courses.
SUZANNE :	*(attrape le sac)* Tu m'as acheté quoi ? *(Sort les choses du sac)* Des crayons de couleur, c'est bon. Un étui à crayons. *(Avec indignation)* Un cahier bleu ! Tu sais que je déteste le bleu ! Pourquoi tu n'en as pas acheté un rouge ?
LA MÈRE :	Pourquoi, d'après toi ?
SUZANNE :	*(hésite)* Parce qu'il n'y en avait pas de rouge au magasin ?

LA MÈRE : *(lui accorde du mérite)* Tu l'as deviné.
SUZANNE : Alors, tu aurais dû aller à un autre magasin.
LA MÈRE : Suzanne, quand je me donne la peine de faire un détour pour acheter quelque chose de spécial pour ma fille, ce que j'aimerais entendre c'est : « Merci, maman. Merci pour les crayons de couleur. Merci pour l'étui à crayons. Merci de m'avoir apporté un cahier, même s'il n'est pas de ma couleur préférée. »
SUZANNE : *(à contrecœur)* Merci. Mais je pense encore que le bleu, c'est *Pouah* !
LA MÈRE : Il n'y a pas de doute là-dessus. Quand il est question de couleur, tu as des goûts très précis.
SUZANNE : Oui. Je mets toutes les fleurs en rouge. Maman. Est-ce qu'Élisabeth peut venir coucher ce soir ?
LA MÈRE : *(considère la demande)* Ton père et moi, on reçoit ce soir. Mais elle sera certainement la bienvenue un autre soir. Demain ? Samedi prochain ?
SUZANNE : Mais *il faut* qu'elle vienne coucher ce soir. Je lui ai déjà dit qu'elle pouvait venir.
LA MÈRE : *(avec fermeté)* Ma façon de voir ça, Suzanne, c'est un choix entre demain soir ou samedi prochain. À ta convenance.
SUZANNE : *(la lèvre frémissante)* Tu ne m'aimes pas.
LA MÈRE : *(approche une chaise tout près d'elle)* Suzanne, ce n'est pas le moment de parler d'amour. En ce moment, on essaie de décider quel soir convient le mieux pour la visite de ton amie.
SUZANNE : *(en pleurs)* Le meilleur soir, c'est ce soir.
LA MÈRE : *(persistante)* On veut trouver un temps qui répond à la fois à tes besoins et aux miens.
SUZANNE : Je m'en fous de tes besoins. Tu es méchante avec moi ! *(Lance le cahier à colorier par terre et recommence à pleurer.)*

LA MÈRE :	Hé ! Je n'aime pas ça ! Un livre, ce n'est pas fait pour être lancé. *(Ramasse le livre et l'essuie.)* Suzanne, quand tu veux une chose vraiment fort, dis-moi tes sentiments avec des mots. Dis-moi : « Maman, je suis fâchée ! Ça me déplaît beaucoup. Je comptais qu'Élisabeth coucherait chez nous ce soir. »
SUZANNE :	*(accusatrice)* On devait faire des biscuits aux brisures de chocolat ensemble, puis regarder la télé !
LA MÈRE :	Je vois.
SUZANNE :	Et Élisabeth devait apporter son sac de couchage. Et j'aurais mis mon matelas à côté d'elle par terre.
LA MÈRE :	Vous aviez planifié toute votre soirée !
SUZANNE :	Oui ! On en avait parlé toute la journée à l'école, aujourd'hui.
LA MÈRE :	Avoir tellement envie de faire une chose, puis devoir ensuite changer ses plans : ça peut être bien frustrant !
SUZANNE :	C'est ça ! Alors, est-ce qu'elle peut venir ce soir ? Maman, s'il te plaît. S'il te plaît ! S'il te plaît ?
LA MÈRE :	J'aimerais bien que ça puisse me convenir ce soir, étant donné que tu le veux tellement. Mais ça ne me convient pas. *(Se lève)* Suzanne, je vais à la cuisine maintenant.
SUZANNE :	Mais maman…
LA MÈRE :	*(en partant)* Et tout en préparant le repas, je vais savoir jusqu'à quel point tu es déçue.
SUZANNE :	Mais maman…
LA MÈRE :	*(de la cuisine)* Aussitôt que tu auras décidé quel autre soir te convient, fais-le-moi savoir.
SUZANNE :	*(prend l'appareil téléphonique et compose un numéro)* Allô ! Élisabeth ? Tu ne peux pas venir ce soir. Mes parents ont de la visite stupide. Mais tu peux venir demain ou samedi prochain.

Dans le second scénario, la mère disposait des habiletés dont elle avait besoin pour empêcher Suzanne de jouer le rôle de la *princesse*. Ce serait merveilleux si, dans la vraie vie, nous étions nous aussi toujours capables de donner les réponses susceptibles à la fois d'aider nos enfants et de nous aider nous-mêmes !

Mais la vie, ce n'est pas un beau petit scénario qu'on peut d'abord mémoriser, pour ensuite le jouer. Les drames de la vie réelle, où les enfants nous plongent chaque jour, ne nous laissent pas le temps d'avoir une répétition ni de réfléchir judicieusement. Toutefois, grâce à ces nouvelles lignes directrices, même s'il nous arrive de dire ou de faire des choses que nous regretterons par la suite, nous avons une direction claire vers laquelle nous tourner. Il existe des principes de base auxquels nous pouvons nous fier. Nous savons qu'il est impossible de faire fausse route bien longtemps si nous prenons le temps d'écouter les sentiments de nos enfants ; de parler de nos propres sentiments ; de rechercher des solutions axées sur l'avenir plutôt que sur les torts du passé. Peut-être nous écarterons-nous du chemin de façon temporaire, mais il y a de bonnes chances pour que nous ne le perdions plus jamais tout à fait.

Une dernière pensée : ne restons pas, nous non plus, confinés dans des rôles : le *bon* père ; le *mauvais* père ; la mère *permissive* ; la mère *autoritaire*. Percevons-nous d'abord comme des êtres humains, qui jouissent d'un grand potentiel de croissance et de changement. Elle est exigeante et épuisante, la démarche qui consiste à vivre ou à travailler avec des enfants. Elle exige du coeur, de l'intelligence et de l'endurance. Quand nous ne vivons pas à la hauteur de nos propres attentes (et c'est ardu de toujours le faire), nous devons être aussi indulgents envers nous-mêmes qu'envers nos enfants. S'ils méritent mille et une chances, accordons-nous mille et *deux* chances.

De quoi s'agit-il, au juste ?

La seule lecture de ce livre a beaucoup exigé de votre part. Vous y avez trouvé de nouveaux principes à absorber ; des habiletés nouvelles à mettre en pratique ; de nouveaux styles à apprendre et des styles anciens à désapprendre. Avec tant de choses à mettre en place et à faire vôtres, il est parfois difficile de garder une vue d'ensemble. C'est pourquoi, une fois de plus et pour la dernière fois, jetons un regard sur cette méthode de communication et en quoi elle consiste au juste.

Nous sommes à la recherche d'une façon de vivre ensemble qui nous permette de nous sentir à l'aise dans notre peau tout en aidant les autres à se sentir à l'aise.

Nous voulons trouver une façon de vivre qui exclut le blâme et la récrimination.

Nous voulons trouver une façon d'être plus sensibles aux sentiments les uns des autres.

Nous voulons trouver une façon d'exprimer l'irritation ou la colère sans causer de tort.

Nous voulons trouver une façon de respecter les besoins des enfants tout en étant aussi respectueux de nos propres besoins.

Nous voulons trouver une façon qui permette aux enfants d'acquérir le sens des responsabilités tout en tenant compte d'autrui.

Enfin, notre désir, c'est de rompre le cycle du langage nocif qu'on nous a transmis de génération en génération. Nous voulons plutôt léguer à nos enfants un héritage différent, une façon de communiquer qu'ils pourront utiliser le reste de leur vie avec leurs amis, leurs collègues de travail, leurs parents, leurs conjoints et, un jour, avec leurs propres enfants.

Épilogue

VINGT ANS PLUS TARD

Chère lectrice, cher lecteur,

Quand nous avons publié *How To Talk*... en 1980, nous l'avons fait en nous croisant les doigts pour conjurer le sort. Nous n'étions pas du tout certaines de la réaction des gens. Le livre se présentait sous une forme bien différente de celle de notre ouvrage précédent. En effet, *Liberated Parents / Liberated Children*[1] faisait le récit de nos propres expériences personnelles. Quant à celui-ci, c'était au fond une version écrite des ateliers que nous avions donnés partout aux États-Unis. Les parents le trouveraient-ils utile ?

Tant que nous étions en contact direct avec les gens, nous connaissions leurs réactions. Nous avions l'habitude de présenter notre programme en deux temps : une conférence publique le soir, suivie d'un atelier le lendemain. Bien avant l'heure fixée pour le début de l'atelier, des parents nous attendaient, impatients de nous dire comment, au cours de la soirée précédente, ils avaient mis à l'essai une nouvelle habileté dont les résultats les avaient enchantés.

Mais cela se passait aussi parce que nous étions sur place, à faire en personne des jeux de rôle avec l'auditoire, à répondre aux questions, à illustrer chaque principe à l'aide d'exemples, en utilisant toute notre énergie pour bien faire passer nos convictions. Les lectrices et les lecteurs pourraient-ils *saisir* tout cela à partir des pages d'un livre ?

---

1   Traduit en français par Roseline Roy et publié chez Relations plus en 2001 sous le titre : Parents épanouis, enfants épanouis.

C'est pourtant ce qu'ils ont fait ! Et en si grand nombre que cela nous étonnait. Notre éditeur nous a informées qu'il imprimerait des exemplaires additionnels pour répondre à la demande. Un article du *New York Times* a même rapporté que, parmi les centaines de livres pour les parents qui inondaient le marché, *How To Talk…* figurait parmi les dix meilleurs succès de librairie. Le réseau de télévision PBS a produit une série en six épisodes, chacun basé sur l'un des chapitres du livre. Mais la plus grosse surprise a été l'avalanche de lettres qui nous est tombée dessus ! Ces lettres arrivaient en vagues continues, pas seulement des États-Unis et du Canada, mais de tous les continents ; de pays si minuscules ou si peu familiers que nous devions les repérer dans un atlas !

La plupart des gens écrivaient pour exprimer leur reconnaissance. Plusieurs décrivaient, de façon détaillée, comment notre livre avait influencé leur vie. Ils voulaient nous faire savoir avec précision ce qu'ils accomplissaient maintenant d'une façon différente, ce qui avait du succès auprès de leurs enfants et ce qui n'en avait pas. Comme si les parents de partout, au-delà des différences culturelles, étaient aux prises avec des problèmes semblables et étaient tous à la recherche de réponses.

Un autre thème émergeait de ces lettres. Les gens nous parlaient de leur difficulté à modifier leurs habitudes actuelles. « Quand je me rappelle d'utiliser mes habiletés, tout va pour le mieux ; mais trop souvent, je régresse, surtout quand je subis des pressions. » Ils exprimaient aussi le désir de recevoir de l'aide supplémentaire. « Je veux que cette approche devienne chez moi plus naturelle. J'ai besoin d'exercice et de soutien. Avez-vous du matériel que je pourrais utiliser avec mes amies, afin d'étudier ensemble ces méthodes ? »

Nous comprenions leur besoin. Quand nous étions nous-mêmes de jeunes mères, nous nous étions réunies dans une pièce avec d'autres parents et nous avions discuté de chacune des habiletés. Ensemble, nous avions trimé dur pour trouver des moyens à la fois efficaces et respectueux d'aborder les défis incessants que nous présentaient les enfants. C'est parce que nous connaissions la valeur de l'expérience de groupe que nous avons conçu l'idée de bâtir, à partir de notre livre, une série d'ateliers *animés par les participants* eux-mêmes. Nous étions certaines qu'en fournissant aux parents un programme facile à suivre, étape par étape, ils pourraient apprendre et s'exercer ensemble à mettre en pratique les habiletés par eux-mêmes, sans l'aide d'un animateur expérimenté.

Notre *plan directeur* a eu du succès. Des parents ont organisé des groupes ; ils ont commandé notre matériel d'atelier ; ils ont été réellement capables de s'en servir avec profit. Mais ce à quoi nous ne nous attendions pas du tout, c'est le nombre de professionnels qui ont commandé et utilisé le programme *How To Talk...* Des psychiatres ont pris contact avec nous, des psychologues, des travailleurs sociaux, des éducateurs, des ministres du culte, des prêtres, des rabbins.

Nous avons également été surprises par la variété des organismes qui utilisaient notre matériel : des centres de prévention de la violence familiale ; des unités de réhabilitation en toxicomanie ; des services de probation juvénile ; le mouvement scout ; des prisons ; des écoles pour sourds ; des centres d'intervention précoce ; et même des bases militaires américaines et étrangères ! Avec le temps, au-delà de 150 000 groupes partout dans le monde utilisent ou ont utilisé nos programmes audio ou vidéo.

Pendant ce temps, nous avons reçu des demandes persistantes, surtout de la part d'agences de travail social. « Les parents ont désespérément besoin d'habiletés de communication. Avez-vous du matériel qui pourrait nous aider à former des bénévoles de la communauté à présenter votre programme *How To Talk...* ? »

Quelle idée intéressante ! Nous aurions aimé avoir ce genre de matériel. Dans un avenir pas trop éloigné, nous pourrions peut-être écrire un…

C'est alors que nous est parvenu un appel téléphonique du département d'éducation permanente coopérative de l'Université du Wisconsin. C'était chose faite ! À notre insu, en partenariat avec le comité du Wisconsin pour la prévention des mauvais traitements infligés aux enfants, ils avaient obtenu une subvention fédérale pour créer un manuel de formation à l'animation fondé sur notre programme *How To Talk So Kids Will Listen*. Il paraît même qu'ils s'en étaient servis pour former au-delà de 7 000 parents dans 13 comtés. C'est avec beaucoup d'enthousiasme qu'ils nous ont décrit le succès de leur projet ainsi que leur rêve de répéter l'expérience dans chacun des états américains. Ils nous ont demandé d'examiner leur manuel, de faire les changements nécessaires et de nous joindre à eux dans une entreprise de publication sur grande échelle.

Après avoir absorbé le choc de cette offre *trop belle pour être vraie*, nous avons pris des dispositions pour les rencontrer et travailler ensemble. Le manuel de formation vient tout juste d'être publié.

Et voilà que nous en sommes aujourd'hui à fêter l'anniversaire du livre que nous avions lancé avec inquiétude il y a 20 ans. Personne n'aurait pu prédire alors, et certainement pas nous, qu'il recevrait pendant si longtemps un accueil favorable et qu'il prendrait son propre envol en se présentant sous autant de formes différentes.

Néanmoins, une fois de plus, nous nous posions des questions. *How To Talk…* continuerait-il à résister au passage du temps ? Après tout, deux décennies s'étaient écoulées. En plus de toutes les ahurissantes avancées technologiques, la situation de la famille avait beaucoup changé. Il y avait plus de célibataires, de divorcés et de beaux-parents, plus de familles non traditionnelles, plus de foyers dont les deux parents sont au travail, plus d'enfants dans les centres de jour. Ces méthodes de communication, qui s'étaient avérées pertinentes il y a une génération, le seraient-elles toujours dans le monde d'aujourd'hui, plus dur, plus âpre, plus rapide ?

En relisant notre livre tout en gardant un œil sur le nouveau millénaire, nous en sommes toutes les deux venues à la même conclusion : ces principes sont plus pertinents que jamais. Parce que les parents, peu importe leur statut, se sentent plus stressés et plus coupables que jamais. Torturés entre les exigences rivales du travail et de la famille, ils tentent de faire entrer 48 heures dans une journée de 24 heures, en essayant de répondre à toutes les attentes de toutes les personnes qui leur sont chères. Ajoutons à cela une culture de consommation qui bombarde leurs enfants de valeurs matérialistes ; la télévision qui les expose à des images sexuellement explicites ; l'ordinateur qui leur offre une présence instantanée, mais parfois sans saveur ; les jeux vidéo qui les désensibilisent à la violence ; le cinéma qui les stimule avec de multiples meurtres au nom du plaisir et du divertissement. Il n'est alors pas difficile de comprendre pourquoi tant de parents d'aujourd'hui se sentent secoués et dépassés.

Nous savons très bien que ce livre n'est pas une réponse finale et complète. Il existe des problèmes dont la solution ne repose pas sur les seules habiletés de communication. Néanmoins, nous croyons que, dans ces pages, les parents vont trouver :

- un soutien solide ;
- des stratégies les aidant à surmonter les frustrations inhérentes à l'éducation des enfants ;
- des méthodes claires leur permettant de fixer des limites et de proposer leurs valeurs ;
- des habiletés concrètes permettant de rapprocher les membres de la famille et de les garder unis, en dépit de forces extérieures pernicieuses ;
- un langage qui habilite les parents à se montrer à la fois fermes et aimants, à tenir compte des besoins des enfants, mais également de leurs propres besoins.

Nous sommes enchantées de l'opportunité que nous présente cette édition d'anniversaire. Elle nous fournit l'occasion de vous faire part de nos idées actuelles ainsi que d'une partie du feed-back que nous avons reçu au cours des années : les lettres, les questions, les histoires, les prises de conscience des autres parents.

Nous espérons que, quelque part dans ce mélange, vous trouverez un grain supplémentaire de renseignements ou d'inspiration pour vous aider à remplir la tâche la plus importante du monde.

Adele Faber
Elaine Mazlish

I. | Le courrier

C'est toujours avec grand plaisir que nous recevons des nouvelles de nos lectrices et lecteurs. Les lettres les plus gratifiantes sont celles où les gens décrivent avec précision comment ils ont utilisé les principes présentés dans *How To Talk…* en les appliquant aux situations complexes de leur vie.

Votre livre m'a donné les outils pratiques que je recherchais désespérément. Si je n'avais pas lu *How To Talk…*, je ne sais comment j'aurais pu surmonter toute la douleur et la colère que mon fils de neuf ans a ressenties à l'occasion du divorce entre son père et moi.

Voici l'exemple le plus récent. Thierry était de retour après une journée passée avec son père, tout abattu parce que celui-ci l'avait traité de *maladroit*.

Il m'a fallu faire un effort de volonté pour éviter de dénigrer mon *ex* en disant à Thierry que le *maladroit*, c'était plutôt son père. J'ai dit: «Comme tu as dû te sentir blessé! Personne n'aime se faire lancer des injures. Tu aurais souhaité que papa te demande simplement ce qu'il voulait, sans te rabaisser.»

À voir l'expression de Thierry, j'ai su que mon intervention l'avait aidé. Mais je ne vais pas m'arrêter là. Je vais avoir une conversation avec son père. Il me reste à trouver une façon de le faire sans envenimer les choses.

Merci pour ma toute nouvelle confiance.

Votre livre m'a coûté quatre dollars dans un magasin de livres d'occasion. Je peux maintenant dire honnêtement que c'est mon meilleur investissement jusqu'ici. L'une des premières habiletés que j'aie mises à l'essai, s'intitule *décrivez ce que vous voyez*. Quand les résultats positifs se sont fait sentir, j'en suis presque tombée de ma chaise. Mon fils Alex (4 ans) est un enfant très résolu (mes parents l'appellent *tête de pioche*), ce qui me donne bien des occasions d'utiliser les idées présentées dans votre livre.

Voici comment les chapitres sur les *rôles* et la *résolution de problème* ont pu me rendre service. Chaque fois que je participais au programme coopératif de préparation à l'école, je me rendais compte que l'enseignante était de plus en plus agacée par mon fils, surtout quand il refusait de se joindre au groupe pour chanter ou pour faire d'autres activités qui ne l'intéressaient pas. Quand Alex s'ennuie ou qu'il devient agité, il lui est pénible de rester assis tranquille. Il bouge, s'agite, court partout. L'enseignante passait son temps à l'interpeller : « Alex, assieds-toi ! Alex, arrête ! Alex ! » Je le voyais déjà investi du rôle de *fauteur de troubles*.

Un jour, après l'école, je lui ai demandé ce qu'il aimait et n'aimait pas dans ce programme. J'ai découvert qu'il en avait assez de chanter *La ferme à Mathurin* et d'entendre raconter sans cesse les mêmes histoires. Par contre, il adorait le bricolage et les jeux.

Alors, je lui ai dit que c'était difficile pour l'enseignante de faire apprendre des chansons ou de raconter des histoires à tous les enfants quand l'un d'entre eux courait partout et distrayait la classe. Je m'apprêtais à lui demander d'avancer des solutions lorsque, de façon tout à fait inattendue, il a dit : « D'accord, maman. Je m'exciterai au terrain de jeu *après la classe* ! »

Une boule dans la gorge, j'ai ajouté : « Ça semble être une bonne idée. » Depuis ce temps, l'enseignante ne se plaint plus de rien. Plus j'utilise mes habiletés auprès de mon fils, plus j'observe des changements positifs chez lui. C'est comme si une toute nouvelle petite personne avait émergé.

Quand notre fils de six ans s'est mis à poser des problèmes de comportement, le conseiller de l'école primaire nous a recommandé *How To Talk...*

J'ai lu le livre, emprunté les vidéocassettes disponibles à l'université de l'état du Michigan et commencé moi-même à enseigner les habiletés parentales. Bientôt, plusieurs de mes amies ont observé un tel changement chez notre fils qu'elles m'ont demandé ce que je faisais pour obtenir une telle amélioration dans son comportement et dans ma relation avec lui. Au lieu de dire : «Maman, je te déteste. Je souhaiterais ne plus être ton enfant», il en était rendu à proclamer : «Maman, tu es ma copine préférée.»

J'ai parlé du livre à mes amies, puis elles m'ont demandé de leur en enseigner le contenu. J'ai pu mettre la main sur tout le matériel nécessaire à l'université (la série vidéo et les cahiers de travail) et j'ai donné un cours de six semaines à ma classe de 20 parents (incluant mon mari !) Quelque temps après, l'université m'a demandé si je voulais le donner de nouveau en l'ouvrant au public, ce que j'ai accepté de faire. Je donne maintenant ce programme depuis plusieurs années et j'ai vu des changements positifs incroyables dans la vie des enfants dont les parents ont participé aux ateliers.

Dernièrement, j'ai observé que certains parents ont besoin d'un peu plus de temps pour saisir l'esprit du programme. Ils subissent tellement de pressions ; ils veulent des réponses rapides. Ils subissent peut-être également l'influence de toutes ces théories nouvelles qui prétendent qu'ils ne font pas leur travail, qu'ils ne sont pas des parents responsables s'ils ne se montrent pas sévères (punition, fessée) pour ramener leurs enfants à la raison. Mais une fois qu'ils se sont mis à utiliser votre approche, qu'ils voient par eux-mêmes comment elle fonctionne et qu'ils constatent à plus long terme jusqu'à quel point les enfants deviennent coopératifs, ils se montrent de plus en plus enthousiastes pour le programme.

Quant à moi, quand je regarde en arrière, je vois que notre fils était en train de devenir un jeune garçon colérique et rebelle. Le fait d'avoir découvert votre matériel, d'avoir appris et mis en pratique les habiletés de *How To Talk*…, a littéralement sauvé notre vie de famille et amélioré de cent pour cent notre relation avec notre fils. Je crois fermement qu'aussi longtemps que ces habiletés feront partie de nos vies, nous pourrons aider notre fils à éviter de devenir ce genre d'adolescents qui, poussés par la colère ou la révolte, font des choix terriblement destructeurs.

Merci ! Ce que vous avez appris, vous le présentez de façon tellement claire qu'il est possible de se l'enseigner à soi-même.

J'ai découvert *How To Talk*… à notre bibliothèque locale. Je dois dire que ce livre est celui qui montre le plus de signes d'usure parmi ceux que j'ai eu l'occasion de voir. En fait, je suis certaine que la seule chose qui en maintienne les pages ensemble, c'est la solidité de son contenu.

Il m'a été extrêmement utile pour m'occuper de ma fille de dix ans qui avait récemment commencé à se montrer hostile. Je ne sais d'où cela provenait (ses amies ou la télé ?), mais elle s'est mise à dire des choses comme : « Tu n'achètes jamais rien de bon à manger » ou encore « Pourquoi m'as-tu apporté un jeu vidéo aussi débile ? C'est bon pour les bébés ! »

Grâce à vous, je ne me défends plus, je n'essaie plus d'être compréhensive. Maintenant, quand elle se met à rouspéter, je lui coupe le sifflet. Je dis quelque chose du genre : « Lisa, je n'aime pas qu'on m'accuse. S'il y a une chose que tu veux ou que tu ne veux pas, tu dois me le dire autrement. »

La première fois que j'ai dit cela, j'ai vu qu'elle était décontenancée. Mais maintenant, je note que, si elle se met à avoir trop de culot, je n'ai même pas besoin de parler. Parfois, je n'ai qu'à lui lancer un *regard;* elle s'arrête alors et fait même un effort pour être polie.

Votre livre est la meilleure chose qu'on ait inventée depuis le lave-vaisselle et le four à micro-ondes ! Ce matin, pendant que je me hâtais de préparer le bébé pour la garderie, j'ai rappelé à Julie (4 ans) qu'elle devait utiliser son respirateur contre l'asthme avant de s'habiller pour l'école. Elle n'a tenu aucun compte de ma remarque et s'est mise à jouer avec sa poupée Barbie. D'habitude, je lui aurais crié après en lui enlevant sa poupée, ce qui aurait provoqué une crise de sa part. Je me serais mise dans tous mes états et je serais arrivée en retard au travail.

À la place, j'ai pris une profonde respiration et j'ai dit : « Je vois que tu as le goût de jouer avec Barbie. Je suis certaine qu'elle aussi aimerait passer du temps avec toi. Voudrais-tu mettre ton respirateur en marche ou penses-tu que Barbie voudrait le faire pour toi ? » Elle a répondu : « Barbie veut le mettre en marche. » Elle s'est ensuite dirigée vers l'appareil, elle a laissé la poupée le *mettre en marche*, elle a suivi tout son traitement, puis elle s'est habillée.

Merci du fond de mes nerfs à vif.

DE LA PART DE PARENTS D'ADOLESCENTS

On nous demande souvent quel est l'âge idéal pour commencer à utiliser ces habiletés. Notre réponse est toujours la même : « Il n'est jamais trop tôt et jamais trop tard. » Voici ce que des parents d'adolescents et d'adolescentes avaient à nous raconter.

Les gens me demandent toujours pourquoi mes enfants sont aussi formidables. J'en donne une grande partie du mérite à ma femme, mais je leur parle aussi du livre *How To Talk...* parce qu'il m'a réellement aidé à *vivre* selon ce que je crois. Je leur explique qu'il ne s'agit pas de dire ou de faire une chose de façon particulière. Il s'agit plutôt d'une façon de vivre ensemble qui est imprégnée d'un respect véritable. C'est grâce à ce respect que nous pouvons détenir force ou influence quand les enfants atteignent l'adolescence.

Je sais qu'il n'existe aucune garantie ; je ne dis pas que c'est facile. Récemment, Jason, mon fils de 14 ans, m'a demandé de l'argent pour aller au cinéma. En l'occurrence, il voulait voir un film classé *pour adultes seulement,* dont j'avais entendu parler et que je ne considérais pas convenable pour lui. Je lui ai parlé de mes objections, en ajoutant qu'il n'était pas d'âge adulte. Il a répondu que ses amis y allaient tous et qu'il ne voulait pas le manquer. J'ai répété mon point de vue. Il a dit que je ne pouvais pas réellement l'empêcher d'y aller parce qu'il était de grande taille et qu'il pouvait passer pour un gars de 17 ans. Sinon, quelqu'un dans la file interviendrait en sa faveur.

J'ai répondu : « Je sais que je ne peux pas t'en empêcher, mais j'espère que tu n'iras pas. D'après ce que j'ai lu, ce film combine sexualité et violence, un lien malsain selon moi. Il ne devrait y avoir aucun rapport entre la sexualité et l'idée de blesser ou d'utiliser une autre personne. La sexualité se passe entre deux personnes qui se soucient du bien-être de l'autre. »

Je ne lui ai pas donné d'argent et j'espère qu'il n'y est pas allé. Mais, même s'il y allait, j'ai le sentiment qu'il entendrait le son de ma voix dans sa tête. Grâce à notre relation, il y a de fortes chances pour qu'au moins il prenne mon point de vue en considération. C'est la seule protection que je puisse lui offrir contre tous les déchets qui sont répandus dans le monde qui l'entoure.

Je tiens à vous dire que votre livre a changé ma vie et ma façon de penser...
- et la vie de mes enfants ;
- et ma relation avec mon mari ;
- et la sienne avec les enfants ;
- et en particulier notre relation avec notre adolescente, Jodie.

Une des choses qui déclenchait habituellement des disputes avec elle était l'heure du retour. Peu importe l'heure fixée, elle s'arrangeait toujours pour rentrer en retard et nulle parole ou réaction de notre part n'y changeait quoi que ce soit. Nous étions vraiment inquiets parce que, dans notre ville, beaucoup d'enfants vont à des fêtes où il n'y a pas de surveillance. À une occasion, les policiers ont dû intervenir parce qu'une fête avait attiré beaucoup de jeunes gens non invités et que les voisins s'étaient plaints du bruit et des bouteilles de bière lancées sur leur pelouse. Même quand les parents sont là, ils montent souvent à l'étage pour regarder la télévision ou pour se mettre au lit et ils n'ont aucune idée de ce qui se passe au rez-de-chaussée.

Un samedi matin, nous nous sommes assis avec Jodie, mon mari et moi, pour essayer de résoudre le problème ensemble. Il a dit que s'il n'en était que de lui, il déménagerait la famille sur une île déserte pour les deux prochaines années, en attendant qu'elle aille à l'université. Mais puisque ce n'était pas une solution pratique, on devrait penser à autre chose.

J'ai ajouté : « Sérieusement, Jodie, tu as le droit de sortir avec tes amis. Quant à ton père et à moi, nous avons droit à des soirées tranquilles et sans inquiétude. Il nous faut trouver un moyen de donner satisfaction à chacun. »

Eh bien, nous y sommes parvenus. Voici les termes de notre entente.

- Nous nous chargerons de vérifier s'il va y avoir un adulte dans la maison où elle compte se rendre.
- Jodie sera responsable de rentrer entre 23 h 30 et minuit. Comme nous nous couchons tôt, je réglerai le réveil pour qu'il sonne à minuit et quinze, juste au cas où surviendrait un imprévu.
- Aussitôt qu'elle sera de retour, Jodie fermera le réveil. De cette façon, elle pourra avoir du plaisir et ses parents pourront jouir d'une nuit de sommeil paisible. Mais si le réveil sonne, nous serons en état d'alerte et nous devrons partir à sa recherche.

Notre entente a tenu. Jodie a respecté sa part de l'entente et elle s'est fait un point d'honneur de gagner chaque fois la *course contre la montre*.

Merci pour votre livre qui nous a sauvé la vie !

PAS SEULEMENT POUR LES ENFANTS

En écrivant How To Talk…, *notre but était d'aider les parents à avoir de meilleures relations avec leurs enfants. Nous n'avions jamais prévu que des gens utiliseraient le livre pour changer la relation qu'ils avaient avec leurs propres parents ou encore avec eux-mêmes.*

J'ai été élevée dans un désert de compliments, mais sous une pluie d'injures. Après de nombreuses années à passer à côté de la vie grâce aux drogues et à l'alcool, j'ai entrepris une thérapie pour essayer de changer mon comportement destructeur. Ma thérapeute m'a recommandé votre livre et ça m'a rendu un service incroyable, pas seulement pour ma façon de parler à mon fils de 18 mois, mais aussi pour ma façon de me parler à moi-même.

J'essaie d'éviter de me diminuer. Je commence à m'aimer et à me féliciter de tout ce que je fais en vue de nous tailler une vie, à mon fils et à moi. Je suis mère célibataire. J'étais terrifiée à l'idée de répéter le scénario de mon enfance, mais maintenant je sais que je ne le ferai pas. Merci de m'avoir permis de croire en moi-même.

How To Talk…, ma bible, m'a aidé à rompre un cycle de cinq générations de personnes et de sentiments étouffés. Il m'a fallu bien du temps, mais j'ai finalement appris que je n'ai pas à ravaler mes sentiments, même les mauvais. Je suis acceptable comme je suis. J'espère que mes quatre enfants (17, 14, 12 et 10 ans) sauront, à un moment donné, reconnaître les efforts qu'il m'a fallu faire (des années de participation à vos ateliers à l'intention des parents) afin de devenir apte à élever la génération suivante de personnes désireuses et capables de communiquer au lieu d'étouffer, étouffer, étouffer.

P.-S. J'ai reçu votre livre quand mon fils avait un an. Il en a 17 aujourd'hui. Ce fut ma planche de salut !

Je suis mère de deux garçons et j'ai 40 ans. Ce qui m'a touchée le plus profondément en lisant votre livre, c'est de me rendre compte jusqu'à quel point l'attitude de mes parents à mon égard m'avait terriblement meurtrie. Mon père réussit encore à me dire des choses blessantes à chacune de nos rencontres. Depuis que j'ai des enfants, toutes ses remarques désagréables font allusion à la mère lamentable que je suis et au gâchis qu'entraîne ma façon d'élever mes garçons. Je réalise maintenant que, même à l'âge adulte, une partie de moi-même reste encore une enfant chez qui subsistent des blessures douloureuses, des doutes et de la haine envers moi-même.

Le plus bizarre, c'est que je suis une personne consciencieuse, qui travaille fort et qui a obtenu certains succès comme artiste. Pourtant, mon père trace toujours de moi un portrait tout à fait opposé.

Après avoir lu votre livre, j'ai trouvé le courage de commencer à tenir tête à mon père. Récemment, lorsqu'il m'a dit que j'étais paresseuse, j'ai répliqué qu'il me voyait peut-être de cette manière, mais que j'avais une autre opinion de moi-même. Ça l'a dérouté. J'ai maintenant l'espoir de pouvoir guérir l'enfant en moi, en le traitant comme je voudrais que mon père m'ait traitée.

DE LA PART D'ENSEIGNANTES ET D'ENSEIGNANTS

À presque tous les congrès d'enseignantes et d'enseignants, l'un ou l'autre d'entre eux nous prend à part pour nous confier jusqu'à quel point nos livres l'ont touché, sur le plan professionnel autant que personnel. Quelques-uns ont mis leur expérience par écrit.

J'ai lu *How To Talk So Kids Will Listen*… il y a neuf ans, quand j'ai commencé à enseigner. J'étais habitué à travailler avec des adultes et je n'avais pas encore d'enfants. Votre livre m'a peut-être sauvé la vie. Il m'a certainement aidé à devenir un bien meilleur enseignant pour mes élèves de 12 et 13 ans, mais aussi une personne bien plus heureuse.

Ce qui m'a le plus aidé dans ma façon de penser, c'est de cesser de me demander comment forcer les élèves à *apprendre* ou à *mieux se comporter*. Désormais, je me demande plutôt comment je peux les motiver à en assumer la responsabilité. Mon plus récent succès, c'est avec Marco, qui s'était attribué le rôle de clown de la classe, qui dérangeait les autres et qui obtenait toujours la note zéro lors des épreuves de contrôle. Un jour, après la classe, je l'ai intercepté : « Marco, il faut que je te parle. D'après toi, qu'est-ce qui t'aiderait à apprendre ? »

Il était stupéfait de ma question. Je crois qu'il s'attendait à se faire envoyer chez le directeur. Après un long silence, il a répondu : « Je devrais peut-être prendre des notes. »

Le lendemain, non seulement a-t-il commencé à prendre des notes, mais il a levé la main et il a participé en classe. L'un des autres garçons a même lancé : « Bon sang, Marco, tu en sais des choses ! »

Au fil des années, j'ai recommandé votre livre, je l'ai prêté et j'en ai discuté avec des centaines de parents et d'enseignants. J'en garde habituellement un exemplaire sur ma table de chevet. Le fait d'être consciemment attentif à appliquer ses préceptes m'aide aussi à être plus souvent le genre de père, de conjoint et d'ami que je veux être.

Mes élèves ont tous bénéficié de votre chapitre sur les compliments. L'un d'entre eux présente des troubles de l'attention. En 9 mois, il avait terminé seulement 3 devoirs de mathématiques. Après avoir lu *How To Talk...*, j'ai commencé à utiliser un langage descriptif pour souligner ses points positifs. Je me suis mise à dire des choses telles que : « Tu as trouvé la solution » ou bien « Oh ! tu as trouvé ta propre erreur » ou encore « Tu as persisté et tu as trouvé la bonne réponse. » Après une seule semaine de ce langage, il a remis *tous ses devoirs sans exception*. Il est tellement fier de son travail qu'il veut que je le dise à sa mère lors de ma prochaine rencontre avec ses parents.

J'ai un autre élève dont l'écriture est tellement illisible qu'il ne peut se relire lui-même. Ses notes d'orthographe sont toutes autour de 50 %, même s'il reçoit une aide supplémentaire de la part d'une autre enseignante. J'ai prêté mon livre à cette dernière et nous nous sommes mises à faire pleuvoir sur lui les compliments. Nous décrivions toutes les deux *tout ce qui était correct* dans son écriture et son orthographe. (« Tu t'es souvenu que *souvent* s'écrit avec un *t* muet. ») Aujourd'hui, il est entré en trombe dans mon bureau pour m'annoncer qu'il avait réussi 19 mots sur 20 en orthographe. C'était la première fois de sa vie qu'il recevait une bonne note en orthographe.

Je suis chargé de poser des diagnostics en matière d'éducation dans un grand district scolaire du Texas. Pendant des années, mes collègues et moi avons formé des enseignants à l'utilisation d'une variété de méthodes (modification du comportement, théorie du renforcement, punitions de plus en plus sévères, récréations abrégées, retenues, suspension). Après bien des expériences, nous en sommes tous arrivés à la même conclusion :

les principes et les habiletés que vous présentez dans tous vos livres sont celles qu'il faut utiliser et enseigner à nos enseignants. Nous sommes convaincus que, lorsque nos classes marchent vraiment bien, c'est parce que les relations sont bonnes. Et les relations sont bonnes quand la communication est empreinte d'humanité et de sollicitude.

RÉACTIONS VENUES DE L'ÉTRANGER

Nous sommes fascinées par le feed-back que nous avons reçu de pays étrangers. Nous ne cessons de nous étonner de voir jusqu'à quel point notre oeuvre est porteuse de sens pour des gens de cultures complètement différentes de la nôtre. Quand Elaine a pris la parole à la foire internationale du livre de Varsovie, elle a demandé à l'auditoire pourquoi notre ouvrage avait été accueilli si chaleureusement en Pologne. (En effet, *How To Talk...* est devenu un succès de librairie là-bas aussi.) Un père lui a répondu : « Pendant des années, nous avons été sous un régime communiste. Maintenant nous avons la liberté politique. Mais votre livre nous montre comment nous libérer intérieurement, comment nous respecter et témoigner du respect à nos familles. »

De la Chine, une femme nous a écrit :

Je suis enseignante d'anglais à Canton. Lors de mon passage comme étudiante dans un collège de New York, j'étais aussi la gardienne de Jennifer, une fillette de 5 ans. Avant moi, elle avait eu une autre gardienne de nationalité étrangère, qui n'avait pas été gentille avec elle. Elle avait été frappée et enfermée dans une chambre obscure de temps à autre parce qu'elle n'avait pas été sage. Résultat, Jennifer était devenue plus excentrique et antisociale en grandissant. Par surcroît, elle se mettait souvent à crier comme une hystérique.

Pendant mes premières semaines, j'ai appliqué avec Jennifer les méthodes traditionnelles chinoises, qui consistent principalement à indiquer aux enfants comment ils devraient se comporter. Mais ces méthodes ne se sont pas avérées efficaces. La fillette faisait encore plus de crises d'hystérie et elle en est même venue à me frapper.

La mère de Jennifer était tellement sympathique envers moi qu'elle a demandé l'avis d'un psychologue. Il lui a recommandé votre livre, *How To Talk So Kids Will Listen and Listen So Kids Will Talk*. La mère et moi l'avons lu avidement et nous avons fait de notre mieux pour utiliser les connaissances que nous y avions acquises. Ce fut un succès. Jennifer s'est mise à parler davantage et nous sommes graduellement devenues de bonnes amies. «Xing Ying, tu sais tellement bien t'y prendre avec Jennifer», m'ont dit ses parents reconnaissants.

Je suis maintenant de retour en Chine et, à mon tour, je suis devenue mère d'un petit garçon. J'applique avec mon fils les méthodes que j'ai apprises dans votre livre et elles se révèlent efficaces. Maintenant, j'ai le désir d'aider d'autres parents chinois à devenir plus efficaces et plus heureux dans leur relation avec leurs enfants.

Une mère nous a écrit de Victoria, en Australie :

J'ai utilisé quelques-unes de vos suggestions avec mes enfants et j'ai découvert qu'ils me parlent de plus en plus souvent, spécialement mes deux aînés, qui sont des enfants taciturnes. Lorsqu'ils reviennent de l'université ou de l'école et que je les accueille en disant : «Je suis contente de t'entendre passer le pas de la porte» ou quelque chose du genre (au lieu de demander : «Comment ça s'est passé à l'école ou à l'université aujourd'hui ?»), je reçois alors un sourire. Ma fille aînée entame maintenant la conversation avec moi au lieu de m'éviter.

Une travailleuse sociale, qui a animé notre programme How To Talk… à Montréal au Québec, nous a écrit pour décrire la visite qu'elle a rendue à ses beaux-parents, au Cap, en Afrique du sud.

J'ai rencontré les responsables d'un centre local de ressources pour les parents afin de connaître leur façon de travailler. Le centre offre des services aux personnes de classe moyenne des alentours ainsi qu'aux habitants de Kayelisha, un bidonville tentaculaire des environs de la ville. À Kayelisha, les familles vivent dans de petites maisons de tôle ondulée, chacune ayant à peu près les dimensions d'une chambre à coucher, sans électricité, ni eau courante, ni installation sanitaire. Le personnel du centre donne des cours en se servant de *How To Talk…* comme manuel de base, tout en traduisant les bandes dessinées en afrikaans pour que les habitants puissent comprendre. Les gens disent qu'ils ont à peu près 10 exemplaires du livre dans leur bibliothèque de prêts et que ces livres sont tout usés et écornés tant on les a empruntés.

Je vais aussi faire parvenir un exemplaire de votre nouveau livre, *How To Talk so Kids Can Learn*, à une amie de Johannesburg. Elle anime des programmes de formation destinés aux enseignants qui travaillent dans de petites communautés, loin des grandes villes.

J'ai pensé que vous aimeriez constater l'envergure de votre influence !

DE PARENTS TRÈS ÉPROUVÉS

La plupart des exemples tirés de *How To Talk…* présentent des personnes qui font face à des problèmes ordinaires de tous les jours. Un soir, après une de nos conférences, une femme dont le fils est atteint du syndrome de Tourette s'est approchée et nous a décrit, les yeux remplis de larmes, comment sa relation avec son fils, chargée de désespoir et d'hostilité, est devenue optimiste et débordante d'amour, grâce à notre livre. Nous en étions renversées. Depuis lors, nous avons reçu le témoignage d'un grand nombre de parents qui ont su utiliser notre ouvrage pour affronter des problèmes sérieux ou particulièrement stressants.

La plupart du temps, on nous attribue le mérite des changements qui se sont opérés. À nos yeux, c'est à eux que revient l'honneur. Tout le monde peut lire un livre, mais il faut beaucoup de détermination et de dévouement pour étudier des mots écrits sur une page et les utiliser ensuite de façon à surmonter son chagrin. Voici ce qu'ont fait quelques-uns de ces parents.

Chez nous, ça ressemble parfois à la troisième guerre mondiale. Ma fille (7 ans) est atteinte du THADA (trouble d'hyperactivité avec déficit de l'attention). Quand elle prend ses médicaments, elle est relativement docile. Mais quand l'effet disparaît, nous avons sur les bras une enfant qui échappe à tout contrôle. Je connais d'ailleurs de nombreux parents d'enfants THADA qui se sentent obligés de recourir à des groupes de soutien préconisant *l'amour robuste*[1].

En lisant votre livre, je me demandais si les habiletés proposées s'appliquaient à un enfant THADA. Eh bien, oui, ça marche ! Maintenant, si je lui parle selon cette nouvelle manière quand elle prend ses médicaments, je m'aperçois que ça lui est utile toute la journée, en particulier dans ses contacts sociaux.

---

1. Le mouvement *Though Love* est probablement peu connu à l'extérieur des milieux anglophones de l'Amérique du Nord. Il préconise certaines mesures plutôt draconiennes *(note de la traductrice)*.

Je suis certaine que si je continue dans le même sens, ça va également lui rendre service plus tard dans la vie. Merci pour votre livre.

Mon mari et moi sommes tous les deux psychologues. Notre fils de huit ans a reçu récemment le diagnostic de THADA (trouble d'hyperactivité avec déficit de l'attention). À cause de lui, nous avons traversé de nombreuses périodes fort inquiétantes. Une amie nous a parlé de vos livres *Liberated Parents / Liberated Children* ainsi que *How To Talk So Kids Will Listen*... C'est ainsi que nous avons découvert l'approche la plus efficace que nous ayons pu trouver jusqu'ici.

Nous étions tous les deux formés à utiliser avant tout les méthodes béhaviorales, ce qui entraînait chez notre fils des résultats opposés au but recherché. Votre approche, basée sur la compréhension et le respect mutuels, nous a graduellement

aidés à obtenir de lui ce que nous désirons, sans être obligés de contrôler son environnement. Ce fut pour nous un soulagement fort bienvenu !

Je sens que j'en suis encore au stade de l'enfance dans ma connaissance des modèles efficaces d'interaction. Mais je ne peux plus cesser, dans ma pratique clinique, de parler de ce que j'ai appris. Vos méthodes sont efficaces dans une large variété de contextes et auprès de toutes sortes de populations.

Merci d'avoir si volontiers fait état de vos expériences et admis vos faiblesses. Ce qui a permis à vos lectrices et lecteurs d'admettre les leurs.

Alors qu'il n'avait que six ans, on a découvert que mon fils Pierre avait l'amblyopie (diminution de l'acuité visuelle). Son médecin nous a clairement avisés que nous avions six mois pour travailler à la correction de ce problème, sinon la vision de Pierre risquait d'être sérieusement compromise dans son œil droit. À l'école, il devait porter un cache sur l'œil quatre heures par jour.

Inutile de le dire, Pierre se sentait embarrassé et mal à l'aise. Chaque jour, il essayait de se soustraire à cette mesure et je ne savais plus à quel saint me vouer. Il se plaignait que ça lui donnait mal à la tête, qu'il voyait moins bien que jamais et que c'était *douloureux*. Je reconnaissais ses sentiments tout en demeurant ferme, mais son attitude ne s'améliorait pas.

Après cinq ou six jours de cette situation, j'étais épuisée. J'ai dit: «D'accord, Pierre. Je vais moi-même porter le cache pendant quatre heures, pour savoir ce qu'on ressent. Ensuite, nous tenterons de trouver des façons de rendre les choses plus faciles.» Je lui disais cela par pure pitié, sans me rendre compte de l'effet que cela produirait.

Au bout de 20 minutes, j'avais un terrible mal de tête. Je perdais la perception de la profondeur, ce qui entraînait des difficultés incroyables pour des activités aussi simples qu'ouvrir une porte d'armoire, sortir les vêtements du sèche-linge, faire sortir le chat et même monter les marches d'un escalier. Au bout de quatre heures, j'étais devenue une misérable loque humaine, épuisée, qui *comprenait à fond* ce que son enfant devait endurer.

Nous avons discuté. Même si je ne pouvais pas changer les exigences, nous avons tous les deux reconnu que nous avions vécu une expérience similaire. Reconnaître que c'était difficile et que je n'étais visiblement pas aussi adroite que lui pour faire face à la situation, voilà apparemment tout ce dont il avait besoin. À compter de ce moment, il a été capable de porter religieusement le cache à l'école, quatre heures chaque jour. Sa vue est maintenant sauve et il n'a même pas eu à porter des lunettes.

La leçon que j'ai apprise, c'est qu'il ne suffit pas de mentionner les sentiments de l'enfant du bout des lèvres. Il faut parfois faire un pas de plus pour voir les choses *avec ses yeux*.

Voilà déjà plusieurs années que j'anime vos ateliers *How To Talk*… Depuis le jour où je suis tombée sur votre premier livre, en 1976, je me suis faite l'avocate de votre œuvre. À ce moment-là, mon premier enfant, Alain, venait de naître. Il a maintenant 22 ans et il souffre d'une grave maladie mentale. Il s'agit d'un désordre cérébral transmis de façon héréditaire dans ma famille. À cause des habiletés que j'ai apprises et enseignées, le pronostic d'Alain est nettement meilleur que celui des autres personnes qui souffrent de la même maladie. Et je suis capable de le soutenir, malgré sa peine, dans l'acceptation de son handicap. En utilisant mes habiletés, je suis en mesure d'affronter les montagnes russes émotionnelles qui sont inhérentes à sa condition.

En participant à des groupes de soutien destinés aux parents d'enfants souffrant du même handicap, je me rends compte que vos méthodes m'ont permis de voir et de gérer toute ma situation de façon beaucoup plus positive. Nous espérons pouvoir aider Alain à continuer de faire des progrès dans la vie et, plus important encore, à lui éviter la rechute et l'hospitalisation, ce qui survient très souvent.

Je suis très reconnaissante d'avoir pu acquérir 17 années d'expérience dans l'application de ces principes. Les frères et les sœurs d'Alain souffrent eux aussi, tant de la peur d'être atteints de la même maladie que du déséquilibre familial engendré par l'ampleur des ressources consacrées à surmonter le handicap. Ces habiletés nous aident, mon mari et moi, à être empathiques et conscients de leur situation difficile. Votre ouvrage a été un cadeau fort apprécié dans notre famille.

II. Oui mais...
Et si...
À propos de...

Le feed-back que nous avons reçu n'était pas toujours positif. Certaines personnes étaient déçues de ne pas trouver d'aide spécifique pour les cas d'enfants qui présentent des problèmes sérieux ou complexes. D'autres déploraient de ne pas trouver de réponse à des questions particulières. D'autres encore étaient frustrés de ne pas obtenir de succès significatif après avoir pourtant fait des efforts sincères pour dire ou faire les choses de façon différente. Leur refrain à tous : « J'ai essayé, *mais* ça n'a pas marché. »

Après leur avoir demandé ce qui s'était vraiment passé et avoir entendu les détails de leur expérience, c'était presque toujours facile de voir ce qui avait fait défaut et pourquoi. Il devenait évident qu'il nous fallait revoir plus profondément certaines de nos idées. Voici des questions ainsi que des commentaires qu'on nous a adressés. Nos réponses suivent.

À PROPOS DES CHOIX

J'ai offert un choix à mon fils adolescent et ça s'est retourné contre moi. Je lui ai dit qu'il pouvait soit se faire couper les cheveux, pour ensuite se joindre à nous pour le repas de Pâques, soit prendre son repas dans sa chambre. Il avait le choix.

Il a répondu : « Très bien ! Je vais le prendre dans ma chambre. » J'étais stupéfaite. J'ai dit : « Quoi ? Tu me ferais ça à moi ? Et à ta famille ? » Il est simplement sorti en me tournant le dos. Les choix ne marchent peut-être pas avec les adolescents.

Avant d'offrir un choix à un enfant, peu importe son âge, il peut être utile de se poser une question : « *Les deux possibilités sont-elles acceptables pour moi, tout en étant vraisemblablement acceptables pour l'enfant ?* » Seraient-elles en réalité des menaces déguisées ? L'enfant sentira-t-il que j'utilise une technique dans le but de le manipuler ? Idéalement, un choix devrait avoir comme sous-entendu : « Je suis de ton côté. J'aimerais que tu fasses (ou ne fasses pas) telle chose ; mais au lieu de te donner un ordre, j'aimerais que tu aies ton mot à dire à ce sujet. »

Quel choix auriez-vous pu donner à votre fils à propos de ses cheveux ? Probablement aucun. Tout commentaire des parents sur les cheveux (le style, la couleur, la longueur, le degré de propreté) est perçu par la plupart des adolescents comme une intrusion dans leur espace personnel.

Mais supposons que vous soyez incapable de vous en empêcher. Si vous voulez prendre le risque de vous aventurer sur ce terrain dangereux, approchez-vous avec tact : « Je sais que ce n'est pas mon affaire ; toutefois, si tu pouvais considérer la possibilité de permettre au coiffeur d'enlever juste assez de cheveux pour qu'on puisse te voir les yeux, tu aurais une mère reconnaissante, le jour de Pâques. »

Puis, retirez-vous aussitôt.

Que faire si on donne à l'enfant le choix entre deux possibilités et qu'il les rejette toutes les deux ? Le médecin a prescrit à ma fille une ordonnance pour un médicament qu'elle déteste, et j'ai fait exactement ce que vous suggérez. Je lui ai dit qu'elle pouvait le prendre avec du jus d'orange ou de la boisson gazeuse. Elle a répondu : « Ni l'un ni l'autre ; je n'en veux pas » et elle n'a pas desserré les mâchoires.

Quand un enfant éprouve de vifs sentiments négatifs à propos de quelque chose, il n'est probablement réceptif à aucun choix. Si vous voulez que votre fille soit réceptive aux options que vous lui offrez, vous devez auparavant lui montrer que vous respectez entièrement ses sentiments négatifs : « Eh bien, juste à ta manière de retrousser le nez, je vois jusqu'à quel point tu détestes même l'idée de prendre ce médicament. » Une phrase de ce genre peut l'aider à se détendre. Cela veut dire : « Maman comprend et elle est de mon côté. » Ensuite, votre fille est mieux préparée, sur le plan émotionnel, à tenir compte de ce que vous lui dites. « Alors, ma chérie, qu'est-ce qui rendrait la chose moins affreuse pour toi : le prendre avec du jus ou avec de la boisson gazeuse ? À moins que tu penses à autre chose qui pourrait t'aider un tout petit peu. » En fait, les possibilités sont infinies.

- Veux-tu le prendre vite ou lentement ?
- Les yeux ouverts ou les yeux fermés ?
- Avec une grosse cuillère ou une petite ?
- En te pinçant le nez ou les orteils ?
- Pendant que je chante ou que je garde le silence ?
- Je te le donne ou tu préfères le prendre toi-même ?

L'idée, c'est qu'il nous est plus facile d'avaler certaines choses si quelqu'un comprend que c'est difficile pour nous, et si nous avons un petit mot à dire sur la façon de le faire.

À PROPOS DES CONSÉQUENCES

D'autres personnes ont connu de sérieux problèmes de communication parce qu'elles avaient inclus les conséquences possibles dans le processus de résolution de problème. Une mère nous a raconté la déception qu'elle a éprouvée l'unique fois où elle a essayé de trouver une solution avec ses enfants : le tout s'est terminé par une grosse chicane.

J'ai convoqué une rencontre de famille pour dire aux enfants que le vétérinaire trouvait que notre chien souffrait

d'un grave excès de poids et d'un manque d'exercice. Nous suivions ensemble toutes les étapes de la résolution de problème et nous faisions des progrès, en décidant qui serait responsable de quoi. Puis, un de mes fils a demandé quelles seraient les conséquences si l'un de nous ne faisait pas son travail. L'aîné a suggéré la perte du privilège de regarder la télévision pendant une soirée. Les deux autres ont répliqué que ce n'était pas juste. Bref, nous nous sommes embourbés dans une longue discussion sur les conséquences justes. Chacun s'est fâché contre les autres et nous n'avons pas réussi à établir un plan au sujet du chien. Ma conclusion, c'est tout simplement que mes garçons ne sont pas prêts à participer à une résolution de problème.

Ce n'est pas une bonne idée de parler de conséquences quand on tente de résoudre un problème. Le processus est totalement orienté vers la création d'une atmosphère de confiance et de bonne volonté. Aussitôt qu'on introduit l'idée d'une conséquence en cas d'échec, on empoisonne l'atmosphère. On crée le doute, on étouffe la motivation et on sabote la confiance.

Quand un enfant demande quelle sera la conséquence s'il ne collabore pas, l'un des parents peut répondre : « Je ne veux même pas penser aux conséquences. Pour le moment, il faut penser à la façon de nous assurer que notre chien retrouve la santé et reste bien portant. Pour y parvenir, il va falloir y travailler tous ensemble.

« Il faut comprendre qu'à certains moments, nous n'avons pas le goût de faire notre part. Mais nous allons tout de même le faire, car nous ne laisserons tomber personne, même pas notre chien. Et si quelqu'un tombe malade ou qu'il se présente une urgence, nous verrons, à tour de rôle, à ce que le travail soit accompli. Dans notre famille, on s'entraide les uns les autres. »

AU LIEU DU « MAIS »

Certains parents se sont plaints du fait que, lorsqu'ils reconnaissent les sentiments de leurs enfants, ces sentiments s'accentuent. Quand nous leur avons demandé les paroles exactes qu'ils avaient prononcées, le problème est apparu clairement. Chacune de leurs phrases d'empathie contenait un *mais*. Nous leur avons signalé que le mot *mais* a comme effet de rejeter, de diminuer ou d'effacer tout ce qui a précédé.

Voici quelques suggestions pour éliminer les *mais* dans quelques-unes des phrases fournies par ces parents.

Phrase de départ : « Tu as l'air vraiment déçue de rater la fête de Julie. *Mais* c'est vrai que tu as un méchant rhume. Et puis, c'est juste une fête. Tu iras à plein d'autres fêtes dans ta vie. »
L'enfant pense : « Papa n'a rien compris. »
Phrase révisée : (Au lieu de repousser le sentiment par un *mais*, donnez-lui sa pleine valeur.)

– Tu as l'air vraiment déçue de rater la fête de Julie. Tu avais hâte de célébrer la fête de ton amie avec elle. À cause de ta fièvre, tu te retrouves au lit et c'est le dernier endroit où tu voudrais être aujourd'hui.

Et si papa est en verve, il peut aussi tenter d'exprimer ce que sa fille souhaite.

– Ce serait plaisant si on découvrait enfin un remède contre le rhume, n'est-ce pas ?

Phrase de départ : « Je sais que tu détestes l'idée de faire venir une gardienne encore une fois, *mais* il faut que j'aille chez le dentiste. »
L'enfant pense : « Tu trouves toujours un prétexte pour t'éloigner. »

Phrase révisée : (Éliminez le *mais*. Remplacez-le par *le problème, c'est que…*)

— Je sais que tu détestes l'idée de faire venir une gardienne encore une fois. *Le problème, c'est que* je dois aller chez le dentiste.

Quelle est la différence ? Selon le commentaire d'un père, « le *mais* est ressenti comme une porte qui se referme. *Le problème, c'est que…* ouvre la porte et invite l'enfant à considérer la possibilité d'une solution. » L'enfant peut dire : « Je pourrais peut-être aller jouer chez Gabriel pendant que tu vas chez le dentiste. » Maman peut dire : « Tu pourrais peut-être venir avec moi et lire dans la salle d'attente. » Il n'y a peut-être aucune solution satisfaisante pour l'enfant. Néanmoins, en reconnaissant qu'il y a un problème, on lui permet de l'aborder plus facilement.

Phrase de départ : « Esther, c'est visible que tu n'es pas contente de ta coupe de cheveux. *Mais* tu verras, ça va repousser. Dans quelques semaines, tu ne t'en apercevras même plus. »
L'enfant pense : « Sans blague ! Comme si je n'avais pas pu trouver ça toute seule ! »
Phrase révisée : (Éliminez le *mais*. Remplacez-le par : *Et même si tu sais…*)

— Esther, c'est visible que tu n'es pas contente de ta coupe de cheveux. *Et même si tu sais* qu'ils vont repousser, il n'en demeure pas moins que tu souhaiterais être entendue quand tu dis que tu veux en faire couper seulement deux centimètres.

En introduisant votre phrase par *et même si tu sais*, vous mettez en valeur l'intelligence de votre fille et vous dites votre point de vue sans mettre le sien de côté.

À propos des « Pourquoi ? »

Même s'ils ont tout essayé pour se montrer compréhensifs envers l'enfant, certains parents se plaignent de n'avoir reçu en retour qu'une réaction hostile.

En tant que nouvelle belle-mère, je suis très consciente de l'importance d'éviter de dénigrer les enfants. Je laisse à leur père le soin de les discipliner. Mais un jour que ce dernier était en voyage, l'enseignant m'a fait parvenir une note signalant que mon beau-fils n'avait pas remis son devoir à temps. Je savais que c'était à moi de m'en occuper. J'étais très calme. Je lui ai simplement demandé, d'une manière douce, pourquoi il n'avait pas remis son devoir à temps. Il m'a fait une scène. Pourquoi ?

Toute phrase qui commence par *Pourquoi as-tu* ou *Pourquoi n'as-tu pas* peut être ressentie comme une accusation. La question force le jeune à se rappeler ses manquements. Derrière votre gentil *pourquoi n'as-tu pas*, c'est possible qu'il entende : « Est-ce que tu es paresseux, désorganisé, irresponsable ? Que tu remets toujours tout au lendemain ? »

Alors, il se sent coincé. Comment peut-il répondre ? Il se trouve devant deux possibilités insoutenables. Il peut soit reconnaître sa médiocrité, soit tenter de se défendre par des justifications : « Parce que la consigne n'était pas claire. Parce que la bibliothèque était fermée, etc. » Dans un cas comme dans l'autre, il devient encore plus mécontent de lui-même, plus irrité à votre égard et moins enclin à réfléchir à une façon de remédier à la situation.

Comment éviter une réaction aussi défensive ? Vous pouvez remettre la responsabilité du problème à votre beau-fils tout en lui offrant votre soutien. En lui remettant la note de l'enseignant, vous pouvez dire : « Cette note a été adressée à ton père et à moi, mais c'est toi qui sais ce qu'il faut en faire. Si quelque chose t'empêche de commencer ou de terminer le travail ou si tu as besoin de quelqu'un pour t'aider à lancer quelques idées, je serai là. »

À PROPOS DU « TEMPS MORT »

Plusieurs parents ont été déçus de lire le livre de la première à la dernière page sans rien trouver au sujet du *temps mort*. Nous avons d'abord été intriguées par cette réaction. À nous deux, nous avions élevé six enfants sans jamais en placer un seul en *temps mort*. Puis, peu à peu, nous avons commencé à noter l'apparition d'une avalanche de livres et d'articles de revues qui présentaient le *temps mort* comme une nouvelle méthode disciplinaire, une solution de rechange plus humaine que la fessée. On indiquait le procédé aux parents, en détail.

Comment avions-nous pu écarter une technique qui, à première vue du moins, semblait raisonnable : si un enfant se comporte mal, on l'envoie dans une autre pièce ou dans un endroit qui ne contient aucun objet susceptible de le distraire (ni passe-temps, ni livre, ni jouet, etc.). On insiste pour qu'il y reste assis pendant un temps défini (une minute pour chaque année de sa vie). De cette façon, prétend-on, l'enfant devrait vite se rendre compte de ses erreurs de conduite, en sortir assagi et mieux se comporter par la suite.

Mais plus nous y réfléchissions, plus nous faisions de lectures sur toutes les variantes de cette méthode, moins elle nous plaisait. Pour nous, le *temps mort* ne semble ni nouveau, ni innovateur. Il s'agit plutôt d'une mise à jour de la pratique traditionnelle qui consiste à placer le *vilain* enfant debout dans un coin : la *mise à l'écart*.

Plusieurs questions se posent. Supposons que Martin frappe sa petite sœur parce qu'elle ne cesse de lui tirer le bras pendant qu'il tente de dessiner. Supposons que maman, en furie, l'envoie *passer du temps* sur la chaise réservée au *temps mort*. Elle prétend que cette méthode est plus convenable que de frapper Martin pour avoir frappé sa petite sœur. Mais que peut-il se passer dans la tête de Martin pendant qu'il est assis sur sa chaise ? Est-il en train de se dire : « Maintenant, j'ai appris ma leçon : je ne dois plus jamais frapper ma petite sœur, peu importe ce qu'elle fera. » Pense-t-il plutôt : « Ce n'est pas juste ! Moi, je ne compte pas aux yeux de maman. C'est seulement ma petite sœur idiote qui compte. Je vais lui régler son compte quand maman ne regardera pas. » Ou encore, arrive-t-il à cette conclusion : « Je suis tellement méchant que je mérite d'être assis ici tout seul. »

Nous sommes convaincues que l'enfant qui se comporte mal n'a pas besoin d'être séparé des membres de sa famille, même pour une courte période. Toutefois, il a besoin qu'on l'arrête et qu'on lui fournisse une autre direction : « Martin, on ne frappe pas ! Tu peux t'adresser à ta sœur *avec des mots*, en lui disant comme ça te fâche si elle te tire le bras quand tu essaies de dessiner. »

Supposons que Martin parle à sa sœur, mais qu'elle continue à tirer. Supposons même que Martin la frappe de nouveau. Le *temps mort* n'est-il pas indiqué ?

Le choix d'envoyer Martin en solitude pourrait faire cesser le comportement sur le coup, mais il passe à côté du problème sous-jacent. Martin n'a pas besoin d'une mise à l'*écart*, mais plutôt d'une mise en *contact* avec un adulte qui se soucie de lui et qui peut l'aider à reconnaître ses sentiments et à trouver de meilleures façons de les gérer. Maman pourrait dire : « Ce n'est pas facile d'avoir une petite sœur qui te tire toujours après pour avoir ton attention. Aujourd'hui, elle t'a tellement mis en colère que tu l'as frappée. Martin, je ne peux permettre à aucun de mes enfants d'en frapper un autre. Faisons une liste des choses que tu peux faire à la place, si elle te dérange encore quand tu essaies de dessiner. »

Que faire au lieu de frapper ?

— Martin pourrait crier très fort, en plein visage de sa sœur : « Arrête ! »

- Il pourrait lui repousser la main, doucement.
- Il pourrait lui donner une feuille de papier et un crayon.
- Il pourrait lui donner autre chose avec quoi jouer.
- Il pourrait dessiner quand sa sœur fait la sieste.
- Il pourrait dessiner dans sa chambre, la porte fermée.
- Si rien ne marche, il pourrait demander à maman de l'aider.

Martin peut afficher sa liste de solutions où il le désire et la consulter au besoin. Il ne se perçoit plus comme quelqu'un qui agit avec tellement de méchanceté quand il est en colère, qu'il faille l'éloigner, mais plutôt comme une personne responsable, qui connaît plusieurs façons de s'occuper de sa propre colère.

À PROPOS DU CONJOINT OU DE LA CONJOINTE

Un certain nombre de nos et lectrices et lecteurs nous ont fait part d'une frustration fort répandue : ils n'ont trouvé dans le livre aucun moyen de parvenir à toucher leur conjoint récalcitrant.

J'essaie de changer ma façon de parler avec les enfants, mais mes efforts sont minés par mon conjoint ou ma conjointe qui ne me soutient pas dans ma nouvelle approche. Avez-vous des suggestions ?

Lorsque cette question a été soulevée pendant l'une de nos conférences, nous avons demandé aux personnes présentes de nous dire ce qu'elles avaient fait. Voici les réponses qu'elles nous ont données.

- Je décris à mon mari les changements que j'essaie d'accomplir. De cette façon, il se sent inclus dans le processus, mais sans se sentir tenu de faire lui-même des changements.

– Nous gardons le livre dans la voiture. Celui ou celle qui ne conduit pas en lit une section à haute voix et nous en discutons.
– Mon mari ne lit aucun livre portant sur les habiletés parentales. Il est de l'école de pensée selon laquelle *les paroles n'ont aucune importance, pourvu que les enfants sachent qu'on les aime*. Je lui ai finalement dit : « Écoute, quand nous avons décidé d'avoir des enfants, nous savions que nous voulions les élever correctement. Nous n'aurions pas songé à les vêtir en haillons ou à leur donner une alimentation sans valeur nutritive. Dans le même ordre d'idée, pourquoi leur parler d'une manière malsaine, d'autant plus qu'il existe de meilleures façons de faire ? Nos enfants méritent ce qu'il y a de mieux, de la part de chacun de nous. »
– J'essaie d'impliquer mon mari, en lui demandant son avis sur la meilleure façon d'agir avec nos deux fils dans certaines situations. Je lui dis des choses telles que : « Mon chéri, il me faut ton avis sur un point. C'est un domaine où je n'ai aucune expérience, étant donné que je n'ai jamais été un petit garçon. Dis-moi ce qui te donnerait davantage envie de coopérer : si ta mère te disait ceci ou si elle te disait cela ? » D'habitude, il répond tout de suite, mais parfois, il réfléchit et me sort une suggestion à laquelle je n'aurais jamais songé.
– Ma femme déteste que je lui indique quoi dire ou comment le dire. Les résultats sont meilleurs si je me contente d'utiliser les habiletés, tout simplement, sans rien ajouter. Quelque chose doit déteindre sur elle puisque, l'autre matin, alors que nous étions pressés de partir, ma fille a refusé de mettre son manteau. Au lieu d'argumenter, ma femme lui a offert un choix. Elle lui a demandé si elle préférait le mettre de la façon *habituelle* ou bien *à l'envers*. Ma fille s'est esclaffée, elle a choisi *à l'envers*, puis nous sommes sortis.

Le pouvoir de l'humour

Plusieurs parents nous ont reproché de ne pas avoir inclus un chapitre sur l'humour. Pour notre défense, nous avons expliqué que, pendant la rédaction du chapitre traitant des façons de susciter la coopération, nous avons effectivement débattu le pour et le contre d'inclure l'humour. Nous savions que le fait de présenter une excentricité ou une chose inattendue peut, en quelques secondes, faire passer un enfant de la colère à la joie. Mais comment peut-on demander à des parents d'être *drôles*, en plus de tout ce qu'ils ont à faire ? Nous nous sommes donc limitées à deux courts paragraphes sur l'humour. Grosse erreur. Nous avons découvert que, dans la vraie vie, les parents sont drôles. Même ceux qui ne croient pas l'être. Au cours des ateliers que nous avons animés dans tout le pays, chaque fois que nous avons demandé à des parents adultes, vraiment sérieux, de prendre contact avec leur dimension enfantine, enjouée, drôle, idiote, dingue, ils l'ont fait. Ils nous ont fourni les exemples les plus charmants à propos de ce qu'on peut faire ou de ce qu'ils ont fait pour se remonter le moral et faire fondre la résistance de leurs enfants.

Parfois, mon fils de trois ans refuse de s'habiller parce qu'il veut que je le fasse à sa place. Quand il est dans ce genre d'humeur, je lui mets son caleçon sur la tête et j'essaie d'enfiler ses chaussettes sur ses mains. Évidemment, il me dit que je fais tout de travers et il enfile caleçon et chaussettes comme il faut. Puis il ajoute : « Tiens, maman, c'est comme ça ! » Je fais comme si j'étais tout à fait surprise et j'essaie d'enfiler son pantalon sur ses bras et sa chemise sur ses jambes. Le jeu se termine toujours par des rires et des baisers.

Pour amener mon fils à se brosser les dents, nous avons inventé des microbes, Géraldine et Joseph, qui se tiennent cachés. De cette façon, nous brossons tous les endroits possibles pendant que les microbes chantent : « Nous faisons la fête dans la bouche de Benjamin. » Puis ils se mettent à pleurer quand Benjamin les brosse et ils crient quand il les crache dans le lavabo. Ils n'oublient pas de lui rappeler : « Nous reviendrons ! »

Les solutions les plus créatrices semblent émerger d'un défi particulier : celui de maintenir un *semblant* d'ordre dans une maison où habitent des enfants, quel que soit leur âge. Voici ce qu'ont fait certains parents pour inciter leurs enfants à ranger leurs objets ou à rendre service à la maison.

Nous formons une famille reconstituée : lui et ses trois enfants (7, 9 et 11 ans), moi et les deux miens (10 et 13 ans). Nous tentons d'établir quelques traditions afin d'encourager les enfants à mieux s'entendre entre eux. Les discussions les plus épineuses portent sur ce qui doit être fait et par qui. Maintenant, chaque samedi matin, on écrit chacune des tâches sur un bout de papier. Puis, on plie les papiers et on les introduit dans des ballons de couleurs différentes ; ensuite, on gonfle les ballons et on les lance en l'air. Chaque enfant en attrape un. Il le fait éclater et accomplit la tâche. Il revient et en fait éclater un autre. Ça continue jusqu'à ce que toutes les tâches aient été accomplies. On termine en se félicitant mutuellement pour ce merveilleux travail d'équipe !

Je suis un père au foyer qui a récemment trouvé une nouvelle façon de régler les gâchis des enfants. Je sors un paquet de cartes spéciales, dont tous les valeurs supérieures ont été supprimées au préalable. Chacun des garçons tire une carte qui lui indique le nombre de choses qu'il doit ranger. Ils ont beaucoup de plaisir à faire le compte des choses qu'ils ont rangées et ils se précipitent pour voir quelle sera leur prochaine carte. La dernière fois, tout le ménage était terminé en 20 minutes et les enfants étaient déçus que le jeu soit terminé.

Scénario : Une chambre et deux filles. Les pièces de trois casse-têtes répandues partout par terre.

MAMAN :	D'accord, les filles. Ça s'appelle : *Qui va plus vite que la musique ?* Je vais mettre la cassette de musique en marche. Le truc, c'est de savoir si vous êtes capables de remettre dans leurs boîtes respectives toutes les pièces de casse-tête avant la fin de la première chanson.

Elles se sont lancées et ont terminé la tâche en deux chansons et demie.

J'ai quatre garçons. Au moins 50 fois par jour, je leur crie de ranger leurs chaussures. La première chose qu'ils font en rentrant, c'est de retirer leurs chaussures et de les laisser tomber au milieu de la pièce. Alors, je ne cesse de trébucher sur leurs 8 chaussures.

Inspiration ! J'écris *chaussures* sur une feuille de papier, je la transperce d'une ficelle, puis je la suspends à l'entrée de la cuisine, assez bas pour qu'ils butent dessus en entrant.

Kevin (8 ans) est le premier à arriver. La note lui frotte les cheveux quand il pénètre dans la cuisine.

KEVIN :	Qu'est-ce que c'est ?
MOI :	Lis.
KEVIN :	Chaussures ? Qu'est-ce que ça veut dire ?

MOI :	D'après toi ?
KEVIN :	On achète de nouvelles chaussures aujourd'hui ?
MOI :	Non.
KEVIN :	*(faisant un sérieux effort pour réfléchir)* Tu veux que je range mes chaussures ?
MOI :	Tu as tout compris. *(Kevin range ses chaussures ! Il revient et, par la suite, explique la note aux trois autres qui rangent leurs chaussures !)*
KEVIN :	Tu devrais écrire une note comme ça pour qu'on se lave les mains.

Mes adolescents détestent nettoyer la salle de bain : («Maman, c'est dégoûtant!») Je n'ai pas discuté. J'ai simplement affiché une note sur le miroir, au-dessus du lavabo. Voici le poème qui a fait l'affaire.

> *Attrape le détersif et le torchon.*
> *En avant, frotte. Que c'est long !*
> *Rebords, saillies, coins et recoins,*
> *N'oublie pas où s'assied… l'arrière-train.*
> *Oui, c'est vrai : ça prend du temps !*
> *Mais un travail bien fait, comme c'est épatant !*
> *Merci.*
> *Affectueusement,*
> *Maman*

La mère qui nous a remis l'histoire suivante lui a donné comme titre : «*Rien n'est éternel.*»

Je voulais que mon fils range tous les wagons et les rails de train qui jonchaient le sol de la salle de séjour. Je me suis donc rendue à sa chambre et j'ai fait semblant de lui parler au téléphone. «Dring ! Dring !»

Il a fait semblant de ramasser un combiné et il a répondu : « Allô ! »

J'ai demandé : « Est-ce bien la compagnie de construction de chemin de fer ? »

Il a répondu : « Oui. »

J'ai poursuivi : « Voici. J'ai un travail difficile à faire exécuter. Il s'agit de déplacer des wagons et des rails très lourds et j'ai entendu dire que votre compagnie était la meilleure pour ce genre de travaux. »

Il a tout ramassé. J'ai employé la même stratégie une seconde fois et le résultat a été le même. Puis, un jour, j'ai téléphoné de nouveau et j'ai demandé : « Est-ce bien la compagnie de construction de chemin de fer ? »

Mon fils a répondu : « Elle a fait faillite. »

III. Leur langue maternelle

Notre mentor, le docteur Haim Ginott, n'est pas né aux États-Unis. Au début de sa vie adulte, il a quitté Israël pour venir dans notre pays. C'est chez nous qu'il a fait ses études doctorales, publié ses livres et animé des groupes d'orientation à l'intention des parents. Nous étions inscrites à l'un de ces groupes. Dès le début, nous lui avons fait part de notre difficulté à changer nos vieilles habitudes : « Nous nous mettons à dire quelque chose aux enfants, mais nous nous arrêtons en trébuchant sur nos propres mots. » Il nous a écoutées pensivement, puis il a répondu : « Ce n'est pas facile d'apprendre une nouvelle langue. Par exemple, vous la parlerez toujours avec un accent. Mais, dans le cas de vos enfants, ce sera leur langue maternelle ! »

Des paroles prophétiques. Elles ne s'appliquent pas seulement à nos enfants, mais également aux enfants de nos lectrices et de nos lecteurs. De nombreux parents nous ont en effet raconté comment leurs enfants utilisent ce nouveau langage de façon tout à fait naturelle. Voici les expériences qu'ils nous ont transmises, verbalement ou par écrit.

Je suis une mère qui travaille à l'extérieur du foyer et mon emploi du temps est très chargé. Mon fils de trois ans déteste se lever ; la plupart du temps, il est très irritable le matin. J'ai donc pris l'habitude de lui dire : « Tu te sens grincheux ce matin, n'est-ce pas ? » Il répond : « Ouais ! », puis il se sent mieux et coopère davantage.

Un matin, au réveil, je me sentais irritable parce que j'étais en retard. Il m'a regardée avec considération, puis il a dit : « Te sens-tu grincheuse, maman ? Je t'aime tout de même beaucoup. »

J'ai été ébahie par sa perspicacité. Cela m'a soulagée et j'ai passé une journée fantastique !

Ma fille de quatre ans, Mélissa, a dit à son jeune frère : « Justin, je n'aime pas que tu me donnes un coup de pied. » (D'habitude, elle lui retourne son coup de pied.) Il a répondu : « Compris, Mélissa. » Et c'était fini ! Puis, Mélissa est venue me dire qu'elle avait utilisé sa nouvelle habileté et que le résultat était bon. Elle était à la fois surprise et fière d'elle-même.

Sans votre formule magique, je serais déjà internée. J'utilise tellement vos méthodes que ma fille (bientôt 5 ans) m'a dit récemment, après s'être fait rappeler que c'était l'heure du coucher : « Mais, maman, quelles sont mes options ? » (Elle aime se faire demander si elle veut se rendre au lit en marchant ou à cloche-pied.)

Une autre fois, alors qu'elle jouait à être ma maman, elle m'a annoncé : « Ma chérie, voici tes options : tu peux avoir une Jeep ou bien une auto sport ; choisis ! »

Mon fils de cinq ans, Daniel, est assis par terre avec son ami, Christophe. Ils simulent un combat d'animaux avec des jouets en peluche. Soudain, la bataille devient réelle.

CHRISTOPHE :	Arrête, Daniel ! Tu me fais mal à la main !
DANIEL :	Aïe ! Toi aussi tu me fais mal !
CHRISTOPHE :	Il le fallait ! Tu m'écrasais la main.
DANIEL :	Maintenant, c'est toi qui écrases la mienne.
MOI :	(*Je crois devoir intervenir, mais sans trop savoir quoi dire.*)
DANIEL :	Attends une minute. (*Il s'assied sur les talons pour réfléchir.*) Christophe, voici nos options :

	on peut jouer avec les animaux *sans* écraser la main de l'autre ou on peut *cesser* de jouer avec les animaux et passer à un autre jeu. C'est quoi, ton choix ?
CHRISTOPHE :	On joue à autre chose.

Puis ils sont partis en courant ! Je sais que c'est difficile à croire, mais c'est réellement arrivé.

Un jour, après le repas, je me dirigeais vers la chambre de ma fille (6 ans) en pensant à ce que je pourrais bien lui dire sans lui imposer un long discours à propos du lait qu'elle avait laissé sur la table. Mais mon fils de huit ans m'avait précédée. Il était déjà rendu à sa porte, en train de lui dire : « Le lait surit quand on ne le replace pas au frigo. »

À ma grande surprise, la porte s'est ouverte et ma fille en est sortie. Elle s'est immédiatement dirigée vers la cuisine pour aller replacer le lait dans le frigo.

J'étais au salon quand j'ai entendu la conversation suivante entre Lise, ma fille de dix ans, et son amie Sophie, qui fouillait dans une armoire de la cuisine.

SOPHIE :	*(d'une voix plaintive)* J'ai faim. Pourquoi ta mère place-t-elle les goûters sur des tablettes aussi hautes ? Elle ne met jamais les choses à portée de la main.
LISE :	Sophie, chez nous, on ne blâme pas les autres. Dis-moi seulement ce que tu veux et je vais te le donner.

J'en suis restée bouche bée, à me dire : on essaie, on essaie de nouveau sans jamais savoir si le message passe. Puis, un jour, ça y est !

Ce qui m'a frappée dans votre livre, c'est qu'il est acceptable de se fâcher, pourvu qu'on ne dise rien qui pourrait blesser les autres. D'habitude, j'essayais de rester calme et de tout garder en dedans, mais je finissais toujours par crier des choses que je regrettais par la suite. En fait, dernièrement, je le dis tout de suite aux enfants quand je commence à me sentir tendue ou à bout de patience ou encore quand j'ai seulement besoin d'un peu de temps pour moi-même.

Hier, j'ai reçu ma récompense !

Je faisais des courses avec René, mon fils de 13 ans, qui avait eu une poussée de croissance durant l'été et qui avait besoin d'un nouveau manteau d'hiver. Nous sommes allés dans deux magasins sans rien trouver à son goût. En route pour un troisième, il a dit : « On rentre. »

MOI :	René, dès les premières gelées, tu n'auras rien à te mettre.
RENÉ :	Maman, s'il te plaît, je veux rentrer chez nous.
MOI :	Mais René…
RENÉ :	Maman, j'essaie de te prévenir ! Je me sens devenir irrité et je ne veux pas que ça retombe sur toi.

Sur le chemin du retour, je me sentais très fière qu'il se soit soucié de moi. Merci de nous avoir donné, à mes enfants et à moi-même, des moyens de nous protéger les uns des autres quand nous sommes sur le point de craquer.

J'ai participé à vos ateliers *How To Talk…* au cours du mois dernier. J'ai eu récemment, avec mon fils de 8 ans, une conversation dont je veux vous faire part.

ÉRIC : *(en descendant de l'autobus scolaire)* Devine ce qui s'est passé à la récré aujourd'hui.
MOI : J'écoute avec mes deux oreilles.
ÉRIC : Michel s'est attiré des ennuis quand il a frappé quelqu'un et Mme M. a crié après lui. Il s'est mis à pleurer et elle lui a dit de cesser et elle l'a traité de bébé pleurnichard.
MOI : Tu as dû te sentir mal de voir ce qui arrivait à Michel.
ÉRIC : Ouais ! J'ai passé mon bras autour de ses épaules comme ça. *(Il passe son bras autour d'un garçon invisible et tapote une épaule invisible.)*
MOI : Je parie que Michel s'est senti mieux.
ÉRIC : Euh ! Ouais ! Mme M. devrait suivre tes cours, elle aussi, maman !

Je crois que ma nouvelle façon de parler avec mon fils et de l'écouter l'a aidé à devenir une personne plus sensible, qui ne se contente pas de regarder les injustices en simple témoin.

Jusqu'ici, nous avons vu comment des enfants utilisent ces habiletés. Dans la dernière lettre que nous présentons, une femme décrit sa propre démarche en vue d'intérioriser ce *nouveau langage*.

Dans mes larmes, je sens de la joie, une révélation et de la fierté. J'éprouve le besoin de vous écrire pour vous dire merci. Un millier de fois merci. Je réalise aujourd'hui jusqu'à quel point j'ai changé, avec quel naturel je mets aujourd'hui mes habiletés en pratique.

Il s'agit d'un incident mineur. Le cousin (9 ans) de mon fils (3 ans) était venu nous rendre visite. Il montrait à mon fils comment empiler des planches afin d'atteindre le haut d'une clôture. Je suis sortie et j'ai dit d'un ton calme et amical : « Hé ! je vois une pile de planches peu solides, qui pourrait basculer. Les clôtures, ce n'est pas fait pour qu'on grimpe dessus. Les pieds sur le sol, s'il vous plaît. »

Puis, je suis rentrée. En regardant par la fenêtre, quelques minutes plus tard, j'ai constaté qu'ils avaient démonté la pile de planches et qu'ils jouaient à autre chose, de façon sécuritaire ! Ça m'a soudain frappée : j'avais obtenu plus que le résultat désiré (juste les éloigner de cette pile de planches). Et de quelle façon !

1. Sans avoir à penser d'avance à l'habileté que je devrais utiliser. Les mots me sont venus tout naturellement.
2. Sans crier comme une perdue (cris découlant souvent de la peur qui me saisit à l'idée du mal qui pourrait arriver à mon enfant).
3. Sans être physiquement présente lors du redressement de la situation. Ce n'est même pas sur une décision consciente que j'ai quitté la scène. C'est simplement arrivé comme ça. Je suis partie en les laissant décider quoi faire.

J'en avais si peu conscience que c'est seulement en m'asseyant ici, pour vous écrire cette lettre, que je viens de réaliser ce que j'ai fait ! Je suis vraiment en train d'apprendre ! J'apprends réellement. Hourra !

Je n'oserais pas mettre par écrit la façon dont j'aurais réagi si pareille situation s'était présentée il y a moins d'un an. J'en aurais honte ! Je pleure à la simple pensée de la vie qu'aurait pu être celle de mon fils sans vos livres. C'est aux femmes de mon espèce (perfectionnistes, filles d'alcooliques, bourreaux de travail) que vous avez donné l'incroyable cadeau de pouvoir communiquer avec leurs précieux enfants d'une façon aimante, sans les critiquer. Ma mère et moi, nous avons récemment versé des larmes quand elle m'a confié de quelle façon elle nous parlait quand nous étions enfants : « Quand je t'entends parler à ton fils, j'ai honte de la façon dont je vous ai parlé à vous, mes enfants. » J'ai vite pardonné. Elle apprend vite. Il faut dire qu'elle est aussi soutenue par les bons sentiments qu'éprouvent parents et grands-parents après une réussite.

Comme ma sœur venait de se séparer de son mari qui ne cessait de l'injurier, elle parlait à ses enfants sur un ton tellement méprisant que j'en suis venue à ne plus tolérer sa présence. Je ne pouvais plus supporter de l'entendre tellement je me sentais blessée pour ses enfants. Je lui ai offert *How to Talk…* de même que *Siblings Without Rivalry*[1], en lui suggérant de jeter un coup d'œil rapide sur les bandes dessinées, tout en souhaitant qu'elle se laisse prendre au jeu. Ma mère m'a confié qu'elle a constaté un début de changement dans la façon dont ma sœur communique avec ses enfants. Voilà donc deux enfants de plus dont l'estime de soi a été sauvée par vos livres ! Je ne sais comment vous faire sentir toute la profondeur de ma gratitude de nous avoir transmis vos habiletés.

Jeanne.

P.-S. L'alcoolisme est répugnant et ma famille n'est pas encore prête à reconnaître qu'elle en a été victime. Je ne peux donc pas donner mon nom de famille.

Merci Jeanne. Merci à vous tous et à vous toutes d'avoir pris le temps de mettre par écrit vos pensées et vos expériences. La lecture de ces lettres, venues du pays comme de l'étranger, nous permet, une fois de plus, de nourrir un rêve qui nous est cher.

---

1   Traduit en français sous le titre : *Jalousies et rivalités entre frères et sœurs*, Stock, 1989.

Nous souhaitons que tous ensemble - parents, enseignants, professionnels en santé mentale, animatrices et animateurs d'ateliers - nous fassions connaître partout les principes de la communication soucieuse d'autrui. Nous souhaitons que vienne le temps où tous les enfants du monde deviendront des adultes solides, pleins de compassion, qui auront confiance en eux-mêmes et s'engageront à vivre en paix les uns avec les autres.

Quelques livres susceptibles de vous intéresser

Axline, Virginia M. (1969). Dibs : In Search of Self. New York, Ballantine Books.

Balter, Lawrence (1993). « Not in Front of the Children » : Helping Your Child Handle Tough Family Matters. New York, Viking.

Branden, Nathaniel (1972). The Disowned Self. New York, Bantam Books.

(1994). The Six Pillars of Self Esteem. New York, Bantam Books.

Dombro, Amy Laura et Wallach, Leah (1988). The Ordinary is Extraordinary. New York, Simon & Schuster.

Dreikhurs, Rudolf, et Soltz, Vicki (1964). Children : The Challenge. New York, Hawthorne.

Faber, Adele, et Mazlish, Elaine (1975). Liberated Parents / Liberated Children. New York, Avon. Traduction française (2001) : Parents épanouis, enfants épanouis. Cap-Pelé, Canada, Relations plus.

(1988). Siblings Without Rivalry : How to Help Your Children Live Together so You Can Live Too. New York, Avon. Traduction française (2011) : Frères et sœurs sans rivalité. Cap-Pelé, Canada, Aux Éditions du Phare.

(1990). Between Brothers and Sisters : A Celebration of Life's Most Enduring Relationship. New York, Avon.

(1995). How to Talk So Kids Can Learn, at home and at school, Rawson Associates Scribner, New York. Traduction française (2004) : Parler pour que les enfants apprennent, à la maison et à l'école. Cap-Pelé, Canada, Relations plus.

(2005). How to Talk So Teens Will Listen and Listen So Teens Will Talk, HarperCollins, New York. Traduction française (2008) : Parler aux ados pour qu'ils écoutent, les écouter pour qu'ils parlent, Cap-Pelé, Canada, Relations plus.

Foster, Charles, et Kirshenbaum, Mira (1991). Parent / Teen Breakthrough. New York, Dutton.Fraiberg, Selma (1959). The Magic Years. New York, Scribners.

Ginott, Haim (1969). Between Parent and Child. New York, Avon.

(1971). Between Parent and Teenager. New York, Avon.

(1975). Teacher and Child. New York, Avon.

Gordon, Thomas (1976). PET in Action. New York, Wyden.

Kohn, Alfie (1993). Punished by Rewards. New York, Houghton Miflin.

Kurcinka, Mary Sheedy (1992). Raising Your Spirited Child : A Guide for Parents Whose Child is More Intense, Sensitive, Perceptive, Persistent, Energetic. New York, Harper Perennial.

Lusk, Diane, et McPherson, Bruce (1992). Nothing but the Best : Making Day Care Work for You and Your Child. New York, William Morrow.

Packer, Alex J. (1993). Bringing Up Parents : The Teenagers Handbook. Minneapolis, Minnesota Free Spirit Publishing.

Comment poursuivre la démarche ?

- Vous désirez développer davantage les habiletés de communication présentées dans ce livre ?
- Vous souhaitez rencontrer d'autres parents et discuter avec eux de la façon d'appliquer ces habiletés ?
- Vous voulez obtenir des renseignements additionnels à propos des ateliers créés par Faber et Mazlish ?
- Vous aimeriez recevoir une formation en vue d'offrir vous-même ces ateliers à des parents ?
- Vous désirez vous procurer un des ouvrages de Faber et Mazlish ou du matériel d'atelier ?
- Vous vous posez d'autres questions à propos de la communication parents-enfants ?

Vous pouvez obtenir quelques réponses pertinentes en vous adressant à l'un ou l'autre des endroits suivants, selon la langue qui vous convient :

En langue anglaise :

Faber/Mazlish Workshops, LLC
P.O. Box 64
Albertson, New York
11507 USA
Téléphone : 1-800-944-8584
Télécopieur : 1-914-967-8130
www.fabermazlish.com

En langue française :

Aux Éditions du Phare
1234 allée des Hirondelles
Cap-Pelé (N.-B.) Canada E4N 1R7
Téléphone : (506) 577-6160
Sans frais : 1-888-755-2911
Télécopieur : (506) 577-6727
www.auxeditionsduphare.com

Dans les dernières pages de ce livre, on trouve une brève description des autres ouvrages de Faber et Mazlish qui sont actuellement disponibles en français Aux Éditions du Phare.

Index

Accepter les erreurs, 240
Accueillir les sentiments, 21, 23, 32, 33, 42, 43, 44, 45, 55-59, 68, 187, 203, 320
Accuser, 72, 76, 144-145, 157, 334
Action, passer à l', 123, 141
Activités physiques et colère, 46-47
Adolescents, 301-303, 315-316
Âge de l'enfant, 142, 160
Amateur, psychanalyse d', 20
Animation, 292-293
Approuver, 43-44
Atelier, 292-293
Ateliers, 292-293, 298-299
Attentes, 123, 141
Attitude des parents, importan-ce de l', 51, 97-99
Authenticité, 94-95
Autonomie, 173-216
Autre personne, défendre l', 20
Avertissements, 74, 77
Blâmer, 72, 76, 144-145, 157, 334
Bons coups, coffre aux trésors des, 257, 266-270, 272
Bulletin scolaire, 211-213
Changer nos habitudes, 291, 331

Choix, 123, 131, 177, 184, 187, 193, 194, 208, 209, 212, 215, 300, 315-317, 332-333
Choses positives, entendre dire des, 257, 266, 269, 272
Coffre aux trésors des bons coups, 257, 266-270, 272
Colère, 35-36, 46-48, 99-100, 109-112, 144-147,150-154, 170-172, 275-276, 285, 299-300, 334
Comparaisons, 75, 78
Compliment descriptif, 222-234, 306-307
Compliments, réactions aux, 219-223
Comportement méritoire, résu-mer le, 229-232
Comprendre, se faire, 100-101
Comprends, je te, 44-45
Conflits entre frères et sœurs, 58-59, 169-170, 211-212, 276-277
Conjoint, 324-326
Conseils, 19, 35-36, 49, 53-55, 188-189, 204-207
Conséquences, 129-130, 142-144, 317-318
Coopération, susciter la, 67-115, 123

Corps, droit à son, 200
Correcte, réponse, 51
Coucher, heure du, 111, 165-168, 194, 208, 247
Crises, 46-48, 56-57, 63-64, 160-161, 202
D'accord, être, 43-44
Décrire, 79, 91, 98, 104-105, 108-110
Défendre l'autre personne, 20
Démontrer du respect pour ses efforts, 177, 184, 187, 193, 195-196, 208
Dépendance, 174-177, 186-190
Désaccord, exprimez votre, 123, 141, 145-147, 154
Descriptif, compliment, 223-234, 306-307
Désolé, 147
Dessiner pour exprimer un sentiment, 46-48
Détails de sa vie, menus, 200
Différentes situations, placer l'enfant dans, 257, 266, 269, 272
Donner des ordres, 69-70, 73, 77
Droit à son corps, 200
Échec, peur de l', 239-240
Échoue, quand le plan, 158
Écouter, 22-23, 42, 335
Écrire toutes les idées, 132, 156, 161-162, 163, 165, 166-168, 171

Écrire une note, 79, 92, 97, 98, 110-114, 144, 159, 165, 212, 249-250, 264, 273, 328-329
Efforts, démontrer du respect pour ses, 177, 184, 187, 193, 195-196, 208
Empathie, 21, 41-43, 67-68, 319-320
Enfant malheureux, 59-62, 239-240
Enfants qui utilisent les habiletés, 331-335
Enseignants, 305-307
Entendre dire des choses positives, 257, 266, 269, 272
Entraînement à la toilette, 161-162, 201-202
Éprouvés, parents très, 310-314
Erreurs, 49-50, 240
Espoir, ne supprimez pas l', 177, 183, 185, 187, 193, 199-200, 210
Estime de soi, 115, 219-220, 225, 234, 235, 240-250, 256, 303-305
Étapes de la résolution de problème, 158-159
Étiquettes, 251-256, 279-280
Étranger, réactions venues de l', 308-310
Exemple, donner l', 257, 266, 269, 272

343

Extérieures au foyer, ressources, 177, 185, 187, 193, 198-199
Fessée, 148
Fier de toi, je suis, 238-239
Frères et sœurs, conflits entre, 58-59, 169-170, 211-212, 276-277
Habitudes, changer les, 291, 331
Haine, 45-46
Heure du coucher, 111, 165-168, 194, 208, 247
Humour, 102, 326-330
Idées, écrire toutes les, 132, 156, 161-162, 163, 165, 166-168, 171
Image de soi, 102, 219-220, 225, 257, 266, 269, 272
Imaginaire, 23, 42, 62-64
Importance de l'attitude des pa-rents, 51, 97-99
Injures, 72, 76, 296
J'ai toujours cru, 239
Je te comprends, 44-45
Jeu, 102, 326-330
Jouer un rôle, 312-313
Mais, remplacer le, 319-321
Malheureux, enfant, 59-62, 239-240
Martyr, jouer au, 74, 77
Menacer, 73, 77
Méninges, remue-, 132, 156, 165, 166-168
Mensonge, 277-279

Menus détails de sa vie, 199
Méritoire, résumer le comportement, 229-232
Mises en garde, 50-53, 105, 107, 108, 110, 155-157, 197, 236-237
Montrer comment redresser la situation, 123, 131, 145-147, 150-152, 279
Morale, 73, 77
Motivation pour punir, 118-120
Mots péjoratifs, 52-53
Nier les sentiments, 18
Nommer le sentiment, 23, 32, 42
Non, remplacer le, 202-204
Note, écrire une, 79, 92, 97, 98, 110-114, 144, 159, 165, 212, 249-250, 264, 273, 328-329
Nouvelle image de soi, 257, 266, 269, 272
Ordres, donner des, 69-70, 73, 77
Oui, remplacer le non par, 203-204
Parents très éprouvés, 310-314
Parents, importance de l'attitu-de des, 51, 97-99
Passer à l'action, 123, 141
Péjoratifs, mots, 52-53
Permissivité, 49
Perroquet, réponse, 50
Peur de l'échec, 239-240

Philosophique, réponse, 19
Physiques, colère et activités, 46-47
Pitié, 20
Placer l'enfant dans différentes situations, 257, 266, 269, 272
Plan échoue, quand le, 158
Plus tard, 103-104
Positives, entendre dire des choses, 257, 266, 269, 272
Pourquoi, 321-322
Prédire, 75-76, 78
Prendre sa responsabilité, 306
Présence réconfortante, 50-51
Prêt, respecter le moment où il se sentira, 201-202
Prévenir au lieu de punir, 122
Princesse, la, 281-287
Problème, résolution de, 132-139, 141, 187, 257
Psychanalyse d'amateur, 20
Punir, motivation pour, 118-120
Punir, prévenir au lieu de, 122
Punition, 118-122, 129-131, 145-149
Questions, 19, 42, 177, 184, 185, 187, 193, 196-198, 205, 208-209
Qui a fait ça ? 144-145
Réactions aux compliments, 220-224
Réactions venues de l'étranger, 308-310
Réconfortante, présence, 50-51
Redresser la situation, montrer comment, 122-123, 131, 145-147, 150-152, 279
Remplacer le mais, 319-321
Remplacer le non, 202-204
Remue-méninges, 132, 156, 165, 166-168
Renseignements, donner des, 79, 91, 98, 106-107, 187, 202
Répéter, 103, 142
Réponse correcte, 51
Réponse perroquet, 50
Réponse philosophique, 19
Résolution de problème, 132-139, 141, 158-159, 187, 257
Résolution de problème, étapes de la, 158-159
Respect, 177, 184, 187, 193, 195-196, 201-202, 208, 301-302, 308
Respecter le moment où il se sentira prêt, 201-202
Responsabilité, 305-306
Ressources extérieures au foyer, 177, 185, 187, 193, 198-199
Résumer en un mot, 79, 91, 98, 108, 229-234
Résumer le comportement mé-ritoire, 229-232

Retard, 129-139
Rôle, jouer un, 312-313
S'entendre avec soi-même, 116-117
S'il vous plaît, 99-100
Sarcasmes, 75, 78
Sentiment, nommer le, 23, 32, 42
Sentiments de l'enfant, 132, 156, 161-162
Sentiments, accueillir les, 21, 23, 32, 33, 42, 43, 44, 45, 55-59, 68, 187, 203, 320
Sentiments, exprimez vos propres , 79, 92, 98, 108-110, 132, 156
Sentiments, nier les, 18
Sermons, 73, 77
Situations, placer l'enfant dans différentes, 257, 266, 269, 272
Solutions, écrire les, 132, 156, 161-162, 166-168, 171
Supprimez pas l'espoir, ne, 177, 183, 185, 187, 193, 199-200, 210
Susciter la coopération, 67-115, 123
Temps mort, 322-324
Toilette, entraînement à la, 161-162, 201-202
Toujours cru, j'ai, 239
Trésors des bons coups, coffre aux, 257, 266-270, 272

Un mot, résumer en, 79, 91, 98, 108, 229-234
Utilisation des habiletés par les enfants, 331-335

Parents épanouis, enfants épanouis

traduction française de
« *Liberated Parents / Liberated Children* »

Dans leur premier ouvrage, « Liberated Parents / Liberated Children », Adele Faber et Elaine Mazlish nous confient comment les principes énoncés par le célèbre psychologue Haim Ginott ont inspiré leur méthode hautement efficace de communication entre les parents et leurs enfants. Parsemé de multiples exemples concrets, on y retrouve leur témoignage ainsi que celui d'autres parents. Elles décrivent de façon touchante et convaincante comment elles en sont venues à mieux saisir les subtilités de la relation parents-enfants et à développer graduellement de meilleures habiletés de communication avec leurs propres enfants.

Couronné par le prix Christopher parce qu'il « affirme les plus hautes valeurs de l'esprit humain », cet ouvrage permet au lecteur de transformer son mode de relations. Il propose des outils aisément applicables, transposables à toute relation interpersonnelle.

Traduit en plusieurs langues, il a été accueilli avec enthousiasme par les parents et les professionnels à travers le monde. De lecture facile, il est à la portée de tous et favorise l'épanouissement des parents et de leurs enfants. Traduit en français par Roseline Roy, ce livre a été publié en 2001 par les éditions Relations plus sous le titre « Parents épanouis, enfants épanouis ».

Un complément idéal pour le lecteur de « Parler pour que les enfants écoutent, écouter pour que les enfants parlent » et une lecture recommandée pour toute personne participant aux ateliers « Parler pour que les enfants écoutent ».

www.auxeditionsduphare.com

Adele Faber et Elaine Mazlish
OUVRAGES DISPONIBLES EN FRANÇAIS

**PARLER AUX ADOS POUR QU'ILS ÉCOUTENT,
LES ÉCOUTER POUR QU'ILS PARLENT**
ISBN 978-2-9810343-0-4
Débordant de suggestions concrètes qui s'adressent à la fois aux parents et aux adolescents, ce tout dernier ouvrage présente des techniques innovatrices et éprouvées pour édifier des relations durables. Les parents y trouveront des outils efficaces pour aider leurs enfants à naviguer sans danger sur les eaux souvent turbulentes de l'adolescence.

**PARLER POUR QUE LES ENFANTS ÉCOUTENT,
ÉCOUTER POUR QUE LES ENFANTS PARLENT**
ISBN 978-2-9811610-0-0
Voici le best-seller qui vous fournira le savoir-faire nécessaire pour être efficaces avec vos enfants. Acclamée par les parents et les professionnels à travers le monde, l'approche réaliste et respectueuse des auteurs réduit le stress et accroît la gratification des contacts avec des enfants de tout âge.

PARENTS ÉPANOUIS, ENFANTS ÉPANOUIS
ISBN 978-2-9686562-0-8
Empreint de sagesse, d'humour et de conseils pratiques, cet ouvrage indis-pensable fait la démonstration concrète d'une sorte de communication qui favorise le développement de l'estime de soi, de la confiance en soi et du sens des responsabilités. Une contribution majeure pour la stabilité de la famille d'aujourd'hui.

**PARLER POUR QUE LES ENFANTS APPRENNENT,
À LA MAISON ET À L'ÉCOLE**
ISBN 978-2-9686562-6-0
Cet ouvrage démontre de façon concrète comment des parents et des enseignants peuvent s'y prendre pour aborder les problèmes quotidiens qui nuisent à l'apprentissage et pour insuffler aux enfants le goût et le désir de prendre en main leur propre démarche éducative.

PARLER POUR QUE LES ENFANTS ÉCOUTENT (TROUSSE POUR L'ANIMATION DE L'ATELIER)
ISBN 978-2-9811610-2-4
FRÈRES ET SŒURS SANS RIVALITÉ (TROUSSE POUR L'ANIMATION DE L'ATELIER)
ISBN 978-2-09811610-4-8
Deux ateliers pour les parents et les adultes qui désirent s'entraîner en groupe à maîtriser les habiletés de communication présentées dans les livres de Faber et Mazlish. Trousses d'animation et cahiers de travail pour les participants.

www.auxeditionsduphare.com *(au Canada)* | **www.fabermazlish.com** *(en langue anglaise)*

L'atelier de groupe

« Parler pour que les enfants écoutent »

Certaines personnes préfèrent être seules pour se mettre à l'apprentissage des habiletés présentées dans le livre *« Parler pour que les enfants écoutent, écouter pour que les enfants parlent »*. Toutefois, d'autres personnes préfèrent apprendre en groupe, afin de bénéficier de la richesse unique des interactions entre les participants.

Pour ces personnes, Faber et Mazlish ont créé un atelier permettant aux parents intéressés d'animer par eux-mêmes une série de rencontres de groupe, sans l'intervention d'un animateur chevronné.

C'est ainsi qu'est né l'atelier *« How to Talk so Kids Will Listen »* qui a été traduit en plusieurs langues et a déjà fait le tour de la planète. Jusqu'ici, il n'était pas disponible en langue française ; toutefois, il est maintenant à la disposition des francophones de tous les pays.

Le matériel d'atelier, adapté et publié par **Aux Éditions du Phare**, comprend une trousse d'animation qui présente de façon simple, étape par étape, toutes les directives nécessaires pour animer efficacement un groupe de parents intéressés à faire l'apprentissage de ces habiletés. Des cahiers de travail sont également disponibles pour permettre à chacun des participants de compléter les exercices de l'atelier.

www.auxeditionsduphare.com

L'atelier de groupe

« Frères et sœurs sans rivalité »

Les enfants d'une même famille éprouvent parfois des difficultés à s'entendre entre eux. Il leur arrive même de faire face à des conflits assez sérieux. Confrontés à ce genre de situation, les parents qui recherchent des solutions à la fois habiles et respectueuses ont désormais à leur disposition les outils appropriés.

S'adressant aux parents qui ont plus d'un enfant, Faber et Mazlish leur proposent un atelier sur mesure, leur permettant d'aborder efficacement les difficultés d'interaction qui surgissent entre leurs enfants. Le matériel de *« Siblings Without Rivalry »* leur permet de se regrouper avec d'autres parents afin de découvrir ensemble des stratégies et des habiletés applicables à leur situation.

C'est ce matériel que **Aux Éditions du Phare** a adapté et traduit en français. Il comprend une trousse d'animation ainsi que des cahiers de travail pour les participants. Aussi flexible que l'atelier *« Parler pour que les enfants écoutent »*, mais mettant spécifiquement l'accent sur les conflits au sein de la fratrie, l'atelier *« Frères et sœurs sans rivalité »* ouvre des horizons nouveaux aux parents désireux d'explorer la complexité de la relation entre frères et sœurs.

www.auxeditionsduphare.com

ADELE FABER   **ELAINE MAZLISH**

Adele Faber et Elaine Mazlish ont acquis une renommée internationale pour leur expertise dans le domaine de la communication adultes-enfants. Récipiendaires de prix prestigieux, leurs ouvrages ont été traduits en plusieurs langues.

Des milliers de groupes, répartis à travers le monde, ont profité des ateliers qu'elles ont créés en vue d'améliorer la communication entre les adultes et les enfants.

Elles vivent toutes les deux à Long Island, aux États-Unis. Chacune d'elles est mère de trois enfants maintenant devenus adultes.

Transcontinental
IMPRESSION
IMPRIMERIE GAGNÉ

IMPRIMÉ AU CANADA